CYCLE DES APPROFONDISSEMENTS

CM 2

c'est à lire

N. BABIN M. MARTIN A. PASQUALE

HACHETTE
Éducation

AVANT-PROPOS

Tout le monde, aujourd'hui, s'accorde à dire que le « savoir-lire » est déterminant, tant sur la scolarité de l'enfant que sur la réussite professionnelle de l'adulte. C'est dire l'importance que tous les pédagogues et partenaires de l'Éducation accordent à cet ***apprentissage fondamental.***

Qu'on le veuille ou non, l'enfant, comme l'adulte, se trouve en situation quasi permanente de lecture. Or c'est en lisant qu'on apprend à lire... Voilà pourquoi, sans doute, le livre de lecture occupe une place privilégiée dans le sac de l'écolier.

Tout enfant a plaisir à lire dans un beau livre. *C'est à lire* est un beau livre... mais ce n'est pas que cela. C'est un ensemble pédagogique comprenant :
— un livre pour l'enfant ;
— des exercices pour l'apprenti-lecteur, présentés sous forme de 3 cahiers ;
— un livre pour l'enseignant.

Cet ensemble complet répond :

• ***aux besoins des enfants***
— en suscitant chez eux le désir de lire dans un ouvrage des textes d'auteurs, des gouttes de poésie, des documents aux supports très variés, bien présentés et illustrés ;
— en leur faisant prendre conscience de la nécessité de lire, de mieux lire pour comprendre, pour savoir, pour faire, pour se distraire...

• ***aux préoccupations des enseignants***
— en leur permettant, du fait de la gradation en difficulté des textes, documents et exercices, la mise en œuvre d'une *pédagogie différenciée* et l'organisation du travail par *groupes de niveau* ;
— en leur donnant les moyens de promouvoir une véritable politique pour la lecture : *« Lire pour apprendre, pour savoir, pour aimer lire. »*

UN LIVRE POUR L'ÉLÈVE

Véritable recueil de textes, poésies et documents, il est un ouvrage bien de son temps parfaitement adapté au niveau du jeune lecteur.

Il comprend :

• ***43 récits, textes littéraires*** abordant tous les genres : romans, reportages, contes, légendes, aventures vécues...
— choisis par les enfants (parmi des centaines d'ouvrages),
— adaptés au niveau,
— gradués en difficulté.

• ***16 pages de poésie :*** ces extraits de poèmes regroupés par thème ont été cueillis par les enfants et par les auteurs sans souci du temps, de l'espace, des écoles littéraires...

• ***36 ensembles documentaires et/ou documents authentiques*** aux supports les plus variés : affiches, emballages, étiquettes de produits, recettes, modes d'emploi, fiches de jardinage, de travaux pratiques, règles de jeux, bandes dessinées, presse, reportages, plans, cartes, notices, graphiques, catalogues, programmes, horaires, documents historiques, scientifiques...
— éveillant la curiosité des enfants pour toutes formes d'écrits présentés dans un ordre de difficulté croissante,
— permettant que s'exercent différentes activités de lecture-information, recherche, sélective, analytique, prospective...

ISBN 2.01.018062.3

● ***un appareil pédagogique*** discret :
— texte introductif ou de mise en situation ;
— mots difficiles expliqués en bas de page ;
— questions de compréhension générale, problèmes concrets à résoudre.

DES EXERCICES POUR LE JEUNE LECTEUR

Ces cahiers d'exercices constituent un ***complément indispensable du livre*** pour aider l'enfant à construire avec plaisir son savoir-lire.

Chacun des 3 cahiers comprend des exercices relatifs aux *textes,* aux *documents* ordonnés comme dans le livre, et à des *évaluations du savoir-lire* à divers niveaux.

Ainsi,

● ***pour chaque récit ou chaque document,*** 5 à 7 exercices sont proposés :
— des QCM, des affirmations vraies, fausses ou non vérifiables ;
— des illustrations à compléter, à modifier, à ordonner...
— des recherches rapides de mots, d'expressions dans le texte et/ou sous forme de jeux (mots croisés, casés, mêlés...) ;
— des mots ou expressions retrouvés grâce à un contexte signifiant ;
— des exercices techniques de lecture avec chasse à l'intrus, aux mots pirates dans des séries liées par le sens ou par les sons ;
— des phrases ou consignes mêlées, incomplètes, transformées, erronées...
— des textes avec mots inexacts, déformés ou expressions pirates ;
— des symboles, nombres, dates... mis en relation avec leur signification, les événements évoqués...
— des textes lacunaires ;
— des mini-puzzles, etc.

● ***pour les pages d'exercices supplémentaires :***
— des textes lacunaires (mots effacés, tests de closure) ;
— des puzzles de lecture (textes complets) ; etc.

Ces exercices, conçus ***pour que l'enfant puisse travailler seul,*** concernent donc ***exclusivement la lecture.*** *Nombreux,* ils sont présentés sous des *formes très variées,* illustrant ainsi la diversification de l'acte de lire.

La *gradation en difficulté* des cahiers et la *densité* des exercices de chaque page permet des choix, et donc une ***meilleure adaptation au niveau du jeune lecteur.***

UN LIVRE POUR LE MAÎTRE

Un ouvrage de pédagogie qui permet à l'enseignant, sans recherche excessive, d'aller à l'essentiel par la mise en place de ***situations fonctionnelles de lecture*** avec schémas de séquences adaptés au texte ou à la nature du support, au niveau des enfants, avec aussi des suggestions d'activités spécifiques visant à l'amélioration des compétences des apprentis-lecteurs.

Les auteurs

Signification des symboles utilisés dans ce livre

❋ ❋ **mot difficile :** il est expliqué en bas de page.

? ● *Quelques questions vous sont posées pour savoir si vous avez bien compris le texte, si vous savez lire le document et trouver les réponses qui conviennent.*

La vieille cabane en rondins

John et sa famille ont quitté la ville pour vivre dans une vieille ferme, au milieu de la forêt canadienne.

Il y avait cinq chambres en tout et je m'installai vite dans celle que je comptais bien réclamer pour moi : c'était la plus petite, mais ça m'était égal parce que la première chose que j'avais vue en regardant par la fenêtre, c'était la vieille cabane en rondins. Une grosse **veine** ❈ de rochers courait comme le dos d'un dragon sur toute la largeur de notre terre. La cabane était construite dans la seule **brèche** ❈ de ce **filon** ❈ rocheux incliné. Si j'avais été un pionnier, c'est exactement là que je l'aurais construite, moi aussi. Quand la neige de l'hiver tombait, cette vieille cabane, entre ces deux pans de rochers qui arrêtaient le vent, devait être aussi douillettement blottie qu'un insecte.

— Ça te plaît, John ?

Maman se tenait à l'entrée de la chambre. Elle me regardait en souriant. Je fis oui de la tête, avec enthousiasme.

— Bien sûr, il y a encore beaucoup de travail à faire, continua Maman en parcourant des yeux quelques lézardes sur le mur. Cet endroit n'a pas été habité depuis plus de deux ans.

— Je me demande pourquoi. C'est l'endroit le plus extraordinaire que j'aie jamais vu.

— Personne n'en voulait. Ce n'est pas une terre très bonne à cultiver. Il y a trop de rochers.

Elle pointa du doigt par la fenêtre.

❈ **veine de rochers :** trace de rochers.
❈ **brèche :** ouverture, fracture.

— Tu vois la cabane de rondins, là-bas ? Ce sont les premiers arrivants qui l'ont construite. Ils y habitaient tandis qu'ils **défrichaient** ❈ toute la forêt, sauf autour de leur maison. Puis une entreprise de bois a tout acheté et a replanté une forêt de pins, il y a déjà longtemps. Ça ne valait pas la peine de dégager cet endroit-ci seulement. Ils sont partis et nous avons pu acheter à bon marché.

Elle eut l'air ennuyé, puis ajouta :

— J'espère que nous réussirons.

— T'en fais pas, Mam, lui dis-je joyeusement. Pap fera marcher tout ça.

— Oui, bien sûr, il y arrivera, dit-elle en souriant de nouveau. Allons, descends, maintenant. J'ai apporté un pique-nique et nous allons manger. Tu pourras continuer ton exploration plus tard.

— Je peux prendre cette chambre ? demandai-je avant de descendre avec elle.

[...] J'ai l'habitude d'être le dernier pour tout. Mais j'aimais vraiment cette petite chambre, alors je voulais la demander avant les autres, avant David ou Paula, qui la voudraient dès qu'ils sauraient qu'on pouvait apercevoir la vieille cabane en rondins de la fenêtre. Et puis aussi, ce serait la première chambre à recevoir la lumière quand le soleil se lèverait. Je venais seulement de m'en apercevoir, mais c'était une raison de plus pour la réclamer.

— Oui, dit Maman. Allons, viens. Les autres nous attendent.

Je pense que tout le monde avait oublié l'existence de la cabane parce que, pendant le repas, on ne parla que de notre nouvelle maison et de toutes les choses extraordinaires qu'on y ferait. Personne ne dit mot de la cabane. Je n'en parlai pas non plus, parce que je voulais aller tout seul l'explorer une seconde fois. Le déjeuner fini, je restai jusqu'à ce que Paula et David disparaissent. Ils s'en allèrent grimper dans les pommiers qui étaient à l'ouest de la maison, et moi, je filai comme un lapin.

Je ne cours pas très bien, et j'étais hors d'haleine avant même d'avoir fait la moitié du chemin. Personne ne me suivait, alors je ralentis, me mis à marcher et, pour la première fois, je m'aperçus du silence. On aurait presque pu le toucher... Je jetai un regard en arrière vers la maison, mais il n'y avait personne en vue.

En face de moi, à une centaine de mètres, je pouvais voir la vieille cabane en rondins, brun foncé contre les rochers gris pâle et le bleu profond du ciel. Il n'y avait pas un pouce de vent, même les arbres étaient immobiles. Je commençais à avoir un petit frisson en pensant que j'étais seul au monde. Pourtant, ce monde était calme. Puis, soudain, il me sembla que tout était vivant à nouveau, et que tout me regardait avec des milliers d'yeux, même les arbres. Et au loin, la vieille cabane en rondins m'attendait entre les rochers.

❈ **filon :** masse allongée de minerai située dans le sol.
❈ **défrichaient :** détruisaient tout ce qui empêchait de cultiver la terre.

Je m'arrêtai, guettant le moindre petit bruit. Mais tout ce que je pouvais entendre, c'était une sorte de bruit bourdonnant, pareil à celui qu'on entend lorsqu'on met un coquillage contre son oreille. C'est alors que je me mis à avoir vraiment peur. Et si quelqu'un m'avait fait « hou ! », je crois bien que je serais retourné à la maison en l'espace d'un éclair. Mais personne ne me fit « hou ! », et la cabane était toujours là, à attendre. Alors, je pris une profonde inspiration et continuai, avec le silence et le calme et l'impression de peur qui m'accompagnaient.

En arrivant à la cabane, mon cœur battait presque aussi fort qu'un tambour de guerre indien. Je commençai à souhaiter que la porte soit verrouillée. Comme ça, je ne serais pas obligé d'entrer, et je serais forcé de retourner à la maison, chez Papa et Maman. Mais la porte n'était pas verrouillée et, quand je la poussai, elle s'ouvrit sans que grincent ses charnières. Je pénétrai avec précaution, laissant la porte ouverte derrière moi.

Tout semblait sombre après la vive lumière du dehors, mais je pouvais voir tout de suite que la cabane avait toujours le même ameublement que la première fois. Il y avait une vieille table et une chaise dans la cuisine, et quelques casseroles près de l'évier. La porte de la cuisine s'ouvrait sur une grande pièce où mon regard fut attiré par l'immense cheminée au fond. Deux **crémaillères** ❋ pendaient de chaque côté, prêtes à recevoir une marmite pour faire bouillir de l'eau ou réchauffer de la nourriture. Mais ce que je vis dans la cheminée elle-même me fit décamper et de la salle et de la maison par la porte que j'avais laissée grande ouverte.

Le bois était carbonisé, mais il y avait encore des braises. Les mots de Maman résonnaient dans ma tête tandis que je courais : « Ces lieux sont inoccupés depuis plus de deux ans. »

Alan WILDSMITH, *Un été aux arpents*, Flammarion, collection « Castor Poche ».

- *Qui a construit la vieille cabane en rondins ?*
- *Pourquoi John a-t-il choisi cette petite chambre ?*
- *Que découvre le garçon dans la cabane ? Pourquoi décampe-t-il ?*

❋ **crémaillères :** tiges de fer avec des crans.

Les enfants aux yeux éteints

Claire, dix-huit ans, décide d'accueillir, dans une petite maison de montagne, six enfants aveugles qui seraient restés seuls à l'institut durant les vacances. Jour après jour, elle les accompagne dans leur découverte du monde. Paul arrive avec un gros bouquet blanc...

— Voilà, je vous offre des marguerites.

Il n'y a pas longtemps, il disait encore : « Voilà, je vous offre des fleurs. »

Or, un beau soir, Claire avait étalé sur la table toute la moisson de la journée.

— Aujourd'hui, chacun aura droit à une fleur différente, dit-elle avec le sourire. Du serpolet pour Charles, des soucis pour Georges, des marguerites pour Paul, du trèfle pour François, des campanules pour Guillaume, des myosotis pour Jean et, quant à moi, je me réserve les coquelicots.

Là-dessus, elle garnit les vases qu'elle placera à la table de chevet de chacun des enfants.

Ils s'en approchent pour humer, l'un après l'autre, l'odeur respective des fleurs.

Dehors, il fait déjà nuit, mais cette éternelle compagne de leur existence ne saurait les avertir qu'il est temps d'aller au lit.

Ils sont franchement déboussolés. Car, jusqu'à présent, ils avaient l'habitude de cueillir rien que des *fleurs*. Cela sentait autrement que l'herbe du pré, mais leur odeur se confondait, d'une certaine manière, dans un seul bouquet. Or, voilà qu'on les sépare, en leur donnant six noms différents.

Pour la première fois, les garçons réalisent qu'il est possible de choisir une fleur précise, au milieu des trésors qu'offre la prairie.

Cette découverte leur ouvre une jolie gamme de possibilités nouvelles.

— Désormais, je ne vais cueillir que des marguerites, puisque Claire m'en a donné, déclare Paul.

— Et moi des campanules.

— Et moi du serpolet !

Le ciel étoilé éclaire les petites chambres d'une lueur diffuse et les garçons s'endorment doucement, pendant que des criquets **stridulent** ❋ sous leurs fenêtres.

Le lendemain matin, François lance gaiement :

— Savez-vous de quoi j'ai rêvé ? De l'odeur de trêfle !

Oh ! les drôles de rêves parfumés des aveugles ! Claire, à qui il n'arrive jamais de rêver d'odeurs, en serait presque navrée.

Plusieurs jours ont passé. À nouveau, ils sont tous ensemble dans les prés et Paul remet à Claire un gros bouquet blanc.

Très émue, elle le serre contre son cœur.

Puis, un autre jour, Jean rentre des champs avec une brassée de coquelicots.

Sans un mot, il les offre à Claire. Ses lèvres cruellement labourées tentent une esquisse de sourire. Un sourire qui, sur cette pauvre bouche, est l'**incarnation** ❋ même de la douleur. Chaque sourire de Jean a le goût des larmes.

Claire a la gorge nouée. Le silence s'épaissit. Un silence pénible qu'il faut rompre à tout prix, en prononçant ne serait-ce qu'un seul mot.

Claire ravale un sanglot avant de dire de sa voix la plus aimable :

— Mon petit Jean, cela a été très dur, n'est-ce pas ?

— Beaucoup moins que vous ne croyez ! Car leur senteur est si amère...

— Il n'y a qu'une couleur que je voudrais vraiment connaître. Le rouge. C'est votre couleur préférée, n'est-ce pas, Claire ?

— C'est vrai. Le rouge, couleur du feu et de la vie, je l'aime depuis toujours. Tu sais, déjà dans mon enfance, j'exigeais des robes rouges pour toutes mes poupées — et pour moi aussi d'ailleurs. J'aime les coquelicots, les baies sauvages du sorbier, les **oriflammes** ❋ qui claquent au vent...

— Mais, dites-moi, Claire, comment est la couleur rouge ?

— C'est difficile à expliquer, Georges.

— Eh bien, quel sentiment avez-vous quand vous regardez le rouge ?

— Quel sentiment ? Triste et joyeux à la fois. C'est comme un rire mêlé de larmes. Ça m'emplit le cœur d'inquiétude. Comme une plainte aiguë du violon. Non, Georges, vraiment je ne sais comment dire...

— Pourtant vous devez savoir, Claire !

Claire se met à réfléchir. Intensément. « Aucune démonstration visuelle ne lui ferait comprendre cette vive splendeur de la couleur rouge. Il faut donc m'y prendre autrement. Oui, mais comment ? »

Dans une brusque inspiration, Claire tire de sa poche un canif. En fermant les yeux, elle se pique une main avec la lame étincelante.

— Vite, Georges, approche vite ta tête !

Elle porte la blessure vers la bouche du garçon.

Et pendant que le sang colore les lèvres de Georges, elle lui chante quelques mesures d'une vieille danse espagnole.

❋ **des criquets stridulent :** ils font entendre un bruit aigu, un crissement.
❋ **incarnation :** représentation, manifestation visible.
❋ **oriflammes :** longs drapeaux.

— C'est cela, la couleur rouge, dit-elle enfin. [...]

À présent, Claire connaît une vie **sensorielle** ❄ très différente. Bien plus riche qu'auparavant. [...]

Un soir, elle s'ouvre à ses garçons de toutes ces sensations. Ils l'écoutent attentivement, intrigués et troublés à la fois. Car Claire sait exprimer dans un langage net et précis ce qu'ils ne ressentent encore que confusément, sans trouver de mots **adéquats** ❄.

Ils lui coupent la parole avec vivacité, dans une véritable avalanche de questions. Et Claire se rend compte que chacune de ses réponses les rapproche les uns des autres, qu'elle consolide encore leur amitié.

Seul Paul se tient à l'écart, sans desserrer les dents. Comme si l'affaire ne le concernait nullement.

Or, à l'instant où le silence retombe après cette discussion très animée, il conclut en élevant la voix un peu plus qu'à son habitude :

— Claire, vous venez de parler comme une aveugle !

Lida DURDIKOVA, *Les Enfants aux yeux éteints,* Flammarion, collection « Castor Poche ».

?

- *Comment Claire fait-elle reconnaître les fleurs aux enfants ?*
- *De quelles manières explique-t-elle la couleur rouge ?*
- *« Vous venez de parler comme une aveugle. » De qui parle-t-on ? Qui dit cela ? Pourquoi ?*

❄ **sensorielle :** qui concerne les sens (odorat, toucher, ouïe...).
❄ **adéquats :** qui conviennent.

AU PAYS DES OMBRES ET DE LA COULEUR

Il y a bien longtemps — et quand je dis bien longtemps, je veux dire encore plus longtemps que ça — le pays des ombres était celui de la couleur. [...] D'ailleurs, à l'époque, on ne parlait pas du pays des ombres. On disait : le royaume du **Septentrion**❊.

Vous voyez cette maison, là-bas, au bout du pont ? C'était la maison de Messieurs Hombre et Lumiaire, deux peintres opposés par le sommet.

La mission de Monsieur Lumiaire était capitale. Il lui fallait chaque jour se lever au tout début du petit matin — longtemps avant le soleil —, sortir son avion du garage, décoller et survoler tout le pays en vaporisant de la peinture bleue sur la voûte céleste.

Puis venait le tour des nuages : de-ci, de-là, à la peinture blanche, toujours en avion. Une touche de rose, un peu de jaune aussi, au moment où émergeait l'astre du jour...

Le ciel paré, restait la terre : se poser, remettre l'avion au garage et, sans prendre le temps d'un café, sauter dans l'automotopompapeinture. Monsieur Lumiaire ne chômait pas ! Par monts et par vaux, à peindre la campagne, verdir les prairies, placer les perles de rosée, glacer de bleu les cimes et brunir les bouts de rochers... Monsieur Lumiaire ne chômait pas ! Au détour d'une route, un village : ocre rose pour les murs, ou jaune, ou blanc ; les toits en rouge — anglais naturellement !

Quand se levaient les habitants, le gros des couleurs était en place ; Monsieur Lumiaire entamait le plus éprouvant : le détail, la finition, l'adaptation aux humeurs du temps. On le croisait sur son **engin**❊, toujours aimable.

— Où allez-vous si vite, Monsieur Lumiaire ?
— Chez Mathurin. Le soleil donne en plein sur sa pâture, il faut que j'attendrisse le vert.

❊ **septentrion :** nord.
❊ **engin :** machine.

Mais la réponse n'était jamais la même. Une fois, j'ai entendu :

— Chez Madame Labiche. Elle a mis bas ce matin... deux petits faons ravissants qui attendent leurs taches blanches.

Une autre fois :

— Au siège du parti des dragons, **égayer**❋ leurs affiches électorales.

Quelle vie ! Le soir venu, il était épuisé, le **suave**❋ Monsieur Lumiaire.

Et Monsieur Hombre ? Il ne s'en faisait pas, celui-là ! Ses matinées étaient si grasses qu'elles occupaient une bonne partie de la journée.

Pour dire le vrai, il se réveillait sans remords vers la fin de l'après-midi. Et puis, tout doucement, venait l'heure du petit déjeuner : tardif, mais copieux ! Le soir venu, il sortait.

Monsieur Lumiaire avait à peine fini de placer les mauves du crépuscule que Monsieur Hombre se mettait à tout barbouiller d'encre noire. Finis les contrastes ! Monsieur Hombre, l'égalisateur, faisait son office. Une tache sans limites recouvrait le travail précieux et précis ; quand elle atteignait aux confins du pays, c'était la nuit.

Alors, l'âme tranquille, Monsieur Hombre s'offrait le cinéma. Noir et blanc, le film, ça va de soi !

Il lui fallait parfois peindre quelques fenêtres allumées, là où veillaient les gens : petit surcroît de travail, mais sans commune mesure avec le labeur du peintre de jour.

Pauvre Monsieur Lumiaire ! La blancheur de l'hiver le soulageait un peu, mais, au printemps aussi bien qu'en été, il lui fallait jouer de toute sa palette.

À l'automne, il risquait la folie. Chaque jour exigeait de nouvelles

❋ **égayer :** rendre gai.
❋ **suave :** agréable, sympathique.

nuances pour les ocres, les ors, les jaunes, les bruns et les carmins : subtils dosages et savants mélanges de tous les instants.

Pourquoi ne changeaient-ils pas de rôle, une fois de temps en temps ?

Monsieur Hombre ne voulait pas en entendre parler. On le comprend ! Et puis, il faut bien reconnaître que Monsieur Lumiaire n'avait pas son pareil pour détailler les nuances d'une journée.

Un soir, au plus **chamarré** ❉ de l'automne, Monsieur Lumiaire s'effondra :

— Dormir, je veux dormir et dormir encore... Demain, je ne me réveillerai pas.

Et ce qui devait arriver arriva. Le jour se fit, mais tout resta noir et sans couleurs.

Imaginez la panique ! Les gens étaient dehors, couraient, criaient, se lamentaient, ne savaient ni ne comprenaient. Ils étaient devenus des ombres au milieu d'autres ombres. Comment se reconnaître ?

Et puis quelqu'un s'en fut chez Monsieur Lumiaire... qui dormait si fort qu'il fut impossible de le réveiller.

Il se fit une grande tristesse au royaume du Septentrion. Les gens se turent. Une **chape de silence** ❉ recouvrit le pays. Si lourde que Monsieur Lumiaire s'éveilla.

Le drame lui apparut. Il se sentit tellement coupable qu'il quitta le pays le jour même. Mains dans les poches, dos voûté, il disparut, comme absorbé par un drôle de brouillard.

Monsieur Hombre se trouvait en chômage technique : il suivit Monsieur Lumiaire d'un cœur léger. Ils sont maintenant au pays des hommes qui leur ont donné du travail : peintre de jour, peintre de nuit, ils font exactement ce qu'ils faisaient ici. C'est depuis ce temps-là que vous avez des jours et des nuits ; et je n'ai pas entendu dire que Monsieur Lumiaire ait oublié de s'éveiller... une deuxième fois !

László VARVASOVSZKY, *Jérémie au pays des ombres*, traduit par Yves-Marie Maquet, Gallimard Jeunesse, collection « Les Lauréats ».

- *Qu'appelait-on royaume du Septentrion ?*
- *Quel est le rôle de chacun des deux personnages ? Qui travaille le plus ? Pourquoi ?*
- *Quelles sont les saisons les plus difficiles pour Monsieur Lumiaire ? Pourquoi ?*
- *Que s'est-il passé quand Monsieur Lumiaire ne s'est pas réveillé ?*
- *Que font maintenant Messieurs Hombre et Lumiaire ?*

❉ **chamarré :** très coloré.
❉ **chape de silence :** silence total.

LE DOCTEUR TERRIBILIS

Le docteur Terribilis et son assistant Famulus travaillaient depuis longtemps, en secret, à une invention effrayante. Terribilis, comme son nom l'indique clairement, était un savant diabolique, aussi diabolique que savant. Il avait mis son intelligence extraordinaire au service de projets terrifiants.

« Tu verras, cher Famulus : le supercrick atomique que nous sommes en train d'achever sera la découverte du siècle.

— Je n'en doute pas, professeur, j'imagine déjà la tête que feront nos **compatriotes** ❋ quand vous soulèverez la tour Eiffel, avec votre supercrick, pour la transporter au sommet du mont Blanc.

— La tour Eiffel ? rugit Terribilis. Le mont Blanc ? Dis-moi, Famulus, qui t'a mis en tête de tels enfantillages ?

— Eh bien, professeur, quand nous avons **élaboré** ❋...

— *Nous avons élaboré,* très honorable Famulus ? *Nous ?* Toi, personnellement, qu'as-tu élaboré ? Qu'as-tu inventé, toi ? Le fil à couper le beurre ? Le parapluie sans manche ? L'eau tiède ?

— Je veux dire, docteur Terribilis, soupira Famulus, se faisant humble, très humble, quand vous, uniquement vous, étiez en train de faire les plans du supercrick, il m'avait semblé vous entendre faire allusion à la tour Eiffel et au plus haut sommet des Alpes...

— Je m'en souviens très bien, oui. Mais je t'en parlais par simple précaution, mon excellent et distingué Famulus. Connaissant ton habitude de bavarder à tort et à travers avec le garçon boucher, le garçon laitier, le concierge, la belle-sœur du cousin du concierge...

❋ **compatriotes :** personnes d'un même pays.
❋ **élaboré :** préparé par un long travail.

— Ah non ! je ne la connais pas ! Je vous jure, professeur, que je ne connais absolument pas la belle-sœur du cousin du concierge. Et je vous promets que je ne ferai jamais rien pour la connaître.

— D'accord, éliminons-la donc de notre conversation. Je voulais t'expliquer, aimable et stupide Famulus, que je n'ai pas eu confiance en toi. Et je ne t'ai parlé de la tour Eiffel que pour te cacher mon véritable projet, qui devait rester secret pour tous.

— Jusqu'à quand, professeur ?

— Jusqu'à... hier, ô indiscret Famulus. Mais aujourd'hui, je peux te le révéler. Dans quelques heures, l'appareil sera prêt. Nous partirons ce soir même.

— Nous partons, docteur Terribilis ?

— À bord de notre propre supercrick atomique, bien entendu.

— Et pour quelle destination, s'il m'est permis de le demander ?

— Destination : l'espace, ô mon Famulus, si **prodigue** ❋ en interrogations.

— L'espace !

— Et plus précisément, la Lune.

— La Lune !

— Je constate que tu passes vite des points d'interrogation aux points d'exclamation. Allons, trêve de discours : voici mon plan. Avec mon supercrick, je vais soulever la Lune, l'arracher de son orbite et la transporter en un point de l'univers choisi par moi.

— Génial !

— De là-haut, cher Famulus, nous traiterons avec les Terriens.

— Fantastique !

— Vous voulez votre Lune ? Eh bien, payez-la son pesant d'or ! Rachetez-la à son nouveau propriétaire, le docteur Terribilis le Terrible.

— Extraordinaire !

— Son pesant d'or, entends-tu, Famulus ? D'or !

— Super-extra-formidable !

— Tu saisis mon idée, maintenant ?

— Parfaitement, professeur. C'est l'idée la plus géniale du XXe siècle.

❋ **prodigue :** qui donne généreusement.
❋ **passer à la postérité :** être connu par les générations futures.

— Et, j'espère aussi, la plus cruelle. J'ai décidé de **passer à la postérité** ❉ comme l'homme le plus diabolique de tous les temps. Et maintenant, Famulus, au travail » [ ]

« Calme-toi, Famulus !
— Ou... iii... oui, pro... pro... professeur...
— Et ne bégaie pas !
— Nnon, pro... pro... professeur...
— Avale cette pilule, elle te calmera tout de suite.
— Merci, docteur Terribilis, je suis très calme, à présent.
— Parfait. Le compte à rebours, Famulus...
— Cinq... Six... Sept...
— J'ai dit : à rebours, Famulus ! À rebours !
— Ah ! oui, mille excuses. Cinq... quatre... trois... deux... un...
— Partez ! »

La disparition de la Lune provoqua l'effarement et le désarroi d'un bout à l'autre de la Terre.

« Comment ferons-nous pour contempler le clair de Lune, s'il n'y a plus de Lune ? se demandaient les rêveurs.

— Et moi qui me couchais avec le clair de Lune pour économiser du courant électrique, il faudra donc me résoudre à allumer ma lampe ? » se demandait cet avare.

« Rendez-nous notre Lune ! » titraient les journaux. [...]

Par chance pour l'humanité et pour les amoureux de la Lune, à cette époque-là, vivait à Lusigny, près du lac de la forêt d'Orient, un savant aussi intelligent que le docteur Terribilis, mais moins **malfaisant**❉, appelé Magnéticus. En quelques heures et sans rien dire à personne, il fabriqua un super-aimant atomique, grâce auquel il attira la Lune dans son ancienne orbite, à la bonne distance de la Terre. Terribilis déploya en vain les formidables énergies de son supercrick : il ne put rien contre l'aimant de Magnéticus. Terribilis, fou de rage, émigra sur la planète Jupiter.

Personne ne sut jamais qui avait reconquis la Lune **sans coup férir**❉ et sans dépenser un centime. Magnéticus, qui n'était pas avide de gloire, ne révéla pas son secret. Du reste, il était déjà accaparé par une autre invention extrêmement importante : comment empêcher les boutons de se découdre. Pour cette invention, c'est **notoire**❉, il est passé à la postérité.

Gianni Rodari, *Histoires à la courte paille*, Hachette Jeunesse.

- *Quel est le véritable projet du docteur Terribilis ? Qu'espère-t-il en agissant ainsi ?*
- *Qu'utilise-t-il pour exécuter son infernal projet ?*
- *Qui réussit à reconquérir la Lune ? Comment ?*
- *De quelles qualités ou défauts font preuve les deux savants ?*

❉ **malfaisant :** néfaste, nuisible.
❉ **sans coup férir :** sans difficulté.
❉ **notoire :** très connu.

..• LE GORA •..

Personnages : BOBÉCHOTTE. — GUSTAVE, dit TROGNON.

BOBÉCHOTTE. — Trognon, je vais bien t'épater... Sais-tu qui est-ce qui m'a fait un cadeau ? La concierge.

GUSTAVE. — Peste ! tu as de belles relations ! Tu ne m'avais jamais dit ça !

BOBÉCHOTTE. — Ne te moques pas de la concierge, Trognon ; ... elle m'a donné... devine quoi ? un gora !

GUSTAVE. — La concierge t'a donné un gora ?

BOBÉCHOTTE. — Oui, mon vieux.

GUSTAVE. — Et qu'est-ce que c'est que ça, un gora ?

BOBÉCHOTTE. — Tu ne sais pas ce que c'est qu'un gora ?

GUSTAVE. — Ma foi, non.

BOBÉCHOTTE, *égayée*. — Mon pauvre Trognon !... Alors, non, tu ne sais pas qu'un gora, c'est un chat !

GUSTAVE. — Ah !... Un angora, tu veux dire. [...]

BOBÉCHOTTE. — Je dirai ce que tu voudras, Trognon ; ça m'est bien égal... Le tout, c'est qu'il soit joli, hein ?

GUSTAVE. — Qui ?

BOBÉCHOTTE. — Le petit nangora que m'a donné la concierge, et, à cet égard-là, il n'y a pas mieux. Un vrai amour de petit nangora, figure-toi ; pas plus gros que mon poing, avec des souliers blancs, des yeux comme des cerises à l'eau-de-vie, et un bout de queue pointu, pointu, comme l'**éteignoir** ❈ de ma grand-mère... Quel beau petit nangora !

GUSTAVE. — Je vois, au portrait que tu m'en traces, qu'il doit être, en effet, très bien. Une simple observation ; on ne dit pas : un petit nangora.

BOBÉCHOTTE. — Tiens ? Pourquoi donc ?

GUSTAVE. — Parce que c'est du **français de cuisine** ❈.

BOBÉCHOTTE. — Elle est bonne, celle-là ! Je dis comme tu m'as dit de dire.

GUSTAVE. — Oh ! mais pas du tout : je proteste. Je t'ai dit de dire : un angora, mais pas : un petit nangora. *(Muet étonnement de Bobéchotte.)* C'est que, dans le premier cas, l'*a* du mot *angora* est précédé de la lettre *n*, tandis que c'est la lettre *t* qui le précède avec le mot *petit*.

BOBÉCHOTTE. — Ah !

GUSTAVE. — Oui.

BOBÉCHOTTE, *haussant les épaules*. — En voilà des histoires ! Qu'est-ce que je dois dire, avec tout ça ?

❈ **éteignoir :** petit cône métallique servant à éteindre les bougies ou les chandelles.

GUSTAVE. — Tu dois dire : un petit angora.

BOBÉCHOTTE. — C'est bien sûr, au moins ?

GUSTAVE. — N'en doute pas.

BOBÉCHOTTE. — Il n'y a pas d'erreur ?

GUSTAVE. — Sois tranquille...

BOBÉCHOTTE. — N'en parlons plus. Maintenant, je voudrais ton avis. J'ai envie de l'appeler Zigoto.

GUSTAVE. — Excellente idée !...

BOBÉCHOTTE. — C'est facile à se rappeler.

GUSTAVE. — Ça fait rire le monde.

BOBÉCHOTTE. — Et ça dit bien ce que ça veut dire. Oui, je crois que pour un tangora, le nom n'est pas trop mal trouvé. *(Elle rit.)*

GUSTAVE. — Pour un quoi ?

BOBÉCHOTTE. — Pour un tangora.

GUSTAVE. — Ce n'est pas pour te dire des choses désagréables, mais, ma pauvre, j'ai de la peine à me faire comprendre. Fais donc attention. On ne dit pas : un tangora.

BOBÉCHOTTE. — Ça va durer longtemps, cette plaisanterie-là ?

GUSTAVE, *interloqué.* — Permets...

BOBÉCHOTTE. — Je n'aime pas beaucoup qu'on se moque de moi.

GUSTAVE. — Tu t'emballes ; tu as bien tort ! Je dis : « On dit un angora, un petit angora ou un gros angora » ; il n'y a pas de quoi fouetter un chien, et tu ne vas pas te fâcher pour une question de liaison.

D'après Georges COURTELINE, *Théâtre.*

- *Bobéchotte parvient-elle à retenir le nom du petit chat que lui a offert sa concierge ? Pourquoi ?*
- *Qu'essaie de lui expliquer Gustave ? Comprend-elle ce qu'il lui dit ? Qu'est-ce qui le prouve ?*
- *Pourquoi Bobéchotte croit-elle que Gustave se moque d'elle ?*

* **français de cuisine :** français avec des incorrections, des expressions familières.

L'Archer blanc

Kungo, un jeune Esquimau orphelin, est recueilli par Ittok, un vieil ***archer*** *❋, et sa femme. L'homme apprend à Kungo l'art de la chasse. Celui-ci s'apprête à partir avec Telikjuak, un nain, habile chasseur de caribous.*

Le matin venu, le nain et Kungo mirent leurs vêtements les plus chauds. Un vent léger soufflait de l'ouest et il faisait froid à pierre fendre. Kungo tendit timidement à son compagnon une paire de lunettes à fentes étroites qu'il avait taillées dans du bois, au cours de la longue halte.

— Merci, dit Telikjuak. Mes yeux seront protégés de la blancheur éblouissante qui rend parfois aveugle.

Il enroula deux peaux étroitement et les attacha en travers de son dos, puis il montra à Kungo comment placer son long couteau à l'intérieur de sa botte.

Après avoir marché quelque temps, ils parvinrent à une élévation du sol. En **clopinant** ❋ très vite, le nain poussa Kungo vers le sommet. Il prit les deux mains habillées de moufles de son compagnon, les plaça l'une sur l'autre pour en faire un appui, y mit un pied et grimpa sur ses épaules. De cette hauteur, ses yeux de faucon fouillèrent longuement la campagne. Puis il sauta sur le sol.

Kungo scruta les environs.

— Je ne vois rien, dit-il.

— Viens avec moi, fit Telikjuak. Au-delà de la rivière, il y a autant de caribous que j'ai de doigts et d'orteils. On a du mal à les voir lorsqu'ils sont couchés ; leur haleine chaude produit un givre et leur dos est blanc comme de la neige.

Ils traversèrent la plaine dans toute sa largeur.

— Est-ce que nous approchons des caribous ? murmura Kungo.

— Non. Nous nous en éloignons, mais nous sommes contre le vent et ils ne peuvent sentir notre présence. Assieds-toi et prends quelques instants de repos.

Telikjuak déroula les peaux qu'il portait sur son dos et tous deux s'en recouvrirent les épaules.

— Regarde, dit le nain. Ils se dirigent maintenant vers la partie de la toundra où le vent a balayé la neige. Ils vont sans doute y chercher de la nourriture.

❋ **archer :** tireur à l'arc.
❋ **en clopinant :** en boîtant un peu.

Kungo vit enfin les caribous : une vingtaine, pâles comme des fantômes et dont le pelage se confondait avec la blancheur du ciel et du sol.

Telikjuak se leva lentement et, se penchant sur les peaux, il souffla dans les longs poils jusqu'à ce qu'un givre s'y formât ; elles prirent un ton argenté qui les rendait semblables aux caribous et difficiles à repérer. Puis il tira une peau sur ses épaules, laissant pendre les pattes de devant sur ses bras et les pattes de derrière sur ses pieds. La tête de la bête, bien posée sur son front et ses oreilles grandes ouvertes, le firent ressembler à un caribou.

— Fais comme moi, dit-il.

Et il avança, courbé en deux dans la direction du vent, comme un caribou à la recherche de nourriture.

Kungo imita tous les mouvements du nain et il fut tout étonné de se retrouver à quelques mètres des bêtes. Telikjuak l'entraîna au milieu du troupeau où leur présence passa tout à fait inaperçue. Un caribou mâle leva sa tête garnie de bois énormes et grogna ; sans doute avait-il décelé une odeur insolite. Kungo sentit ses membres se contracter et il retint son souffle, mais le nain continua son manège et il avança, tête baissée, en imitant les bêtes en quête de pâture. Telikjuak jeta un coup d'œil furtif à son compagnon et lui sourit : le mâle broutait à ses côtés.

Le moment de prendre une décision était venu. Lentement, très lentement, Kungo se pencha et retira le long couteau dissimulé dans le revers de sa botte, puis, d'un geste rapide et puissant, il enfonça la lame dans la poitrine de l'animal. Le caribou fit un grand bond, **tituba** ❋ sur une courte distance et s'écrasa sur ses pattes repliées. Il poussa un soupir. L'esprit qui l'habitait venait de le quitter. Il était mort. Les autres bêtes le regardèrent et, croyant qu'il se reposait, continuèrent à paître.

Le nain allait et venait parmi le troupeau dont il imitait les mouvements à la perfection. Il ne semblait pas se rendre compte que Kungo venait de tuer un caribou. Intrigué, le jeune garçon observa son compagnon.

❋ **tituba** : marcha avec hésitation.

« Comment va-t-il agir maintenant, se demanda-t-il, et que dois-je faire moi-même ? »

Soudain, Telikjuak rejeta la dépouille de caribou dont il s'était **affublé** ❋ et se tint debout au milieu du troupeau. Les panaches se redressèrent et les bêtes, voyant l'intrus pour la première fois, poussèrent des grognements et se dispersèrent, en bondissant dans toutes les directions. Leurs sabots évasés les portèrent à vive allure sur la surface enneigée. Puis ils se regroupèrent de nouveau, obéissant à l'instinct du troupeau, et disparurent en laissant derrière eux un nuage de cristaux de neige. Il n'y eut plus que deux caribous immobiles devant les chasseurs et celui que Kungo avait abattu.

— Marche derrière celui-ci, commanda le nain, et dirige-toi vers notre igloo. Nous reviendrons demain avec les chiens et le traîneau pour récupérer celui que tu as tué.

Médusés❋, les deux caribous avancèrent lentement. Le nain les avait poignardés si rapidement que Kungo n'avait pas vu son geste. La lame du couteau avait été enfoncée dans un endroit très précis derrière le poitrail des bêtes qui, bien que mortellement atteintes, pouvaient encore marcher. C'est ainsi que les deux chasseurs purent facilement les guider vers l'igloo. L'un des caribous tomba à quelques mètres de la hutte et l'autre s'affaissa sur le seuil.

— Voilà comment on traque une bête et comment on la tue, fit le vieil homme qui avait surveillé l'arrivée de Telikjuak et de Kungo. [...]

Le lendemain, Kungo prit le traîneau et retourna à la plaine pour en rapporter le caribou mort, mais, durant la nuit, un loup affamé l'avait en partie dévoré et le garçon ne ramena guère que la moitié de la dépouille.

James HOUSTON, *L'Archer blanc,* Flammarion, collection « Castor Poche ».

?

- *Pourquoi Telikjuak a-t-il du mal à voir les caribous ? Comment s'y prend-il ?*
- *Comment Telikjuak et Kungo s'approchent-ils des bêtes ? Qu'y a-t-il d'étonnant dans cette manière de chasser les caribous ?*
- *Pourquoi le vieil archer est-il fier de Kungo ?*

❋ **affublé :** habillé d'une manière bizarre.
❋ **médusés :** stupéfaits.

Un nouveau voisin au village

Maoro habite un petit village de montagne en Suisse. Les parents de Plinio, son meilleur ami, ont vendu leur ferme à des gens de la ville.

Un inconnu est planté sur le seuil. C'est un homme petit et massif, à la tête carrée, aux cheveux clairsemés soigneusement peignés. Il est vêtu d'un costume gris à chevrons. L'inconnu prend la parole.

— J'ai frappé plusieurs fois, mais vous n'avez pas entendu.

Il leur sourit et son visage rond paraît s'élargir encore.

— En ville, dit-il avec un petit rire, en ville, nous avons partout des sonnettes. Ça fait un bruit du diable. Mais vous, vous n'avez pas besoin de ça ! À la campagne, vous tenez à avoir la paix, vous avez bien raison ! Je suis le nouveau voisin. À partir d'aujourd'hui, j'habite à côté. Enfin..., de temps en temps. Je m'appelle Haltmeier. Haltmeier, et je suis de Zurich-Seebach.

Le journal de Papa tombe par terre dans un bruit de papier froissé.

— Enchanté, dit Papa, un peu embarrassé, en se levant pour serrer la main de l'étranger. Asseyez-vous, monsieur Haltmeier.

M. Haltmeier se laisse tomber sur une chaise.

Maman, qui vient pour les présentations, envoie Maoro chercher du vin et de la viande séchée. Les gens du val Mesolcina mettent leur point d'honneur à servir à leurs hôtes ce qu'ils ont de meilleur. Maman met sur la table, dans une assiette, les fins copeaux de viande séchée, qui ont la belle couleur d'un vin de Bourgogne.

— Mmm ! Voilà qui est bon ! dit M. Haltmeier en se frottant les mains. C'est très aimable à vous. Je n'ai pas eu le temps de manger grand-chose aujourd'hui. Je suis parti de chez moi à midi, avec quelques caisses dans le coffre. Ma fille est avec moi. Elle est en train d'installer nos lits de camp.

— Allez la chercher, dit Maman. Elle doit aussi avoir faim.

M. Haltmeier va à la fenêtre et hurle à travers la place :

— Dorli ! Dooorli ! [...]

Plusieurs minutes s'écoulent. Enfin, on entend un léger grattement à la porte. Maman ouvre. Une fille, de l'âge de Maoro, entre timidement et tend la main sans prononcer un mot.

« Elle est bizarre ! » pense Maoro.

Quand personne ne fait attention à lui, il jette un coup d'œil vers le bout de la table et observe la nouvelle venue qui reste muette, assise à côté de son père, l'air apeuré. Des cheveux blonds et raides encadrent son visage mince.

« Je me demande si elle sait grimper aux arbres, ou sauter de pierre en pierre au milieu du ruisseau », songe Maoro.

Il a souvent pensé qu'il aimerait bien avoir une sœur. « Mais celle-là, elle sait à peine parler », pense-t-il avec **dédain**❋.

Agacé, il la regarde tremper ses lèvres dans le verre de sirop et l'aspirer à petits coups. « Un verre comme ça, je l'avale d'un trait. Le sirop de cassis de Maman est vraiment délicieux ; ce n'est sans doute pas assez bon pour cette **mijaurée**❋ de la ville. »

Pendant que la fille reste muette et figée comme une statue, le père parle pour deux.

— Ce village est un vrai bijou, observe-t-il en s'essuyant les lèvres avec son mouchoir. Tout est tellement *nature* !

Il tend la main vers la planche à pain et prend encore une large tranche qu'il garnit de viande.

— Nature ? Plus pour longtemps, murmure Papa.

Mais M. Haltmeier n'a pas entendu. Il lève son verre de vin, en vide la moitié d'un trait et continue avec assurance :

— Vraiment ! Comment peut-on quitter cet endroit ? Je ne comprends pas Ferrini. Remarquez, pour moi, ça tombe bien, ha ha ha ! puisque ça m'a permis d'acheter sa maison ! Mais franchement, je ne comprends pas qu'on parte d'ici pour aller en ville. Le montagnard est un peu comme un roi !

Papa rit sèchement.

— Comment est-ce, déjà, cette belle chanson qu'on apprenait à l'école ? *Pauvre — mais libre — Au pied des glaciers...* C'est bien ça, je crois ?

— Oui, c'est comme ça dans les chansons, dit Papa entre ses dents. Mais la réalité est plus dure.

❋ **dédain :** sentiment de mépris.
❋ **mijaurée :** se dit d'une femme ou d'une jeune fille qui a des manières peu naturelles et ridicules.

M. Haltmeier s'arrête brusquement de mâcher, la bouche pleine. Il ressemble à une marmotte effrayée.

— Le paysan trime du matin au soir et du soir au matin. Il fauche des pentes escarpées, des endroits dangereux d'où il risque de tomber. Il construit des murettes pour retenir la terre. Et il doit encore charrier la terre et le fumier avec une brouette, s'il veut cultiver quelques légumes sur ces minuscules terrasses. En hiver, il abat des arbres et les fait descendre dans la vallée sur des **traîneaux de schlittage**❋. Et avec tout ce travail, il arrive à peine à nourrir sa famille. L'argent, on n'en voit jamais la couleur...

— Mais vous n'avez pas besoin d'argent, **objecte** ❋ M. Haltmeier. Vous avez du lait frais, du beurre, du pain de campagne, un peu de cette excellente viande des Grisons, ça suffit largement. Dans ces villages de montagne, l'homme peut vivre avec la simplicité et la sobriété **d'antan** ❋!

Papa secoue la tête avec irritation.

— Ce n'est plus comme autrefois. Nos parents ont accepté la pauvreté parce qu'ils ne connaissaient rien d'autre. Nous, nous savons qu'on vit autrement ailleurs. En ville, le travail n'est pas aussi dur et, pourtant, on gagne plus. Nous le voyons bien : sur la route, les gens des villes foncent dans leurs voitures qui coûtent des millions. Lorsqu'ils s'arrêtent, nos femmes admirent les beaux vêtements des dames. Il suffit d'ouvrir les yeux pour voir tout ce qu'ils peuvent s'offrir. Et leurs vacances encore, et Dieu sait où.

— Peut-être, peut-être, admet M. Haltmeier. Mais n'oubliez pas que vous avez ici un air pur et sain, un calme qui ne se trouvent pas ailleurs.

Évelyne HASLER, *Ne m'oublie pas, Maoro,* Flammarion, collection « Castor Poche ».

?

- *Comment l'inconnu est-il accueilli par ses voisins ?*
- *M. Haltmeier et le père de Maoro ont-ils le même avis sur les conditions de vie du paysan de la montagne ? Justifiez votre réponse.*
- *Et vous, quel avis partagez-vous ? Donnez vos raisons.*

❋ **traîneaux de schlittage :** traîneaux glissant sur une voie faite de troncs d'arbres.
❋ **objecte :** réplique en n'étant pas d'accord.
❋ **d'antan :** du temps passé.

LES CERFS-VOLANTS

Ludo vit chez son oncle Ambroise Fleury, facteur à la campagne, qui fabrique de merveilleux cerfs-volants.

Mon oncle disait que « les cerfs-volants doivent apprendre à voler, comme tout le monde », et, dès l'âge de sept ans, je l'accompagnais après l'école à ce qu'il appelait « l'entraînement », tantôt sur le pré devant la Motte, tantôt un peu plus loin, au bord de la Rigole, avec un ***gnama*** ❈ qui sentait encore bon la colle fraîche.

— Il faut les tenir ferme, m'expliquait-il, parce que ça tire et quelquefois ils s'arrachent, ils montent trop haut, ils partent à la poursuite du bleu et tu ne les revois plus, sauf lorsque les gens les ramènent ici en morceaux.

— Et si je les tiens trop fort, est-ce que je ne vais pas m'envoler avec eux, moi aussi ?

Il souriait, ce qui rendait sa grosse moustache encore plus gentille.

— Ça pourrait arriver, disait-il. Il ne faut pas se laisser emporter.

Mon oncle donnait à ses cerfs-volants des noms affectueux : Croquemuche, Batifol, Clopin-clopant, Patapouf, Zigomar, Palpitar, Aimable, et je ne savais jamais pourquoi c'était tel nom plutôt qu'un autre, pourquoi Titube, une sorte de grenouille **hilare** ❈ avec des pattes qui vous faisaient « bonjour » dans le vent, s'appelait ainsi plutôt que Clapote, lequel était un poisson tout souriant, frémissant dans les airs de ses écailles argentées et de ses nageoires roses, ou pourquoi il lançait plus souvent au-dessus du pré devant la Motte son Popotin plutôt que son Mimile, un martien, que je trouvais bien gentil, avec ses yeux ronds et ses ailes en forme d'oreilles qui se mettaient à frétiller quand il s'élevait, gestes que je m'exerçais à imiter avec succès, battant tous mes camarades de classe dans nos compétitions. Lorsqu'il lançait un *gnama* dont je ne comprenais pas les formes, mon oncle m'expliquait :

— Il faut essayer d'en faire qui seraient différents de tout ce qu'on a déjà vu et connu. Quelque chose de vraiment nouveau. Mais c'est là qu'il faut les tenir au bout de la ficelle plus fermement encore, parce que, si on les lâche, ils s'en vont à la poursuite du bleu et risquent toujours de faire de gros dégâts en retombant.

Il me semble parfois que c'était le cerf-volant qui tenait Ambroise Fleury au bout de la ficelle.

❈ **gnama :** surnom donné par Ambroise au cerf-volant.
❈ **hilare :** très joyeuse.

Mon préféré, pendant longtemps, fut le brave Patapouf, dont le ventre se gonflait étonnamment d'air dès qu'il prenait de l'altitude et qui, pour peu qu'il y eût brise, exécutait des cabrioles en battant comiquement des pattes sa panse, selon la manière que mon oncle avait de tirer ou de relâcher les fils.

Je permettais à Patapouf de dormir avec moi, car, au sol, un cerf-volant a besoin de beaucoup d'amitié ; il perd forme et vie à ras de terre et se désole facilement. Il lui faut de la hauteur, de l'air libre et beaucoup de ciel autour pour s'épanouir dans toute sa beauté.

Mon **tuteur** ❋ passait ses journées à parcourir la campagne dans l'exercice de son métier, portant aux gens du pays le courrier qu'il allait chercher le matin à la poste. Mais lorsque je revenais de l'école après une trotte de cinq kilomètres, je le trouvais presque toujours dans sa tenue de facteur sur le pré de la Motte, les courants d'air chez nous étant toujours plus favorables en fin d'après-midi, les yeux levés vers un de ses « petits copains » qui frémissait au-dessus de la terre.

Et cependant, lorsque nous perdîmes un jour notre superbe Quatremer, avec ses douze voiles que le vent, les gonflant d'un seul coup, arracha de ma main avec le dévidoir, mon oncle, en suivant du regard son œuvre qui se perdait dans le bleu, me dit, alors que je me mettais à chialer :

— Ne pleure pas. C'est fait pour ça. Il est content, là-haut.

Le lendemain, un fermier des environs nous ramena dans sa charrette de foin un amas de bois et de papier qui était tout ce qui restait de Quatremer.

Romain GARY, *Les Cerfs-volants,* Gallimard, collection « Folio ».

- *En quoi consistait l'« entraînement » que suivait Ludo avec son oncle ?*
- *Quel cerf-volant préfère Ludo ? Pour quelles raisons ?*
- *Quelle réaction Ambroise Fleury a-t-il quand il perd parfois un cerf-volant ? Quelle raison donne-t-il ?*

❋ **tuteur :** personne chargée d'élever un enfant, quand les parents ne peuvent le faire. Ici, l'oncle Ambroise.

La Complainte DU PETIT PÈRE Kangourou

Non, point toujours ne fut le Kangourou tel qu'on le voit aujourd'hui, car c'était une Tout Autre Bête à quatre courtes pattes. Il était gris, laineux et d'orgueil immodéré ; il dansait sur une crête, au milieu de l'Australie, et il alla trouver le Petit Dieu Nqa.

Il alla trouver Nqa à six heures du matin, disant :

— Fais-moi différent de toutes les autres bêtes avant cinq heures de l'après-midi.

Nqa sauta en l'air, d'assis qu'il était sur un plateau de sable, et cria :

— Va-t'en !

Toujours gris, laineux et d'orgueil immodéré, Kangourou dansait sur un rebord de rocher, au milieu de l'Australie, puis alla trouver le Moyen Dieu Nquing.

Il alla trouver Nquing à huit heures du matin, disant :

— Fais-moi différent de toutes les autres bêtes et très populaire aussi par-dessus le marché, avant cinq heures de l'après-midi.

Nquing sauta en l'air, de couché qu'il était dans son trou parmi les **spinifex**❋, et cria :

— Va-t'en !

Toujours gris, laineux et d'orgueil immodéré, Kangourou dansait sur une dune, au milieu de l'Australie, puis alla trouver le Grand Dieu Nqong.

Il alla trouver Nqong à dix heures du matin et lui dit :

— Fais-moi différent de toutes les autres bêtes ; rends-moi populaire et très couru avant cinq heures de l'après-midi.

Nqong sauta en l'air, de couché qu'il était dans son bain du marais salant, et cria :

— Je m'en charge !

Nqong héla Dingo — Dingo Chien Jaune — couleur de poussière au soleil et qui a toujours faim. Il lui montra Kangourou et dit :

— Dingo ! Attention, Dingo ! Vois-tu ce Monsieur qui danse sur la dune ? Il veut être populaire et couru. Dingo, je t'en charge.

Dingo sauta en l'air — Dingo Chien Jaune — et dit :

— Quoi ! ça ? ce chat de lapin ?

❋ **spinifex** : épineux (mot sans doute imaginé par Rudyard Kipling).

Dare-dare fila Dingo — Dingo Chien Jaune — qui a toujours faim — avec sa gueule en seau à charbon — sur les talons de Kangourou. Dare-dare fila le fier Kangourou sur ses quatre pattes, comme un lapin.

Et voilà, Mieux Aimée, la première moitié de l'histoire.

Il fila par le désert, il fila par les montagnes, il fila par les salines, il fila par les grands joncs, il fila sous les spinifex, il fila sous les **gommiers** ❉ bleus, il fila si vite que les pattes de devant lui en cuisaient.

Il fallait bien !

Et toujours filait Dingo — Dingo Chien Jaune — qui a toujours faim et qui rit comme un piège à rats — sans perdre ni gagner — sur les talons de Kangourou.

Il fallait bien !

Et toujours courait Kangourou — Petit Père Kangourou. Il courut par les arbres Ti ; il courut par la **mulga** ❉; il courut sur l'herbe longue ; il courut sur l'herbe courte ; il courut par-dessus les tropiques du Capricorne et du Cancer, si vite que lui en cuisaient les pattes de derrière.

Il fallait bien !

Toujours suivait Dingo — Dingo Chien Jaune — qui avait de plus en plus faim — avec sa gueule en collier de bourrique — sans gagner ni perdre.

Et ils arrivèrent à la rivière Wollgong.

Or, il n'y avait ni pont ni bac, et Kangourou ne savait pas comment passer ; alors, il se mit debout sur les pattes de derrière et sauta.

Il fallait bien !

Il sauta comme un Kangourou. Un mètre d'abord, puis trois, puis cinq, tandis que ses pattes allongeaient et devenaient plus fortes. Il n'avait pas le temps de se reposer ni de boire, mais l'envie ne lui en manquait pas.

❉ **gommiers :** arbres qui produisent de la gomme (résine collante et élastique).
❉ **mulga :** mot, sans doute inventé par l'auteur, désignant la prairie.

Toujours suivait Dingo — Dingo Chien Jaune — qui ne comprenait pas du tout et qui avait très faim, tout en se demandant ce qui, diable, pouvait faire sauter Petit Père Kangourou de la sorte. Car il sautait comme un criquet, comme un pois dans une poêle ou comme une balle neuve sur un plancher.

Il fallait bien !

Il troussa ses pattes de devant ; il sauta sur ses pattes de derrière ; il tendit sa queue toute droite en arrière pour former contrepoids et il sauta par dessus les dunes du Darling et les déserts d'Australie.

Il fallait bien !

Toujours courait Dingo — Chien vanné Dingo — qui avait de plus en plus faim et comprenait de moins en moins, et se demandait quand, diable, Petit Père Kangourou aurait l'idée de s'arrêter.

Alors s'en vint Nqong, sortant du bain dans le marais salant et disant :

— Il est cinq heures.

Sur son derrière s'assit Dingo — Pauvre Chien Dingo — qui a toujours faim — couleur de poussière au soleil — qui tira la langue et fit : « Hou-ou ! »

Sur son derrière s'assit Kangourou — Petit Père Kangourou — la queue toute droite sous lui, en escabeau à traire les vaches, et dit :

— Dieu merci, voilà qui est fini !

Alors dit Nqong, qui est toujours bien élevé :

— Il faut remercier Dingo Chien Jaune. Après tout ce qu'il a fait pour toi !

Alors dit Kangourou — Père Kangourou le très fatigué :

— Il m'a chassé des lieux de mon enfance ; il a bouleversé mes heures de repas ; il a chahuté mon académie, et pour ce qui est de mes jambes, n'en parlons pas.

Alors dit Nqong :

— Peut-être je me trompe ; mais ne m'as-tu pas demandé de te rendre différent de tous les autres animaux, de même que très couru ?... Et il est cinq heures.

Rudyard Kipling, *Histoires comme ça,* traduit par Robert d'Humières et Louis Fabulet, Delagrave.

- *Que demande Kangourou ? À qui s'adresse-t-il ?*
- *Que fait Dingo pour rendre le Kangourou différent ?*
  À quel moment et comment les pattes de Kangourou se transforment-elles ?
- *Le Dieu Nquong a-t-il répondu aux demandes de Kangourou ?*
  Justifiez votre réponse.

La célèbre grenouille sauteuse

Il y avait ici, autrefois, un gaillard nommé Jim Smiley. C'était dans l'hiver 1849, ou peut-être au printemps 1850. Jamais on ne vit homme plus curieux. Il pariait à propos de tout

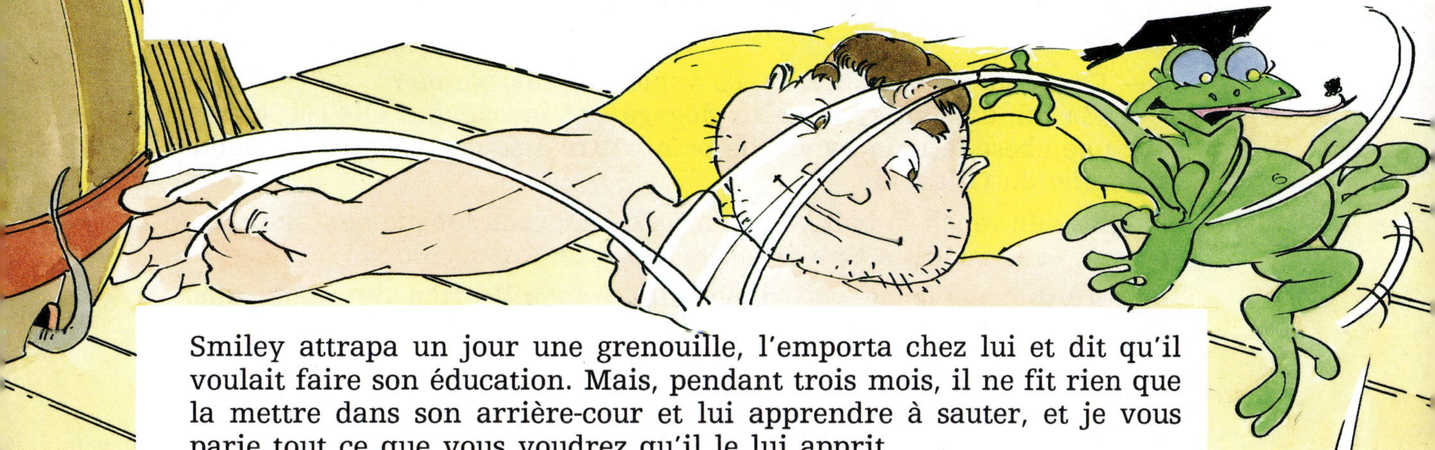

Smiley attrapa un jour une grenouille, l'emporta chez lui et dit qu'il voulait faire son éducation. Mais, pendant trois mois, il ne fit rien que la mettre dans son arrière-cour et lui apprendre à sauter, et je vous parie tout ce que vous voudrez qu'il le lui apprit.

Il n'avait qu'à lui donner une petite poussée par derrière, et aussitôt on voyait la grenouille tourner en l'air comme une crêpe, faire une culbute ou deux, si elle avait pris un bon élan, et puis retomber sur ses pattes avec la **dextérité** ❋ d'un chat.

Il l'avait dressée aussi dans l'art d'attraper les mouches, et il l'avait exercée si patiemment qu'elle clouait une mouche contre le mur, du plus loin qu'elle la voyait.

Smiley disait que tout ce qu'il fallait à une grenouille, c'était l'éducation, et que l'on pouvait en faire à peu près tout ce qu'on voulait, et je crois qu'il avait raison. Tenez, je l'ai vu poser Daniel Webster là, sur le plancher — Daniel Webster, c'était le nom de la grenouille — et lui chanter : « Des mouches, Dan, des mouches ? » Et avant que vous eussiez cligné de l'œil, elle faisait un bond, happait une mouche, ici, sur le comptoir, et retombait sur le plancher comme un paquet de boue, et se mettait à se gratter la tête avec sa patte de derrière, d'un air aussi indifférent que si elle n'avait pas eu la moindre idée d'avoir fait autre chose que ce que toute autre grenouille pouvait faire.

Vous n'avez jamais vu une grenouille aussi modeste et aussi franche, dressée comme elle l'était. Et quand il s'agissait de sauter à tout moment et tout simplement sur un terrain plat, elle franchissait plus d'espace en un saut qu'aucune bête de son espèce. Le saut en longueur était son triomphe. Dans ces cas-là, Smiley [...] était monstrueusement fier de sa grenouille et il en avait le droit. Car des gens qui avaient voyagé et qui avaient été partout disaient qu'elle battrait toutes les grenouilles qu'ils avaient jamais vues.

❋ **dextérité** : habileté.

Très bien. Smiley gardait sa grenouille dans une petite **boîte à treillis** ❋ et l'emportait parfois avec lui à la ville pour parier. Un jour, un individu, étranger à notre camp, le rencontre avec sa boîte et lui dit :

— Que diable avez-vous là-dedans ?

Smiley, d'un air indifférent, lui répond :

— Ce pourrait être un perroquet ou un canari, mais non — c'est justement une grenouille.

L'autre la prit, la regarda attentivement, la tourna dans tous les sens, puis dit :

— C'est tout de même vrai. Et à quoi est-elle bonne ?

— Ma foi, dit Smiley d'un air **dégagé** ❋ et insouciant, elle est bonne pour une chose, à mon avis. Elle peut battre à sauter n'importe quelle grenouille du Calaveras.

L'individu reprit la boîte, l'examina de nouveau longuement, attentivement, et la rendit à Smiley en disant d'un air décidé :

— Après tout, je ne vois dans cette grenouille rien de mieux que dans n'importe quelle grenouille.

— C'est possible, dit Smiley. Peut-être que vous vous connaissez en grenouilles, et peut-être que vous ne vous y connaissez pas. Il se peut que vous ayez de l'expérience, il se peut que vous ne soyez qu'un amateur. Dans tous les cas, j'ai mon opinion, et je parie quarante dollars que cette grenouille saute plus loin qu'aucune grenouille du Calaveras.

L'autre réfléchit une minute, puis dit, avec une sorte de tristesse :

— Voilà. Je ne suis ici qu'un étranger, je n'ai pas de grenouille. Si j'en avais une, je parierais.

❋ **boîte à treillis** : boîte dont les côtés imitent les mailles d'un filet, pour laisser passer l'air.

— Très bien, dit Smiley, si vous voulez tenir ma boîte un instant, je vais vous en chercher une.

L'individu prit la boîte, posa ses quarante dollars à côté de ceux de Smiley et s'assit pour attendre.

Il demeura là un bon moment, à réfléchir et réfléchir. Puis il sortit la grenouille de la boîte, lui ouvrit la bouche toute grande, et prit d'autre part une cuillère à thé. Il se mit alors à emplir la grenouille de petit plomb. Il la remplit jusqu'au menton et la reposa sur le sol délicatement. Pendant ce temps, Smiley, qui était allé à la mare, barbotait dans la boue. À la fin, il attrapa une grenouille, l'apporta et la donna à l'individu, en disant :

— Maintenant, si vous êtes prêt, mettez-la à côté de Daniel, avec ses pattes de devant au niveau de celles de Daniel, et je donnerai le signal.

Alors il dit : « Une, deux, trois, sautez ! » Et Smiley et l'individu touchent chacun sa grenouille par derrière. La nouvelle grenouille saute vivement. Daniel fait un effort et hausse les épaules comme cela — comme un Français —, mais en vain. Elle ne pouvait bouger, elle était plantée en terre aussi solidement qu'une église. Elle ne pouvait pas plus avancer que si elle eût été à l'ancre.

Smiley était passablement surpris, et même dégoûté, mais il ne pouvait pas soupçonner ce qui s'était passé. Bien sûr !

L'individu prit l'argent et s'en alla. Mais quand il fut sur le pas de la porte, il fit claquer son pouce par-dessus son épaule, comme cela, d'un air **impertinent** ❈, en disant avec assurance :

— Je ne vois dans cette grenouille rien de mieux que dans une autre.

Smiley demeura un bon moment, se grattant la tête, les yeux penchés vers Daniel. À la fin, il se dit : « Je ne comprends pas pourquoi cette grenouille a refusé de sauter. N'aurait-elle pas quelque chose ? Elle m'a l'air singulièrement gonflée, dans tous les cas. »

Il saisit Daniel par la peau du cou et la soulève, et s'écrie :

— Le diable m'emporte si elle ne pèse pas cinq livres !

Il la retourne sens dessus dessous et Daniel crache une double poignée de plomb. Et alors, il comprit. Et il devint fou de fureur, posa la grenouille et courut après l'individu.

Mark Twain, *La Célèbre Grenouille sauteuse*, traduit par Gabriel de Lautrec, Mercure de France.

- *Selon Smiley, que faut-il essentiellement à une grenouille ?*
- *Comment appelait-il la sienne ? Quelle était sa spécialité ?*
- *Quelle somme parie-t-il ? Comment l'étranger réussit-il à tromper Smiley et à empocher la somme ?*
- *Dites ce que vous pensez de l'attitude de ces deux personnages.*

❈ **d'un air dégagé :** avec aisance et naturel, sans attacher grande importance.
❈ **impertinent :** arrogant, insolent.

Séparation

L'auteur, Saint-Exupéry, est aviateur. Il tombe en panne dans le désert. Là, il fait la connaissance d'un être merveilleux : le petit prince. Mais le moment est venu où l'homme et l'enfant doivent se quitter...

Il y avait, à côté du puits, une ruine de vieux mur de pierre. Lorsque je revins de mon travail, le lendemain soir, j'aperçus de loin mon petit prince assis là-haut, les jambes pendantes. Et je l'entendis qui parlait :

— Tu ne t'en souviens donc pas ? disait-il. Ce n'est pas tout à fait ici !

Une autre voix lui répondit sans doute, puisqu'il répliqua :

— Si ! Si ! c'est bien le jour, mais ce n'est pas ici l'endroit...

Je poursuivis ma marche vers le mur. Je ne voyais ni n'entendais toujours personne. Pourtant le petit prince répliqua de nouveau :

— ... Bien sûr. Tu verras où commence ma trace dans le sable. Tu n'as qu'à m'y attendre. J'y serai cette nuit.

J'étais à vingt mètres du mur et je ne voyais toujours rien.

Le petit prince dit encore, après un silence :

— Tu as du bon venin ? Tu es sûr de ne pas me faire souffrir longtemps ?

Je fis halte, le cœur serré, mais je ne comprenais toujours pas.

— Maintenant, va-t'en, dit-il... je veux redescendre !

Alors j'abaissai moi-même les yeux vers le pied du mur, et je fis un bond ! Il était là, dressé vers le petit prince, un de ces serpents jaunes qui vous exécutent en trente secondes. Tout en fouillant ma poche pour en tirer mon revolver, je pris le pas de course, mais, au bruit que je fis, le serpent se laissa doucement couler dans le sable, comme un jet d'eau qui meurt, et, sans trop se presser, se faufila entre les pierres avec un léger bruit de métal.

Je parvins au mur juste à temps pour y recevoir dans les bras mon petit bonhomme de prince, pâle comme la neige.

— Quelle est cette histoire-là ! Tu parles maintenant avec les serpents !

❀ **abîme :** gouffre très profond.

J'avais défait son éternel cache-nez d'or. Je lui avais mouillé les tempes et l'avais fait boire. Et maintenant je n'osais plus rien lui demander. Il me regarda gravement et m'entoura le cou de ses bras. Je sentais battre son cœur comme celui d'un oiseau qui meurt, quand on l'a tiré à la carabine. Il me dit :

— Je suis content que tu aies trouvé ce qui manquait à ta machine. Tu vas pouvoir rentrer chez toi...

— Comment sais-tu ?

Je venais justement lui annoncer que, contre toute espérance, j'avais réussi mon travail !

Il ne répondit rien à ma question, mais il ajouta :

— Moi aussi, aujourd'hui, je rentre chez moi...

Puis, mélancolique :

— C'est bien plus loin... c'est bien plus difficile...

Je sentais bien qu'il se passait quelque chose d'extraordinaire. Je le serrais dans les bras comme un petit enfant, et cependant il me semblait qu'il coulait verticalement dans un **abîme**❉ sans que je pusse rien pour le retenir...

Il avait le regard sérieux, perdu très loin. [...]

J'attendis longtemps. Je sentais qu'il se réchauffait peu à peu :

— Petit bonhomme, tu as eu peur...

Il avait eu peur, bien sûr ! Mais il rit doucement :

— J'aurai bien plus peur ce soir...

De nouveau je me sentis glacé par le **sentiment de l'irréparable**❉. Et je compris que je ne supportais pas l'idée de ne plus jamais entendre ce rire. C'était pour moi comme une fontaine dans le désert.

❉ **sentiment de l'irréparable :** impression que tout est fini à jamais.

— Petit bonhomme, je veux encore t'entendre rire...

Mais il me dit :

— Cette nuit, ça fera un an. Mon étoile se trouvera juste au-dessus de l'endroit où je suis tombé l'année dernière...

— Petit bonhomme, n'est-ce pas que c'est un mauvais rêve cette histoire de serpent et de rendez-vous et d'étoile...

Mais il ne répondit pas à ma question. Il me dit :

— Ce qui est important, ça ne se voit pas...

— Bien sûr...

— C'est comme pour la fleur. Si tu aimes une fleur qui se trouve dans une étoile, c'est doux, la nuit, de regarder le ciel. Toutes les étoiles sont fleuries.

— Bien sûr...

— C'est comme pour l'eau. Celle que tu m'as donnée à boire était comme une musique, à cause de la poulie et de la corde... tu te rappelles... elle était bonne.

— Bien sûr...

— Tu regarderas, la nuit, les étoiles. C'est trop petit chez moi pour que je te montre où se trouve la mienne. C'est mieux comme ça. Mon étoile, ça sera pour toi une des étoiles. Alors, toutes les étoiles, tu aimeras les regarder... Elles seront toutes tes amies. Et puis je vais te faire un cadeau...

Il rit encore.

— Ah ! petit bonhomme, petit bonhomme, j'aime entendre ce rire !

— Justement ce sera mon cadeau... ce sera comme pour l'eau...

— Que veux-tu dire ? [...]

— Quand tu regarderas le ciel, la nuit, puisque j'habiterai dans l'une d'elles, puisque je rirai dans l'une d'elles, alors ce sera pour toi comme si riaient toutes les étoiles. Tu auras, toi, des étoiles qui savent rire !

Et il rit encore.

— Et quand tu seras consolé (on se console toujours), tu seras content de m'avoir connu. Tu seras toujours mon ami. Tu auras envie de rire avec moi. Et tu ouvriras parfois ta fenêtre, comme ça, pour le plaisir... Et tes amis seront bien étonnés de te voir rire en regardant le ciel. Alors tu leur diras : « Oui, les étoiles, ça me fait toujours rire ! » Et ils te croiront fou. Je t'aurai joué un bien vilain tour...

Antoine DE SAINT-EXUPÉRY, *Le Petit Prince,* Gallimard. Aquarelles de l'auteur.

- *Pourquoi le petit prince est-il perché sur un mur ? Qu'est-ce qui étonne l'auteur ?*
- *Depuis combien de temps le petit prince est-il dans le désert ? Quand doit-il partir ?*
- *Que pensera Saint-Exupéry quand il regardera le ciel, la nuit ?*
- *« Je t'aurai joué un bien vilain tour. » Pourquoi le petit prince dit-il cela ?*

TOUF DE POIL 1

Les parents de Sébastien sont séparés. Le petit garçon vit avec son père. Un jour, il reçoit un cadeau de sa maman...

Comme si c'était fait exprès pour m'empêcher de refaire des bêtises, il est arrivé quelque chose d'incroyable, de fantastique, d'extraordinaire. Quelque chose comme dans les contes de fées où on dit toujours que ça n'arrive jamais et que le Petit Poucet retrouve ses parents. Pour mon anniversaire, Maman m'a écrit. En plus, elle me promettait une surprise. Elle ne pouvait pas me dire quoi : je verrais.

J'ai vu. C'est arrivé par colis que Papa est allé chercher dans une gare. Mais un colis vivant, plein de poils. Un petit chien qui s'est mis à japper. Un petit chien tout noir avec des poils si longs sur les yeux qu'on ne savait même pas s'il en avait.

Papa lui a donné de l'eau. Mais la touffe de poils aboyait toujours. Papa a dit :

— C'est pas un briard, c'est un braillard.

Ça m'a fait rire. Mais je voyais bien que Papa n'était pas content. Il appelait ça un « cadeau empoisonné ». J'ai bien regardé la touffe de poils, mais je ne voyais pas où était le poison.

— Elle en a de bonnes, ta mère ! m'a dit Papa.

Et j'ai compris que le poison en question, c'était Maman qui, à mille kilomètres de distance, empoisonnait Papa.

— Qu'est-ce que tu veux que je fasse d'un chien dans un appartement ? Qui va le garder pendant que je serai au boulot ?...

Plein de questions auxquelles Papa ne voulait surtout pas trouver de réponses.

— Je vais lui écrire ce que j'en pense, a dit Papa.

Moi aussi, j'allais le faire. Mais moi, ce que je voulais dire, c'était un grand merci tout plein pour cette touffe de poils que j'ai aussitôt appelée Toufdepoil.

Je l'ai serré dans mes bras. Papa pouvait dire ce qu'il voulait. Toufdepoil était à moi, pas à lui. Maman l'avait écrit : « Ça ne sera que pour toi. »

— Je te jure, Papa, que je m'en occuperai bien, que tu n'auras rien à faire, que je le promènerai. Que je ferai tout. Tu n'auras rien à lui reprocher.

J'ai regardé Papa si fort et si droit dans les yeux que l'hypnotisme a dû marcher et qu'il a dit : « On verra demain. »

Le soir même, j'ai mis la table sans qu'il ait eu à le demander et j'ai essuyé la toile cirée sans qu'il reste une seule miette de pain ni une seule tache de gras. Puis je me suis enfermé dans ma chambre avec Toufdepoil. J'ai pris mon stylo à plume que Papa venait de m'offrir et j'ai écrit une lettre de promesses.

Mon petit Papa chéri,

Je jure que je m'occuperai du chien, tout le temps. S'il est malade, s'il attrape la varicelle, c'est moi qui le soignerai. Tu n'auras même pas besoin d'aller chez le pharmacien. Mais, de toute manière, je ferai tellement attention qu'il n'attrapera pas la varicelle. Alors comme ça, je peux le garder. Dis oui, Papa. Je t'en supplie.

J'ai glissé la lettre dans une enveloppe et j'ai attendu la nuit noire quand j'étais sûr que Papa dormait. Sur la pointe des pieds, j'ai posé ma lettre dans la cuisine, sur le gros bol où Papa boit vite son café avant de partir le matin. J'ai tellement attendu la réponse que j'ai passé toute la nuit à jouer avec Toufdepoil. Il n'en demandait pas tant. Il voulait dormir, en boule contre moi. Chaque fois que je le réveillais, il grognait, puis se rendormait.

J'ai entendu la porte se fermer. Papa partait. Je me suis précipité dans la cuisine. Sur mon bol, se trouvait ma lettre, dépliée. En bas, en rouge, Papa avait écrit :

C'est oui, gros idiot.

J'étais tellement heureux que j'ai réveillé Toufdepoil. Je lui ai fait promettre de ne pas attraper la varicelle. Je lui ai dit de me regarder droit dans les yeux quand je lui parlais, mais il n'a rien compris et il s'est mis à me mordiller les mains. Et puis, ses yeux, il fallait vraiment les chercher pour les trouver derrière sa grosse frange.

Toufdepoil, c'est devenu mon vrai copain. J'étais certain qu'il comprenait tout ce que je disais. Quand je partais pour l'école, il était triste. Dès qu'il sentait que je montais l'escalier, je l'entendais gratter la porte. S'il avait pu parler, il l'aurait fait, j'en suis sûr.

Un qui s'est mis à ne plus me parler, c'est Frédéric. Il disait à toute la classe que, depuis que j'avais un chien, je n'étais plus pareil. Que je **crânais** ❉ et que d'ailleurs, mon chien, il était moche avec plein de

❉ **je crânais :** je me vantais.

poils partout, un vrai orang-outan. J'ai dit à Toufdepoil que, si jamais on rencontrait Frédéric dans la rue, il lui morde les mollets. Ça lui ferait les pieds, à ce jaloux. Mais Toufdepoil était encore trop jeune pour bien comprendre. Et moi qui aurais tant voulu qu'il devienne vite grand. [...]

Si j'avais su comment ça se transforme, un briard, je n'aurais pas insisté pour qu'il devienne vite grand.

Il l'est devenu tout seul. Immense, m'arrivant à la taille, et quand il fonçait sur moi je faisais un écart pour ne pas tomber aussitôt. Le soir, quand je le tenais en laisse pour la promenade, c'était comme s'il m'entraînait au championnat de sprint. Un mot anglais interdit en classe, mais on ne se gênait pas dans la cour de récré. Ni de le dire, ni de le chronométrer entre la porte du préau et le mur du fond, aller-retour.

Pour ne pas que je devienne plus rapide que lui, Frédéric m'accompagnait. On tenait la laisse à deux ou bien lui tout seul. Il disait qu'il était bien plus fort que moi. Et je rigolais à le voir filer derrière Toufdepoil en lui hurlant d'arrêter.

Mais si Frédéric aimait bien Toufdepoil, il s'arrangeait toujours pour dire des vacheries. Qu'il marchait un peu caoutchouc. Qu'il n'était pas si fort que ça. Que lui, s'il avait eu à choisir, il aurait pris un berger allemand.

- *Sébastien et son père ont-ils le même avis à propos du cadeau de la maman ? Relevez, dans le texte, les réflexions du père et celles de Sébastien qui justifient votre réponse.*
- *Pour quelles raisons Frédéric et Sébastien ne sont-ils plus copains ?*
- *Quels sont les avantages et les inconvénients d'avoir un briard qui grandit ?*

TOUF DE POIL 2

Dans la classe, ils connaissaient tous Toufdepoil. Il faut dire qu'il n'est pas passé inaperçu. C'était pour l'exposé sur les chiens. À tour de rôle, on faisait un animal. Frédéric, lui, c'était le serpent crotale qui a une sonnette au bout de la queue. Et là, quand j'ai ri, il a dit que j'étais un imbécile de tout comprendre de travers. Quand mon tour est venu, j'ai demandé au maître si, avec un vrai animal, ça ne serait pas mieux. Et comme j'étais tellement fier de Toufdepoil, j'ai sorti sa photo de mon portefeuille. Le maître l'a regardée. Et j'étais drôlement content. Le maître m'a passé une fois encore la main dans les cheveux et il m'a dit :

— Tu as l'air de bien l'aimer, ton chien. Eh bien, montre-le nous.

J'ai rougi de bonheur. J'ai remis la photographie de Toufdepoil dans mon portefeuille. Celle que j'avais prise quand il était arrivé à la maison. Le soir, j'ai annoncé la bonne nouvelle à Papa.

Il a longuement regardé Toufdepoil et m'a demandé si j'avais vraiment bien compris ce que le maître avait dit.

Aucun doute n'était permis. Et toute la soirée, j'ai fait la leçon à Toufdepoil. Qu'il fasse surtout tout ce que j'ordonnerais, sans rouspéter. Il était assis devant moi, **dodelinait** ❈ de la tête. Sûr, il avait compris. Je l'ai embrassé sur ses longs poils et on s'est endormis.

Le lendemain matin, M. Sambrun n'a même pas eu le temps de nous voir entrer ni de nous interdire de passer. Je tenais Toufdepoil par le collier et, deux à deux, nous avons escaladé les escaliers jusqu'à la classe. Je voulais leur faire une surprise et arriver juste à l'heure. Mais j'étais en retard. Ils étaient déjà tous assis et le maître écrivait la date au tableau noir. En apercevant Frédéric au premier rang, Toufdepoil s'est élancé vers lui en aboyant, la queue en folie, tout heureux de le retrouver là. Et moi, je me suis retrouvé par terre. Toufdepoil s'est installé sur le pupitre de Frédéric, regardant le maître qui arrivait. Alors il a montré les dents avec ce grondement qu'on reconnaît bien quand il est prêt à mordre. Le maître s'est arrêté. Il a tendu la main vers Toufdepoil pour le calmer, mais le grognement est devenu menaçant.

— Gentil, Toufdepoil, gentil, je lui disais. C'est le maître, il est gentil. Il est *très* gentil, tu sais.

Mais Toufdepoil ne voulait rien savoir. Toute la classe rigolait et le maître restait prudemment à deux pas de Toufdepoil. Comme il ne voulait pas paraître idiot, le maître a dit :

— Ce que fait le chien de Bastien, ça s'appelle grogner. Tous les chiens grognent lorsqu'ils se retrouvent devant les inconnus.

❈ **il dodelinait de la tête :** il balançait sa tête de manière lente et régulière.
❈ **en coupe :** dessin du chien représenté comme si on l'avait coupé verticalement.

Dans le brouhaha, ceux du fond se sont mis à faire « ksss-ksss, mords-le », et le chouchou du maître s'est levé en disant qu'il avait peur.

C'est juste le moment qu'a choisi Toufdepoil pour faire un bond impressionnant jusqu'au bureau, sur l'estrade. Et là, installé sur son derrière, il nous a tous regardés, sous les applaudissements et les cris.

Le maître a hurlé qu'on n'était pas au cirque, et il aurait été impossible de s'en sortir sans son sang-froid. Il a eu la bonne idée d'accrocher une grande carte murale de chien au tableau. Un chien moche et marron, **en coupe** ❄ et de profil.

Il m'a ordonné sèchement :

— Vas-y Bastien ! Mais fais-le donc, ton exposé !

Alors j'ai parlé du chien devant toute la classe, en caressant Toufdepoil d'une main et en lisant mon papier de l'autre. Tout sur le chien, que j'avais été chercher dans *Le Livre des records*. Que le plus gros, c'était le saint-bernard, le plus grand, le danois, le plus petit, le chihuahua qui pèse moins de 435 grammes à l'âge adulte. Que le plus **prolifique** ❄, c'était Low Pressure qui avait **engendré** ❄ 2 414 chiots enregistrés et au moins 600 non enregistrés. Et plein d'autres détails sans aucun intérêt, comme pour tous les exposés qu'on faisait où l'intérêt, justement, expliquait le maître, c'était de comprendre ce qu'on disait sans avoir besoin de lire sur son papier.

❄ **prolifique :** qui se reproduit rapidement.
❄ **engendré :** fait naître.

Il aurait pu m'interroger sur « prolifique » et sur « engendré », je n'aurais rien su répondre. Mais il ne l'a pas fait. Ce qui l'intéressait, c'était de nous montrer la dentition du chien et ses griffes pour qu'on apprenne deux mots : griffes **non rétractiles** ❊ et carnassier. Mais quelle histoire pour deux simples mots avant qu'on les inscrive au tableau !

Toufdepoil ne voulait rien entendre pour donner la patte et montrer ses griffes. Il était au spectacle.

J'ai menacé, j'ai fait le tout-doux, j'ai hurlé, mais Toufdepoil n'a rien voulu savoir. Il battait la mesure avec sa queue, c'est tout.

Pour ouvrir la gueule, ça s'est fait beaucoup plus vite. Il a suffi que le maître approche. À distance respectable, le maître a fait ses commentaires :

— Vous voyez, les enfants, ce que le chien montre, ce sont ses crocs. Il s'en sert pour déchiqueter la viande, parce que le chien est carnassier. C'est un mangeur de viande.

Il s'en est fallu de peu que Toufdepoil n'en fasse la démonstration immédiate avec le bras du maître. Cet idiot tenait à la main sa longue baguette avec laquelle il montrait les crocs sur l'image murale.

J'ai dû empoigner Toufdepoil par le collier, et tout s'est bien passé. J'ai fini mon exposé en disant combien les chiens mangeaient par jour, qu'ils étaient mammifères de la famille des Canidés et qu'on les rangeait en onze groupes, qu'il y avait des concours de beauté et que j'étais sûr que Toufdepoil les gagnerait tous.

Le maître ne m'a pas repris. Il a dit, vite fait :

— C'est très bien, Bastien. Il ne te reste plus qu'à raccompagner ton chien à la maison. C'est plus prudent, je crois.

Et Toufdepoil et moi, on est sortis sous les applaudissements.

Claude GUTMAN, *Toufdepoil*, Bordas, collection « Aux quatre coins du temps ».

- *Quelle bonne nouvelle Sébastien annonce-t-il à son père ?*
- *Comment se comporte Toufdepoil avec le maître ?*
- *Pourquoi l'exposé de Sébastien semble-t-il sans intérêt ? Que veut faire connaître le maître aux élèves ? Y parvient-il facilement ? Pourquoi ?*
- *Comment se termine la séance ?*

❊ **non rétractiles :** qui ne se rentrent pas.

Démasqués !

Justin et Blandine enquêtent sur la disparition de leur ami, M. Sergoï, enlevé par une assistante sociale et un joueur de bonneteau (jeu de cartes). Ils touchent au but...

Argenteuil. Terminus ! L'autobus se gare. Apercevant sur un panneau : Franconville, 1,5 km, Justin décide de continuer à pied.

Le paysage devient une zone indéfinissable où des voitures, abandonnées sur les bas-côtés, complètent l'impression de débâcle. La neige se remet à tomber, jaillissant en bourrasques mouillées.

— Tu es sûr de la direction ? hulule Blandine, le bonnet tiré sur les yeux.

— Le conducteur du bus a dit que c'était tout droit !

— Tout droit, ça doit mener à la banquise, commente Blandine, distinguant dans le lointain des étendues d'eau gelée.

Un nouveau panneau indique Franconville à deux kilomètres ! Justin déclare qu'il faut couper à travers champs.

— Ce ne sont pas des champs ! Ce sont des marécages ! [...]

La neige obscurcit tout, se mêlant à la nuit.

Blandine songe au fait divers que relateront demain les journaux. Deux corps retrouvés dans la plaine d'Argenteuil, raides comme des produits surgelés...

— Là ! s'époumone Justin.

Une lumière frissonne dans la tempête qui se calme enfin. Blandine et son frère s'arrêtent le long d'un grillage brodé par la neige et découvrent un étrange décor qui tient de la décharge municipale et du cimetière de voitures.

Pareilles à des carcasses d'animaux préhistoriques, des carrosseries s'entassent, recouvertes d'une épaisseur blanche. Un monticule, composé de moteurs et de boîtes de vitesses, laisse dépasser de la neige bielles et pistons comme des ossements noirs.

La lumière provient d'une caravane rangée près d'un vieux camion où l'on peut lire *Fruits et légumes*.

— On va s'approcher, dit Justin à voix basse, désignant un baraquement de planches noirâtres.

Les deux enfants s'apprêtent à se cacher derrière des bûches et des boulets de charbon quand un fantôme hurlant se précipite sur eux.

Blandine bondit dans les bras de son frère. Le chien, **hirsute et famélique** ❋, s'étrangle au bout de sa laisse, les crocs luisants.

— Oh ! Il m'a fichu une de ces trouilles, dit Justin. Tais-toi donc !

❋ **hirsute et famélique :** hérissé et affamé.

Le chien laboure la neige, grogne furieusement. Blandine renchérit :

— Chut ! On ne te veut pas de mal. On se promène... C'est tout !

Ses aboiements sont féroces. Il a des yeux hallucinés. La porte de la caravane s'ouvre soudain. En blouse à fleurs et bigoudis sur la tête, une femme, qui n'est autre que l'assistante sociale, s'écrie d'une voix brutale :

— Tu vas la fermer, oui ?

Le molosse ne se calmant pas pour autant, elle se baisse et lui lance une pierre. Il se met à **geindre**❉. Des gouttes de sang perlent à son museau et trouent la neige. La femme aux bigoudis remonte dans la caravane. Le chien recommence à gronder.

— Tais-toi, conseille doucement Blandine. Tu vois : ça n'apporte rien de bon de faire le méchant...

Justin cherche dans sa poche. Il doit lui rester quelques sucres qu'il a l'habitude de prendre pour faire face à la dépense d'énergie provoquée par ses raids en planche à roulettes. Le chien regarde le morceau tomber devant lui, le flaire comme s'il s'agissait d'une boulette empoisonnée, puis se décide à le croquer. Étonné, il dévisage Justin.

— Tu en veux un autre ?

Pendant cet exercice de dressage, Blandine a exploré leur cachette. Les planches du baraquement sont huileuses d'humidité. La neige, soufflée par le vent, tombe en poudre par les déchirures de la toiture en toile goudronnée.

— Écoute ! dit-elle.

On entend un gémissement derrière le tas de charbon. Peut-être un autre chien... Justin **scrute la pénombre**❉. Un terrible sentiment de pitié lui tord le cœur.

M. Sergoï est là, attaché par du fil de fer, tremblant sous une couverture mouillée. Son œil gauche est **tuméfié** ❉et il a la bouche ouverte comme un dormeur enrhumé.

— Monsieur Sergoï ! Nous sommes là ! Répondez !

Le vieil homme ne fait que gémir. Effarée, Blandine se retient de pleurer. Justin, murmurant rageusement, s'emploie à détordre les fils de fer.

— Nous allons vous délivrer, Monsieur Sergoï... Nous allons vous délivrer...

❉ **geindre :** gémir, se plaindre.
❉ **scrute la pénombre :** regarde en cherchant dans l'obscurité.
❉ **tuméfié :** enflé, couvert de bleu.

Les jambes en coton, sa sœur s'assied au hasard et se relève, la fesse piquée par un clou. Elle soulève le coin d'une bâche. Un visage peint par Modigliani lui sourit ! Les tableaux de Boris Sergoï... Ils sont tous entreposés là !

Elle a juste le temps de faire part à Justin de sa découverte, un bourdonnement se rapproche et les phares d'une voiture américaine se déploient sur la caravane de laquelle s'échappe, par un tuyau de tôle, un panache de fumée bleue.

Enfoui dans son manteau de loup, Mario Baldoni rejoint sa complice. Un rapide **conciliabule** ❉ a lieu derrière la fenêtre en Plexiglas teinté. Le joueur de bonneteau réapparaît, tenant un fusil, suivi de madame qui brandit un **fanal** ❉ de chef de gare à la recherche d'un train de nuit.

— Qu'est-ce qui se passe, ici ? fait Mario Baldoni.

— Des choses dégoûtantes ! réplique Justin.

Blandine complète :

— Vous devriez avoir honte ! Laisser Boris Sergoï dans cet état ! Il a de la fièvre... Je vais chercher un médecin...

— Ne bouge pas ! dit Mario. Qui est-ce qui m'a fichu de pareils casse-pieds ! Toi, le frangin, ne bouge pas non plus ! Lucette, on va les attacher avec le pépé...

— Le « pépé » est un homme que vous avez volé, battu et traité pire que votre chien ! J'ai prévenu la police, ment Justin. Dans quelques minutes, elle sera là pour vous arrêter !

— Et vous passerez Noël en prison ! Ce sera bien fait pour vous ! dit Blandine, vengeresse. Vous n'aurez pas de cadeaux, pas de sapin ! Rien !

Écœuré, révolté, Justin ne peut s'empêcher de faire un pas en avant. Le chien grogne et montre les dents, menaçant.

— Tiens-toi tranquille ou je le lâche ! crie Mario.

L'animal tire sur sa laisse. Le sang de sa plaie lui coule dans les babines. Il fronce le museau.

— Attaque, Baltus ! Attaque ! dit Lucette en l'excitant.

Blandine hurle. Le chien a cassé son collier ! Il fait un bond et renverse Mario Baldoni qu'il saisit à la gorge. Ni les **exhortations** ❉ de Lucette ni les ordres affolés du joueur de bonneteau ne changent quoi que ce soit. Le chien furieux s'acharne. Justin ramasse le fusil et dit :

— Arrête, Baltus ! Arrête...

Le chien se redresse et vient s'asseoir auprès de lui.

Jean-François FERRANÉ, *Attention aux puces !*, Rageot-Éditeur, collection « Cascade ».

- *Au début du texte, à quoi voit-on que les enfants s'égarent ?*
- *Quel chemin empruntent-ils pour arriver à destination ?*
- *Dans quel état découvrent-ils M. Sergoï ?*
- *Qui les sort de cette situation dangereuse ?*
  Pourquoi, selon vous, le chien a-t-il agi ainsi ?

❉ **conciliabule :** discussion secrète.
❉ **fanal :** lanterne.
❉ **exhortations :** encouragements.

LA FORMULE DE RAJEUNISSEMENT FORTI·WONKA

Charlie Bucket revient vers la chocolaterie dans le Grand Ascenseur de verre, accompagné de ses parents, de ses grands-parents et de l'extraordinaire **Mr.** ❉ *Wonka. Celui-ci a fabriqué des pilules à rajeunir qu'il offre aux grands-parents.*

Il s'approcha et posa doucement le flacon de pilules au milieu du lit.

« Tenez, mes amis, dit-il, servez-vous. » [...]

Trois se jetèrent sur le flacon. Six mains décharnées jaillirent et tâchèrent de s'en emparer. Ce fut grand-maman Georgina qui l'attrapa, déboucha le couvercle et renversa toutes les petites pilules jaune vif sur la couverture, au creux de ses genoux. Elle les protégea de ses mains pour que les autres ne puissent pas les prendre.

« Très bien ! hurla-t-elle, en les comptant vite. Il y en a douze. Ça fait six pour moi et trois pour chacun d'entre vous !

— Hé ! Ce n'est pas juste ! brailla grand-maman Joséphine. Ça fait quatre pour chacun !

— Oui, quatre, cria grand-papa George. Allons, Georgina, donnez-moi ma part ! »

Mr. Wonka haussa les épaules et leur tourna le dos. Il détestait voir les gens se montrer **cupides** ❉ et égoïstes. [...]

— Hé ! Laissez-moi, espèce de brute ! s'écria grand-maman Georgina. Vous me faites mal ! Ouille !... Très bien ! Très bien ! Je les partage si vous cessez de me tordre le bras... C'est mieux... Voici quatre pour Joséphine... quatre pour George... et quatre pour moi.

— Bien, dit grand-papa George. Où y a-t-il un verre d'eau ? »

Mr. Wonka n'avait même pas besoin de se retourner. Il y eut une courte pause, puis :

« Ça y est ! L'eau arrive ! s'exclama grand-papa George.

— Je vais redevenir jeune et belle ! vociféra grand-maman Joséphine.

— Adieu, vieillesse ! brailla grand-maman Georgina. Tous ensemble, maintenant ! À la vôtre ! »

Ce fut le silence. Mr. Wonka mourait d'envie de se retourner pour voir la scène, mais il ne le fit pas. Du coin de l'œil, il apercevait un groupe d'**Oompa-Loompas** ❉, immobiles, qui regardaient intensément vers le grand lit, près de l'Ascenseur. Alors, la voix de Charlie rompit le silence :

« Wow ! hurla-t-il. Regardez ça ! C'est fantastique ! C'est... c'est incroyable !

❉ **Mr. :** abréviation du mot anglais « Mister » (Monsieur).
❉ **cupides :** avides d'argent.

— Je n'en crois pas mes yeux ! cria grand-papa Joe. Ils rajeunissent ! Ils rajeunissent vraiment ! Regardez les cheveux de grand-papa George !

— Et ses dents ! fit Charlie. Hé, Grand-papa ! Tu as de belles dents blanches, à présent !

— Maman ! cria **Mrs.** ❈ Bucket à grand-maman Georgina. Oh, Maman, comme tu es belle ! Tu es si jeune ! »

Elle désigna grand-papa George :

« Et Papa ! continua-t-elle. Regardez comme il est beau !

— Que ressentez-vous, Josie ? demanda grand-papa Joe, tout excité. Dites-nous l'effet que ça fait d'avoir à nouveau trente ans... Attendez ! Vous avez moins de trente ans ! Vous n'avez pas plus de vingt ans, maintenant !... Si j'étais vous, je m'arrêterais ! Ça suffit ! Vingt ans, c'est assez jeune !... »

Mr. Wonka secoua tristement la tête et se passa une main sur les yeux. Si vous aviez été près de lui, vous l'auriez entendu murmurer : « Oh, mon Dieu ! Mon Dieu ! Les ennuis recommencent ! »

« Maman ! s'écria Mrs. Bucket d'un ton alarmé. Pourquoi tu ne t'arrêtes pas, Maman ? Tu exagères ! Tu as moins de vingt ans ! Tu n'as pas plus de quinze ans !... Tu as... tu as... Tu as dix ans... Tu rapettisses, Maman !

— Josie ! hurla grand-papa Joe. Hé, Josie, non ! Vous rétrécissez ! Vous êtes une petite fille ! Arrêtez-la ! Vite !

— Ils exagèrent, tous les trois ! s'écria Charlie.

— Ils en ont trop pris ! dit Mr. Bucket.

— Maman rapetisse plus vite que les autres ! gémit Mrs. Bucket. *Maman ! Tu m'entends, Maman ? Tu ne peux plus t'arrêter ?*

— Juste ciel ! Comme ça va vite ! dit Mr. Bucket qui semblait être le seul à s'amuser. Ils perdent vraiment une année par seconde !

— Mais il ne leur reste presque plus d'années ! soupira grand-papa Joe.

— Maman n'a pas plus de quatre ans ! s'écria Mrs. Bucket. Elle a trois ans... deux ans... un an ! *Seigneur !* Qu'est-ce qui lui arrive ? Où a-t-elle disparu ? Maman ? Georgina ! Où es-tu ? Mr. Wonka ! Venez vite ! Venez, Mr. Wonka ! Il est arrivé quelque chose d'effrayant ! Quelque chose ne va pas ! Ma vieille mère a disparu ! »

❈ **Oompa-Loompas :** personnages fantastiques du roman.
❈ **Mrs. :** abréviation du mot anglais « Mistress » (Madame).

Mr. Wonka se racla la gorge et une impression de profond chagrin envahit sa figure.

« Pourquoi, mais pourquoi les gens ne sont-ils pas plus raisonnables ? fit-il avec tristesse. Pourquoi ne m'écoutent-ils pas quand je leur dis quelque chose ? J'ai expliqué très soigneusement, auparavant, que chaque pilule rajeunit celui qui la prend de vingt ans. Donc, si grand-maman Joséphine en a pris quatre, elle a rajeuni automatiquement de vingt fois quatre, ce qui fait... attendez un peu... deux fois quatre huit... J'ajoute un zéro... ça fait quatre-vingts... donc elle a rajeuni exactement de quatre-vingts ans. Monsieur, si je peux me permettre, quel âge avait votre femme avant que ceci ne se produise ?

— Elle avait quatre-vingts ans, répondit grand-papa Joe. Elle avait quatre-vingts ans et trois mois.

— Nous y voilà ! s'écria Mr. Wonka avec un sourire heureux. Le Forti-Wonka a marché à la perfection ! Maintenant, elle a exactement trois mois ! Et c'est le bébé le plus rose et le plus dodu que j'aie jamais vu !

— Moi aussi, dit Mr. Bucket. Elle gagnerait un prix à tous les concours.

— Le *premier* prix, dit Mr. Wonka.

— Allons, courage, Grand-papa, dit Charlie en prenant la main du vieil homme dans la sienne. Ne sois pas triste. C'est un magnifique bébé.

— Madame, fit Mr. Wonka en se tournant vers Mrs. Bucket, voulez-vous me dire quel âge avait votre père, grand-papa George ?

— Quatre-vingt-un ans, gémit Mrs. Bucket. Il avait juste quatre-vingt-un ans.

— Ce qui fait qu'à présent il est un grand et gros garçon d'un an, resplendissant de santé, dit joyeusement Mr. Wonka.

— Il est splendide, dit Mr. Bucket à sa femme. Tu vas être la première personne au monde à changer les couches de son père !

— Il peut les changer lui-même, ses sales couches ! dit Mrs. Bucket. Moi, je veux savoir où est passée ma mère ! Où est grand-maman Georgina ?

— Ah, ah, fit Mr. Wonka. Oh, oh... oui, en effet... Où, mais où donc est passée Georgina ? Quel âge avait la dame en question ?

— Soixante-dix-huit ans, lui répondit Mr. Bucket.

— Bien sûr ! s'exclama Mr. Wonka en riant. Ça explique tout ! »

Roald DAHL, *Charlie et le Grand Ascenseur de verre*, traduit par Marie-Raymond Farré, Gallimard, collection « Folio Junior ».

- *Quelle attitude ont les grands-parents de Charlie face au flacon de pilules ?*
- *Quel pouvoir magique ont ces pilules ?*
  Pourquoi grand-mère Georgina a-t-elle disparu ?
- *Qu'est-ce qui, dans ce récit, vous paraît à la fois triste et amusant ?*

Un Millier de Chevaux Sauvages

Le célèbre cow-boy Pecos Bill a sauvé un jeune Anglais, le Kid, venu tenter sa chance en Amérique. Ils font route ensemble et sont désormais inséparables.

Pecos et le Kid s'arrêtèrent au sommet d'une pente **escarpée** ❈ et regardèrent brouter un troupeau de plusieurs centaines de chevaux.

— Ils doivent être presque un millier dans la bande, dit Pecos, un millier de sauvages et de hors-la-loi. Regarde celui-là, sur le rocher, le mâle à la robe claire : c'est le Roi. Je vais en capturer un pour toi, Kid.

— Un cheval ? Pour moi ?

— Choisis celui que tu veux.

Le Kid montra un magnifique cheval blanc qui paissait à l'écart du troupeau.

— Celui-là. Le blanc.

Pecos émit un grognement :

— Il est laid, **efflanqué** ❈, il a les **jarrets** ❈ maigrichons et un œil de verre. Ça ne vaut pas la peine de gaspiller de la sueur à attraper ce crétin **albinos** ❈.

Le Kid sortit la montre de sa poche et poussa le bouton. Pecos entendit l'air de *Oh! Susanna!*

— Je te donne cette montre, dit le Kid, en échange du crétin albinos, laid, efflanqué, aux jarrets maigrichons et à l'œil de verre.

Il poussa à nouveau le bouton. La musique s'interrompit. Pecos prit la montre, la mit dans sa poche et fit avancer son cheval au pas jusqu'à un arbre géant, planté sur la pente. Il hissa alors le Kid sur son dos massif pour qu'il puisse atteindre, en se tenant debout sur ses épaules, la branche la plus basse de l'arbre.

— Cale-toi bien sur la branche au cas où les chevaux viendraient galoper dans cette direction, dit Pecos.

En sûreté sur son perchoir, le Kid regarda Pecos Bill descendre doucement la pente sur le dos de Faiseur de Veuves. Pecos prépara son lasso. Le Roi du troupeau sur son rocher le vit s'approcher précautionneusement du cheval blanc. Il sauta aussitôt du rocher en faisant un bond royal de cinq mètres de hauteur et partit au galop. Ses sujets le suivirent, se précipitant en une soudaine débandade. Le Kid vit Pecos faire tournoyer son lasso, tandis que Faiseur de Veuves plongeait au cœur de cette marée de chevaux qui ébranlait la terre. Pecos lança la boucle du lasso autour de la tête du cheval blanc.

❈ **escarpée :** raide.
❈ **efflanqué :** très maigre.
❈ **jarrets :** mollets.
❈ **albinos :** qui a la peau et le poil blanc mat, les yeux rougeâtres.

Le Kid, surexcité, gardait les yeux fixés sur le grand **Stetson**❄, la seule chose qu'il pouvait encore apercevoir dans les tourbillons de poussière. Ce fut la dernière image qu'il eut de Pecos Bill.

Le tonnerre des sabots s'évanouit. La terre et l'arbre cessèrent de trembler. Lorsque la poussière retomba, il n'y avait plus trace de Pecos, pas même de son Stetson. Immobile sur la branche, le Kid sut que Pecos le géant était mort. Il n'éprouva rien de particulier. Il était seul à nouveau. Perdu. Et sans la montre.

Une pensée lui vint à l'esprit et il ressentit alors un pincement au cœur. Et si Pecos était toujours vivant, là-bas derrière les roches ? Se vidant de son sang et les os fracassés ? Une étrange émotion envahit le Kid. Jusqu'à présent, il ne s'était jamais soucié de savoir si quiconque était mort ou vivant. Et maintenant, il voulait que Pecos soit toujours en vie. Il aurait pu se casser les deux jambes dans sa chute : il sauta cependant à terre sans la moindre hésitation et se redressa en rebondissant comme une balle de caoutchouc ; puis il descendit la pente en courant, sans prêter attention au chariot d'un marchand ambulant qui venait d'apparaître à sa gauche, derrière un bosquet d'arbres, et traversait le pâturage. Le Kid entendit un grondement de sabots qui s'approchait. La terre se mit à **trépider**❄, puis trembla violemment. Il vit alors les chevaux lancés au galop surgir au détour des rochers et se diriger droit sur le chariot.

Un véritable miracle redonna vie au cœur blasé du Kid.

Pecos Bill avait enfourché le Roi des chevaux sauvages et menait la charge ! À côté de lui galopait Faiseur de Veuves ! Et au bout de son lasso, fixé au **pommeau**❄ de la selle, était attaché le cheval blanc !

Devant ce spectacle, des larmes montèrent aux yeux du Kid qui ne pleurait jamais. C'était des larmes d'**allégresse**❄ qui lui firent pousser des cris joyeux et agiter les bras tandis que le troupeau déferlait vers lui comme un raz de marée. Terrifié, le marchand ambulant, qui essayait de maîtriser son cheval pris de panique et zigzaguant à travers champs, aperçut en une brève vision un grand Stetson planté sur la tête d'un géant à la barbe rousse, chevauchant le Roi de la troupe sauvage en pleine charge. C'était la mort qui s'approchait dans un grondement assourdissant. Des nuées de poussière semblaient envahir le monde.

❄ **Stetson :** chapeau à large bord que portent les gens du Texas.
❄ **trépider :** vibrer, avoir des secousses.

Le Kid fut projeté à terre, frappé à grands coups par le souffle que provoquait la violence du galop. Il rebondit sur le sol, et des sabots le manquèrent de peu.

Tremblant de tous ses membres, le marchand ambulant serra dans ses bras un Pecos Bill ruisselant de sueur. Faiseur de Veuves, le corps tacheté d'écume, soufflait avec force, de même que le cheval blanc attaché au lasso, le cheval qui avait tant fasciné le Kid.

— C'est la plus grande chevauchée qu'un homme ait jamais faite ! s'écria le marchand, abasourdi. Vous avez réussi à détourner un millier de chevaux qui s'apprêtaient à nous écraser, le garçon et moi. Qui êtes-vous donc, monsieur ?

— C'est Pecos Bill, dit le Kid.

L'homme, surpris, décela une lueur de fierté dans les yeux du Kid, et le regard de Pecos Bill qui lui disait clairement : joue mon jeu, marchand. Le marchand comprit aussitôt et entra à fond dans le jeu.

— Bien sûr, j'aurais dû m'en douter ! s'exclama-t-il, il n'y a que Pecos Bill qui puisse arrêter deux fois une débandade d'un millier de chevaux !

Il montra son chariot rempli d'ustensiles de cuisine, de pelles, de pioches et de vêtements de cow-boys.

— Tout cela est à vous, Pecos Bill, dit le marchand, prenez tout ce que vous voudrez !

Samuel FULLER, « Le Kid en cavale », *Je bouquine*, n° 40, juin 1987, Bayard Presse.

- *Quel est l'avis de Pecos Bill sur le cheval choisi par le Kid ?*
  Pourquoi Pecos Bill part-il tout de même pour le capturer ?
  Quelle précaution prend-il au départ ?
- *Comment le Kid repère-t-il Pecos Bill dans le troupeau ?*
- *Pourquoi le jeune garçon se met-il à pleurer ?*
- *Qu'offre le marchand à Pecos Bill ? Pourquoi ?*

❊ **pommeau :** partie de la selle qui se relève devant le cavalier.
❊ **allégresse :** grande joie.

LA POUDRE D'ESCAMPETTE

Dans la grande lande, Ferdinand Escampette était célèbre : habile chasseur, il fabriquait lui-même ses cartouches. Un jour, au cours d'une ***battue*** ❋*, il récupéra une biche blessée par un chasseur et entreprit de la soigner.*

De tout ce temps-là, Escampette ne retourna pas à la chasse. La souffrance qu'il avait lue dans les yeux de la biche blessée avait comme terni sa joie. L'hiver passa et vint la date de la fermeture, quand les fusils doivent se taire pour que le gibier puisse connaître un peu de répit et se reproduire en paix. Quand vint le printemps, la biche commença à humer l'air de la forêt comme si elle percevait dans les senteurs un mystérieux appel. Chaque jour, elle s'éloignait un peu dans le sous-bois, revenant tard le soir, couverte d'odeurs de pin et de fleurs sauvages. Un matin, enfin, après avoir léché les mains d'Escampette qui lui donnait à manger, elle prit son élan et disparut en bondissant à travers les arbres pour ne plus reparaître.

Escampette en fut chagrin, mais il eut assez de travail pendant tout l'été pour n'y point trop songer. Au mois de septembre, comme à l'accoutumée, il se mit à préparer ses cartouches pour l'ouverture de la chasse.

L'ouverture eut lieu par une belle journée au ciel clair et doux, tout parsemé de petits nuages dorés. Escampette prit **allégrement** ❋ le chemin de la forêt et il ne fut pas long à lever un lièvre qui détalait entre les fourrés. Il l'envoya bouler au premier coup de feu et un sourire de satisfaction creusa ses joues maigres. Mais quand il s'approcha du petit cadavre étendu dans l'herbe, sa joie s'évanouit soudain. Il se souvint de la biche blessée. Le lièvre était bien mort, mais à l'angle de ses yeux éteints perlaient des larmes pareilles à celles de la biche.

❋ **battue :** chasse au cours de laquelle chasseurs et chiens font du bruit dans les bois pour en faire sortir le gibier.
❋ **allégrement :** joyeusement.

Pensif, Escampette mit le lièvre dans sa gibecière et s'en fut à pas lents. Un peu plus loin, il rencontra un chasseur dans la lande et lui fit cadeau du lièvre. Pour la première fois de sa vie, il rentra chez lui les mains vides.

Le lendemain, au moment de partir pour la chasse, il décida soudain de laisser le fusil à la maison. À la place, il emporta sa vieille canne de frêne, se disant que le plaisir serait aussi grand de débusquer le gibier que de le tuer. Chaque fois qu'il faisait lever un faisan dans un grand froufroutement d'ailes ou qu'il voyait fuir devant lui sur la **sente** ❋ le petit derrière blanc d'un lapin, il épaulait sa canne et criait « Pan ! ». Il était sûr de son coup et c'était tout comme si l'animal avait reçu la charge de plein fouet.

Sur le moment, le jeu l'amusa. Puis, peu à peu, il se sentit devenir triste et malheureux. Ce n'était pas du tout la même chose. Il manquait à cette chasse l'émotion du doigt qui presse la détente, le claquement sec de la détonation se répercutant dans le sous-bois, l'odeur de la poudre. Cela sentait la promenade, cela ne sentait pas la chasse.

Tête basse et pas traînant, il allait par les sentiers quand il rencontra le médecin du village qui, lui aussi, était un grand chasseur.

— Ça ne va pas, Ferdinand ? Tu as l'air bien abattu. Ce ne serait pas une mauvaise grippe qui couve ?

— Ce n'est pas ça, docteur. Voilà, j'ai perdu le goût de tuer les animaux. Ça me rend malade.

— Voilà qui est ennuyeux pour un chasseur comme toi. Mais si la chasse te déplaît, tu pourrais peut-être faire autre chose. Chercher des champignons, par exemple. Ou bien aller à la pêche. Il paraît qu'on prend de très beaux gardons dans l'étang de la Tuque.

— C'est que je n'ai pas perdu le goût de la chasse, docteur. J'aime toujours autant tirer des coups de fusil sur les animaux. C'est les tuer que je ne supporte pas.

— Tu pourrais essayer de les rater.

— Impossible, docteur. C'est la force de l'habitude, voyez-vous. Avec moi, un coup qui part, c'est un coup qui touche. Je n'y peux rien.

— Diable, ton cas est difficile. Écoute, je connais à Luxey un vieux pharmacien qui est un peu **alchimiste** ❋ et qui est aussi chasseur par-dessus le marché. Je suis certain qu'il pourrait te donner d'excellents conseils. Je vais te faire une ordonnance pour lui.

C'est ainsi que, dès le lendemain matin, Escampette prit l'autobus de Mont-de-Marsan et se rendit à Luxey où il trouva le vieux pharmacien penché sur ses bocaux.

— Hum, dit l'apothicaire après avoir lu l'ordonnance, ce n'est pas un cas ordinaire. À mon avis, ce n'est pas toi qu'il faut soigner, c'est ton fusil. Peux-tu me faire voir une de tes cartouches ?

Escampette en avait toujours quelques-unes dans la poche de sa veste. Le pharmacien en prit une, l'ouvrit, déversa la charge de poudre sur la table de son officine, la huma, la goûta, la pesa, l'analysa.

— Ouais, dit-il, c'est une préparation tout à fait particulière.

— Elle me vient de mon grand-père qui la tenait de son grand-père.

— Je m'en doute. On ne sait plus faire des choses comme cela de notre temps. Tout le mal vient de là. Je m'étonne pas **que tu fasse mouche** ❋

❋ **sente** : petit sentier.
❋ **alchimiste** : sorte de chimiste.
❋ **faire mouche** : toucher juste.

à tous les coups avec une pareille poudre. La seule solution est d'en changer. Justement, j'ai là une vieille formule qui fera tout à fait ton affaire. Prends ce flacon. Désormais, tu en mêleras deux cuillerées à chaque livre de poudre que tu prépareras. Et tu verras. Je veux bien être pendu si tu arrives à toucher un seul animal avec une charge pareille. Il y aura le bruit, la fumée, l'odeur, le plomb partira, mais jamais, jamais, tu entends, il n'atteindra son but. C'est bien ce que tu voulais ?

Escampette remercia, paya, reprit l'autobus du soir et rentra chez lui où il se mit à préparer sa poudre comme le pharmacien le lui avait prescrit.

Impatient d'essayer ses nouvelles cartouches, il se leva dès l'aube et partit d'un bon pas dans la forêt. À peine avait-il cheminé dix minutes qu'il aperçut un gros lièvre qui le narguait en plein milieu du sentier. Il épaula, tira... et le lièvre détala plus vite qu'un lièvre n'avait jamais couru. Un peu plus loin, deux perdreaux jaillirent d'une touffe de genêts. C'était un doublé facile. Pan ! Pan ! Les deux perdreaux s'évanouirent, filant comme des flèches par-dessus la cime des arbres.

Dix fois, vingt fois, Escampette tenta l'expérience et toujours avec le même résultat. On aurait même dit que les animaux sur lesquels il tirait trouvaient une vigueur nouvelle dans le bruit de la détonation.

Il rentra chez lui la gibecière vide, mais heureux d'une bonne matinée de chasse. Plus aucune tristesse ne l'habitait et il avait retrouvé sa joie perdue.

Escampette redevint le plus grand chasseur de la région, mais un chasseur qui ne faisait jamais de mal à personne. Les autres chasseurs ne furent pas très contents de l'affaire. Le gibier prit de mauvaises habitudes. Quand on lui tirait dessus, il trouvait pour s'enfuir des jambes et des ailes, alors qu'il aurait dû être paralysé par la peur. Mais on s'y fit, et quand un faisan, un lièvre ou un perdreau échappait prestement à la mitraille, on disait en riant qu'il prenait *la poudre d'Escampette.*

Robert ESCARPIT, *Les Contes de la Saint-Glinglin,* Magnard.

?

- *Pourquoi Ferdinand Escampette ne retourne-t-il pas à la chasse après avoir sauvé la biche ?*
- *Après l'épisode du lièvre, que décide-t-il de faire ? Cela l'amuse-t-il longtemps ? Dites pourquoi.*
- *Que lui propose le pharmacien de Luxey ?*
- *Que signifie « prendre la poudre d'Escampette » ?*

Quand on rêve de Cétois

Maman interroge Jeannot qui confond et mêle les écritures de « toi », « toit » et « oies »... À bout de patience, elle envoie son garçon au lit.

Jeannot ne se le fit pas dire deux fois : il était épuisé, vidé, découragé. « C'est vraiment difficile de se faire comprendre des grandes personnes ! Évidemment que les « cétois » ont un rapport avec les autres « tois ». Évidemment ! » Il en parlerait, demain, avec ses camarades. Peut-être que l'un d'entre eux aura une explication ! En particulier à Félix qui est si fort en grammaire.

— ... sizois, cétois, sizois, cétois, répéta-t-il d'une voix de plus en plus molle en s'enfonçant avec délice dans la douce chaleur de son lit douillet. Grand-mère l'avait bien dit :

— Bon Noël, mon chéri ! Tu verras comme tu seras bien, blotti entre ton oreiller et ta couette en plumes d'oies.

« Plumes d'oies, plumes d'oies... Plumes d'oies, cétois ? »

Jeannot eut la vague — très très vague — impression qu'il n'était pas loin de la solution, mais déjà le sommeil l'emportait dans un doux et régulier battement d'ailes... Un air plus frais le fit frissonner...

Tous en cercle, les enfants regardaient Jeannot qui comptait en les désignant du doigt. Trois étaient déjà sortis.

« ... Cinq oies, six oies, sept oies, c'est toi ! »

— C'est moi ! annonça une grosse voix.

Jeannot et ses camarades tournèrent vivement la tête. Mais la cour était déserte : ils ne virent personne.

— Bon, dit Jeannot, je recommence :

« Une oie, deux oies, trois oies, quatre oies, cinq oies, six oies, sept oies, c'est toi ! »

— C'est moi ! l'interrompit la même voix.

Tous les enfants, à nouveau, tournèrent vivement la tête : il n'y avait toujours personne dans la cour.

— Ma parole, dit une petite fille, c'est la maison qui parle ?

Et tous éclatèrent de rire.

— Pas la maison, reprit la voix... le toit !

Pour le coup, les enfants restèrent stupéfaits. La voix continua :

— Dites : « c'est toi ! » Vous allez voir.

Les enfants, tous ensemble, s'écrièrent :

— C'est toi !

En écho, le toit répondit :

— C'est moi !

— C'est nous, coi coi, s'écrièrent quelques oies rassemblées au pied de l'antenne de télévision :

« Nous n'sommes pas sept, nous n'sommes que trois, coi coi coi coi, coi coi coi coi. »

— Ah ! non, dit le toit, c'est moi !

— C'est nous, coi coi.

— C'est moi !

— C'est nous !

— Dites donc, ça suffit, s'écrièrent les enfants. Si vous voulez vous disputer, allez ailleurs. On veut jouer, nous !

— Et moi ? demanda le toit.

— Et nous ? demandèrent les oies.

— Quoi, vous ! demandèrent les enfants.

— On-veut-jouer, on-veut-jouer... **scandèrent** ❋ les oies et le toit.

— Mais, s'exclamèrent les enfants, à quoi ? Et comment ? Nous n'avons jamais joué avec un toit et des oies...

Ils étaient fort ennuyés !

— Jouons, dit le toit ; à toit perché. Je vous prête mes cheminées pour vous cacher derrière et pour monter dessus.

— D'accord, dirent les enfants, mais les oies ?

D'un coup d'ailes, celles-ci s'envolèrent sur le toit, histoire de montrer qu'elles n'étaient pas oies à **s'embarroisser** ❋ pour si peu.

Ah ! quelle partie, mes amis ! Les enfants n'en pouvaient plus de rire, les

❋ **scandèrent :** soulignèrent fortement.
❋ **s'embarroisser :** utilisé, pour le jeu de mots avec « oi », à la place de s'embarrasser.

oies n'avaient même plus la force de pousser le moindre petit coi coi, quant au toit, il en oubliait de faire fumer ses cheminées.

Soudain, au moment le plus **effréné** ❋, le plus gai du jeu, le toit s'écria :

— Stop ! Le jeu est terminé !

Et d'une voix douce et distinguée, il ajouta :

— Si vous le permettez, je vais prendre un peu de T.

Pour le coup, les enfants s'immobilisèrent, stupéfaits : avait-on déjà entendu pareille proposition faite par un toit ?

— Un peu de thé ?
— Je ne savais pas... bredouilla Jeannot.
— Qu'un toit prenait un T ? dit sévèrement le toit. Tâche de t'en souvenir, jeune cancre.
— Oui, oui... bredouilla à nouveau Jeannot. Et moi ?
— Toi ? Tu n'en prends jamais. Tu m'entends ? JAMAIS.

Et pointant une cheminée vers Jeannot, il répéta d'une voix forte :

— JAMAIS DE T À TOI !

Tremblants, les enfants demandèrent :

— Et les oies, prennent-elles du thé ?
— Non, répondirent celles-ci d'un air **scandalisé** ❋, JAMAIS ! Nous ne prenons que... Eeeeeeeeeee, et Sssssssssss.

Personne ne saisit vraiment ce qu'elles voulaient dire. Sauf Jeannot, bien entendu, qui s'étirait et s'étirait et s'étirait entre couette et oreiller.

Mais la plus étonnée de cette histoire, ce fut la maman. Elle ne comprit jamais comment son petit garçon avait pu, en une nuit, apprendre à écrire : TOI, un TOIT, sept OIES, c'est TOI... sans jamais se tromper.

Monique BERMOND, « Quand on rêve de cétois », *Jeunes Années Magazine*, n° 163, décembre 1984.

- *Jeannot est-il bon en orthographe ? Dites pourquoi.*
  Quels sont les jeux de mots qu'il n'a pas compris ?
- *Avec qui et à quoi jouent les enfants ? Que dit le toit quand le jeu se termine ?*
- *Comment Jeannot a-t-il compris les différentes écritures de ces mots ?*
  Qui est surtout étonnée ? Pourquoi ?

❋ **effréné :** entraînant.
❋ **scandalisé :** choqué.

À L'ÉCOLE ★ AMÉRICAINE ★

1 *Jean, fillette américaine de onze ans, a toujours vécu en Chine, à Hankéou, où son père travaillait. En 1927, la révolution chinoise gronde, et c'est le retour définitif en Pennsylvanie, terre de ses ancêtres. Pour la première fois, Jean va dans une école américaine.*

J'entrai dans le bâtiment, demandai la salle de huitième et gravis l'escalier. Première porte à droite. Plusieurs de mes **condisciples** ❉ entraient justement dans la place. Comme ils m'avaient tout l'air de s'installer où bon leur semblait, **je jetai mon dévolu** ❉ sur un pupitre anonyme, au milieu du rang, côté fenêtres. Je glissai mon classeur dans le casier, puis regardai vers l'estrade, où une dame était occupée à écrire quelque chose au tableau. Notre professeur, sans doute. Elle était raide et **corsetée** ❉, le cheveu gris permanenté en vagues si régulières et si disciplinées que c'en était à se demander si elle osait poser sa tête sur l'oreiller, la nuit.

« Je m'appelle Mlle Crofts », avait-elle écrit.

Elle ne nous accorda pas un sourire, ne dit ni : « Bonjour », ni : « Bienvenue en classe de huitième », ni : « Avez-vous passé de bonnes vacances ? ». Elle fixa des yeux l'horloge et, à neuf heures précises, elle agita une cloche qui ressemblait en tous points à celle dont ma mère se servait pour appeler les domestiques.

— C'est l'heure, la classe commence, dit-elle. Je vais faire l'appel.

Elle s'assit, ouvrit le registre d'appel, glissa la pointe de l'index dans ses cheveux et gratta délicatement, afin de ne pas déranger les belles ondulations. Puis elle commença :

— Margaret Bride... (« Présente »). Donald Burch... (« Présent »). Andrew Carr... (« Présent »). Betty Donahue (« Présente »)...

Les G n'étaient plus très loin.

— John Goodman (« Présent »). Jean Guttery.

— Présente.

Mlle Crofts releva le nez de son registre.

— Jean Guttery est nouvelle dans l'établissement, annonça-t-elle. Elle vient de Chine où elle habitait sur les bords du Yang-teu-sé, n'est-ce pas, Jean ?

— On dit le Yang-tsé, Mademoiselle. En deux syllabes.

Elle me décocha un regard de glace.

— En Amérique, on prononce Yang-teu-sé.

Je grillais d'envie de lui suggérer de regarder dans un dictionnaire, mais elle avait repris l'appel. Le vrai nom de mon fleuve, elle s'en souciait comme d'une cerise. « Mademoiselle Crofts, dis-je en moi-même, votre mère est une grosse tortue. Une grosse tortue bourrée de graisse. »

❉ **condisciples :** camarades de classe.
❉ **je jetai mon dévolu :** je fixai mon choix.
❉ **corsetée :** elle portait un corset, sous-vêtement garni de tiges rigides.

Je ruminais ma **rancœur** ❉, qui ne faisait que croître et embellir, lorsque j'entendis derrière moi Andrew Carr susurrer à mon oreille : « Chine, Chine, Chinetoque ! Tous les Chinagos sont cinoques ! »

Alors, je vis rouge. Je sautai sur mes pieds, fis volte-face et me plantai devant l'offenseur comme si Mlle Crofts n'existait pas, comme si j'ignorais tout de la conduite à observer entre les murs d'une salle de classe :

— On ne dit pas Chinetoque. On dit Chinois. Même en Amérique, on dit Chinois !

La classe devint absolument silencieuse. Tous les yeux étaient braqués sur moi, et pour la première fois je regardais Andrew Carr. Loin d'être un nouvel Ian Forbes, comme je m'y attendais, ce n'était qu'une **demi-portion** ❉ à taches de rousseur qui venait de **virer à l'écrevisse** ❉. Tassé sur sa chaise, le malheureux semblait prêt à disparaître dans un trou de souris.

Mlle Crofts s'était dressée sur son estrade.

— J'aimerais bien qu'on m'explique ce qui se passe.

— C'est Andrew qui a traité Jean de Chinetoque, résuma la fille assise à côté de moi.

— Voyons, Jean, il n'y a pas de quoi t'emballer de cette façon. Tout le monde sait bien que tu es Américaine.

— Ce n'est pas ça, Mademoiselle...

Mais je n'eus pas le temps de lui expliquer que c'était une insulte d'appeler les Chinois « chinetoques ». D'un impérieux coup de règle, Mlle Crofts me fit taire.

— En voilà assez. Silence. Et on se tourne vers moi.

Toute la classe, docilement, se retourna vers elle, sauf un garçon, de l'autre côté de la salle. Nos regards se croisèrent, il m'adressa un bref sourire et eut un petit geste de la main, pouce en l'air, comme le faisait mon père pour marquer son approbation. Malgré moi, je lui rendis son sourire. Il avait l'air sympathique. [...]

?

- *Quel accueil Mlle Crofts réserve-t-elle à ses élèves le jour de la rentrée des classes ?*
- *Comment présente-t-elle Jean à ses camarades ?*
- *Pour quelle raison celle-ci se met-elle en colère ?*
- *Que se passe-t-il alors en classe ?*

❉ **rancœur :** ressentiment, amertume après une déception.
❉ **demi-portion :** petit, malingre.
❉ **virer à l'écrevisse :** prendre la couleur rouge.

À L'ÉCOLE AMÉRICAINE

2

Comme j'avais déjà amplement attiré l'attention sur moi, je résolus de faire l'impossible pour me rendre quasi invisible. En ce premier jour d'école, nous n'avions cours que le matin, ce devrait donc être possible. Ensuite, j'en étais persuadée, tout deviendrait beaucoup plus simple. [...]

La dernière heure était consacrée à l'écriture. Je me sentis revigorée, car non seulement j'étais bonne en écriture, mais j'aimais voir courir les mots à travers la page, ronds et réguliers et tout guillerets. À l'école anglaise d'Hankéou, on nous avait d'abord appris à écrire en script, bien droit sur la page, et quand j'étais passée à l'écriture cursive, j'avais pris soin de garder cette écriture toute droite et sans fioritures.

Je pris la pile de cahiers d'exercices pré-imprimés qu'on me tendait, en gardai un exemplaire et fis passer les autres derrière moi. *Méthode Palmer*, proclamait la couverture ; mais, au lieu d'être en caractères d'imprimerie, le titre était tracé en une sorte de fac-similé d'écriture manuscrite — d'énormes lettres au contour sévère, inclinées vers la droite. Si on retire une lettre, me dis-je, tout va dégringoler comme une rangée de dominos.

Les cahiers distribués, Mlle Crofts se tourna vers moi.

— Jean, je suppose que tu n'as pas été initiée à la méthode Palmer. Le reste de la classe va travailler l'exercice un, mais toi tu vas venir à mon bureau, que je t'explique le principe.

Je me traînai sans enthousiasme jusqu'à la chaise qu'elle venait d'installer pour moi à côté de la sienne.

— Voilà, commença-t-elle. Le principe de la méthode Palmer consiste à écrire en réalité avec l'avant-bras. C'est lui qui fait le travail. Le dessous de l'avant-bras. La partie charnue. (Tout en parlant, elle désignait son propre

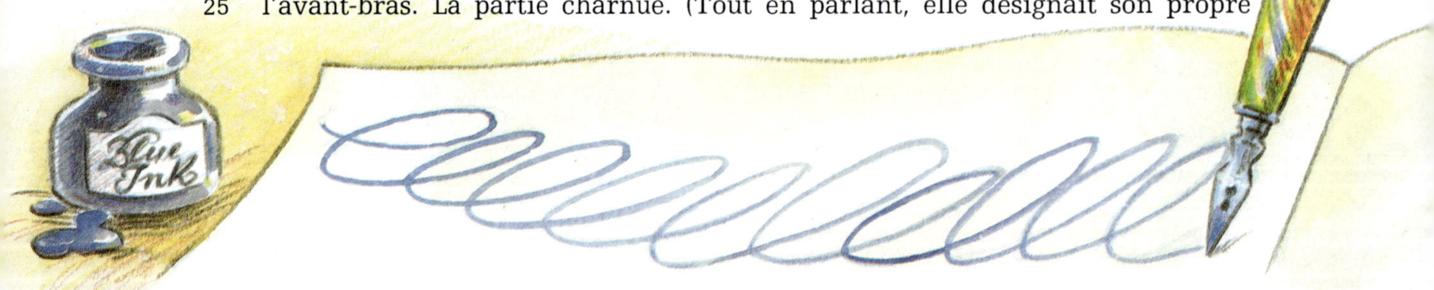

avant-bras, confortablement rembourré, puis elle le posa bien à plat sur le bureau.) Ton poignet et tes doigts doivent rester raides. Tout le mouvement vient du bras. Tu vas commencer par effectuer un mouvement de rotation de manière à ce que ta plume forme des boucles inclinées. (Elle remplit une ligne d'un friselis de boucles à l'air penché.) Dès que tu sauras faire des boucles, ton bras sera prêt pour l'écriture Palmer.

Je gardai résolument mes mains sur mes genoux.

— Vous savez, j'écris très bien, risquai-je. Vite et bien. Personne n'a de mal à me lire. Je préférerais ne rien changer à mon écriture.

Elle glissa devant moi un porte-plume et une feuille de papier.

— La méthode Palmer a été reconnue à l'unanimité comme la plus efficace méthode d'écriture.

Elle avait tant d'années d'enseignement derrière elle que, manifestement, elle n'en démordrait pas.

— Allons, Jean. Pose-moi ce bras sur le bureau et essaie de tracer quelques boucles.

— Je ne suis pas sûre que mon avant-bras soit assez charnu, vous savez. Regardez, je suis plutôt maigre.

Mais elle allongea le bras, se saisit du mien, le posa sur le bureau et me fourra le porte-plume en main.

— Laisse aller ton bras, décris des cercles, mais garde les doigts fixes. C'est ton bras qui fait tout le travail. [...]

À contrecœur, je déplaçai mon bras et produisis une série de boucles, penchées les unes sur les autres, prêtes à la chute.

— Je crois que ça vient, tu as compris l'idée, me dit Mlle Crofts. Maintenant, retourne à ta place et exerce-toi.

Je regagnai donc ma place, mais je ne traçais de boucles que lorsque Mlle Crofts me regardait. Sinon, je restais penchée sur mon cahier, à remâcher la promesse **solennelle** ❉ que jamais je n'utiliserais sa satanée méthode en dehors de la classe. Même en classe, je ne m'appliquerais pas, voilà. J'aurais de mauvaises notes en écriture, et alors ? Je n'arrêtais pas de consulter l'horloge, dont la grande aiguille se hissait lentement vers le douze, où l'attendait déjà la petite. Enfin, Mlle Crofts agita sa cloche.

— Debout en silence, ordonna-t-elle. Première rangée, en avant !

Rangée après rangée, la classe sortit en bon ordre, descendit l'escalier sans mot dire pour retrouver enfin le monde libre, sur lequel brillait un soleil éclatant.

Jean FRITZ, *Je suis née en Chine*, traduit par R. M. Vassallo, Flammarion, collection « Castor Poche ».

- *À quoi est consacrée la dernière heure de cette matinée ? Pourquoi Jean est-elle déçue ? Que se promet-elle ?*
- *Comment se termine cette première demi-journée de classe ?*
- *D'après ces deux textes, quelle idée vous faites-vous de cette classe ?*

❉ **solennelle** : sacrée.

Les revers et la manche

1

L'auteur est collégien. Vêtu d'un costume étriqué, il retrouve son copain Lavalette à la piscine. Devant les caisses, il y a beaucoup de monde... quand, dans une bousculade, il surprend un voleur, la main dans le sac d'une dame. Celle-ci se retourne et croit que le voleur, c'est lui. Elle crie.

En entendant ces cris, tout le monde se retourna vers moi, me regarda dans les yeux et, sans se renseigner davantage, commença de remarquer à voix haute et de plus en plus fort :

— Voyou !

— Crapule !

— Voleur !

— Appelez la police ! ordonna même quelqu'un qui pouvait faire des phrases de plus d'un mot.

Lavalette, avec un merveilleux à-propos, dit :

— Enfin, que se passe-t-il ? Veuillez d'abord **faire état de vos griefs** ❊.

Je me suis dit depuis que, si j'avais pu m'exprimer posément, comme lui, pour dire qu'il s'agissait d'un regrettable malentendu et qu'il suffisait de me fouiller pour reconnaître la **méprise** ❊, rien ne serait arrivé. Mais au lieu de cela, tout ce qui me venait, c'était :

— Mais... mais... Eh ! mais...

Si au lieu de s'en prendre à mes revers ils avaient choisi ceux de Lavalette, qui n'en avait d'ailleurs pas, peut-être que les « griefs », l'« état », le « veuillez » ne lui seraient pas venus si facilement non plus.

À propos de revers, la femme au sac ouvert devait craindre que je m'échappe, car elle s'agrippait au mien avec tant de force que, certainement,

❊ **faire état de vos griefs :** dire, exposer vos reproches.
❊ **méprise :** erreur.
❊ **perspective :** issue, espérance.

elle allait finir par le froisser pour de bon. Je reculai pour qu'elle le lâche. Mais elle hurla :

— Il s'enfuit ! Arrêtez-le !

— Voilà un agent ! observa quelqu'un.

Ça tombait bien. Aussitôt, tous les baigneurs qui faisaient la queue pour entrer à la piscine se mirent à crier en même temps :

— Au secours ! Police !

Et d'autres mots que j'ai oubliés, mais qui avaient le même sens. Le revers froissé d'un côté, la police de l'autre : la peur me prit. Je me dégageai et pris mes jambes à mon cou, façon de parler. J'entendis qu'on courait derrière moi, et même qu'on sifflait. Le siffleur devait être l'agent. Plus il s'essoufflait dans son petit instrument, plus il me semblait que les pas augmentaient en nombre et en vitesse.

On peut chercher longtemps un moyen de se faire remarquer sans en trouver de meilleur. La seule **perspective** ❈ était au bout de la rue. Or, à force de siffler, le gardien de la paix, comme on dit, avait fini par attirer l'attention d'un collègue qui passait justement au bout de la rue.

Mettons-nous à sa place : il passe ; il entend siffler ; il regarde. Que voit-il ? Une foule déchaînée gesticulant aux trousses d'un jeune et innocent collégien. Que fait-il ? Il se rue au secours de la foule **hystérique** ❈ contre le jeune et innocent collégien soudain pris en sandwich et dont l'unique perspective est désormais bouchée. Il ne restait plus qu'à attendre tranquillement que les deux équipes se rejoignent sur moi, ou à chercher refuge sur les côtés. Une porte cochère était ouverte ou, comme aurait dit Lavalette, béait. J'y entrai.

À partir de là, je n'avais même plus le choix, il n'y avait qu'à grimper au premier étage, puis forcément, du premier au deuxième, et ainsi de suite, tant que c'était possible. Car j'entendais qu'on montait derrière moi, et ce n'était certainement pas le concierge. Mais au sixième et dernier étage, il fallut bien trouver autre chose. [...] Mon poursuivant devait maintenant atteindre le quatrième. Le temps pressait. Je frappai à une porte, puis une deuxième, qui s'ouvrit, qui béa si l'on préfère. J'entrai et refermai la porte.

Devant moi se tenait, sans comprendre, un jeune homme que je saluai. C'était une minuscule chambre de bonne meublée seulement d'un lit, d'une chaise et d'une table. L'ensemble aurait donné une impression de souricière si la table n'avait reçu sa lumière d'un vasistas qui s'ouvrait sur le toit. Je dis :

— Je dois monter sur le toit. Excusez-moi.

Et avant que l'**héberlué** ❈ ait eu le temps de réagir, je sautai sur la table, m'agrippai au rebord du vasistas et, des deux bras, me hissai sur le toit.

J'en fus ému. Non par le poétique panorama des toits de Paris, mais par la hauteur vertigineuse de ce refuge. Pour ne pas céder à l'**attrait du vide** ❈, je m'aplatis sur les plaques de zinc, bien tranquille en pensant que personne n'aurait l'idée **saugrenue** ❈ de venir me chercher ici, et tout réjoui de ma bonne trouvaille.

?

- *Pourquoi le collégien est-il pris pour un voleur ?*
- *A-t-il raison de s'enfuir ? Que provoque sa fuite ?*
- *Où se réfugie-t-il ? Que pensez-vous de cette cachette ?*

❈ **hystérique :** très excitée.
❈ **héberlué :** personne très étonnée, surprise.
❈ **attrait du vide :** attirance vers le vide.
❈ **saugrenue :** absurde, d'une bizarrerie ridicule.

Les revers et la manche |2

De bonnes trouvailles pareilles, je n'en souhaite pas à mon pire ennemi. Trois minutes ne s'étaient pas écoulées qu'une casquette réglementaire pointait déjà par l'ouverture du vasistas. Le policier avait dû faire comme moi : monter d'étage en étage jusqu'au dernier, frapper à toutes les portes en demandant si on avait vu passer quelqu'un, et le jeune homme avait dû lui montrer le toit, **obligeamment** ❉. Voilà à quoi j'aurais dû penser au lieu de me réjouir comme un imbécile heureux, à plat ventre sur le zinc, à vingt mètres d'altitude. Cette fois, il n'y avait plus à se demander comment monter plus haut, mais plutôt comment ne pas descendre plus bas, et surtout pas en une seule fois. La situation n'échappa guère au porteur de casquette, car dès que le front, les yeux et le nez eurent suivi la visière au ras du zinc, il dit :

— Reste tranquille, mon petit. Tu n'irais pas plus loin.

Après la tête, le corps passa tout entier et nous fûmes deux sur le toit. Deux de trop, c'était mon sentiment.

— Allez, lève-toi, dit-il.

Sur ce toit en pente, c'était plus facile à dire qu'à faire. Il dut le comprendre, car, après avoir regardé derrière lui, c'est-à-dire au-dessous, il dit à mi-voix un gros mot d'une seule syllabe — peu importe lequel — et, lentement, il s'accroupit pour se mettre à quatre pattes, sans doute pour échapper ainsi au vertige qui semblait l'avoir pris subitement à cette vision de cauchemar. Il est vrai que, sans y avoir pris garde, il se trouvait au bord du toit, vraiment tout au bord, on peut me croire. Et je préférais encore ma situation, même inconfortable, à la sienne. On peut me croire aussi.

Il se passa alors quelque chose que je n'ai toujours pas bien compris. Comme j'essayais tant bien que mal, moi aussi, de me tenir à quatre pattes pour me redresser, soit qu'il ait cru que j'allais gambader pour lui échapper, soit que ce mouvement ait augmenté le vertige dont il donnait tous les signes, il tendit le bras pour m'attraper, compromit ainsi le peu d'équilibre qu'il avait encore, et commença de glisser, lentement, certes, mais sûrement. Il m'avait saisi, ni par le pied ni par la main, non, mais par la manche et, en glissant, il m'entraînait tout doucement vers la gouttière. Je criai :

— Lâchez ma manche ! Mais lâchez ma manche !

Et cette fois ce n'était pas pour épargner mon costume, mais plutôt ma vie.

Plus je lui demandais de lâcher, plus il serrait. Si j'avais dit « Serrez ! » il aurait peut-être lâché. En tout cas, j'avais beau m'arc-bouter, le malheureux glissait toujours en m'attirant vers le vide.

Il n'y avait aucune chance que j'arrive à retenir tout seul ce gros corps en mouvement, aucune raison non plus que je me laisse tomber avec lui. Face à l'horreur du vide que je voyais de plus près, je fermai les yeux et donnai quelques violentes secousses pour lui faire lâcher prise. Voici ce que j'entendis : d'abord un craquement, celui de la couture qui cédait petit à petit autour de mon épaule ; ensuite un glissement, comme si on lâchait un paquet au long d'un toboggan ; puis un gros mot, le même, qui s'amplifia en cri avant de s'arrêter plus loin, plus bas hélas ! dans un bruit de chute et de verre — de verre brisé, faut-il le préciser ?

❉ **obligeamment** : aimablement, gentiment.

Curieusement, il me sembla que ce n'était pas un homme qui criait, mais une femme. En tout cas, quand j'ouvris les yeux, j'étais seul sur le toit. J'en déduisis que le représentant de l'ordre s'était écrasé quelque part. [...]

Il n'y avait plus qu'à redescendre tranquillement, et si possible par l'escalier. En voyant la jambe de mon pantalon bleu marine repasser par le vasistas, l'**ahuri** ❋ de la chambre de bonne, qui devait penser que le bleu marine était réservé aux uniformes de la police nationale, crut que c'était le policier qui revenait. Il dit :

— Vous l'avez eu ?

Puis il me vit descendre tout entier sur sa table, comme un Père Noël qui se serait trompé de saison et de cheminée, et il bégaya :

— Mais, que s'est-il passé ?
— Il est tombé, dis-je.
— Tombé ? Comment, tombé ? Vous l'avez poussé, oui !
— Mais pas du tout ! Laissez-moi passer !
— Tu vas rester là, mon petit.

Et il me retint, par le revers, évidemment, pour que je comprenne. Ça commençait à bien faire. [...] Je projetai machinalement la tête en avant, sur la sienne. [...] Il fit « Argh ! » et se prit la tête à deux mains. J'en profitai pour m'esquiver.

Armand FARRACHI, *Sonnez les matines !*, Casterman, collection « Mystère ».

?

- *Comment le policier a-t-il pu découvrir la cachette du fuyard ?*
- *Que se passe-t-il sur le toit ? Pourquoi l'auteur entend-il un cri de femme ?*
- *Que croit l'occupant de la chambre de bonne ? Que se passe-t-il alors ?*
- *D'après vous, comment peut se terminer cette aventure ?*

❋ **ahuri :** personne qui ne comprend pas ce qui arrive.

© J. Vapillon/Agence DPPI.

Le 17 janvier 1968, nous rentrons d'une promenade à Ouvéa, île située au nord de l'archipel des Loyautés, pour rallier Nouméa, quand le temps se met à fraîchir. Un vent de sud-est, **force 6** ❊, nous pousse au vent de travers. Pour économiser les voiles et nos forces physiques, nous ne portons que les focs. La mer moutonne, toute blanche sur un décor mauve et violet. [...]

Le bateau fonce à **8 nœuds** ❊, cap au sud-ouest. En poursuivant notre route à l'ouest, nous risquons de nous briser sur le corail. Je décide donc de virer de bord pour m'éloigner de ces **brisants** ❊ sinistres, que je devine plus que je ne les vois, tant la visibilité est mauvaise. Et pour mieux remonter le vent, qui devient de plus en plus violent, je réduis la grand-voile au maximum.

Tout à coup, le vent monte encore d'un cran, un bon force 8, puis vire de 90 degrés vers l'ouest. La visibilité devient nulle et je commence à craindre que mes voiles n'explosent, car cette fois-ci le vent souffle à plus de 70 nœuds, faisant hurler le **gréement** ❊ et projetant à l'horizontale une pluie diluvienne et des embruns blanchâtres.

L'atmosphère est tellement imprégnée d'eau que nous respirons avec peine. Une force déchaînée menace de nous jeter par-dessus bord et nous ne pouvons regarder dans la direction du vent sans avoir le visage brûlé par les paquets de mer qui explosent en coups de canon sous l'étrave, rejaillissent dans le ciel noir pour se rabattre en **cataractes** ❊ sur le pont. Bien que toutes les écoutilles soient fermées, l'eau s'infiltre partout. *Pen Duick III*, **impavide** ❊, se soulève, tangue majestueusement et écrase les rouleaux blancs que nous avons l'impression de survoler. Je ne crains rien pour la coque, mais je redoute le pire pour les voiles. Je fais affaler le foc, car le vent force encore. Je ne peux plus juger de sa force, 100 nœuds peut-être, je ne sais plus. C'est la première fois de ma vie que je rencontre un temps semblable.

J'ai la barre bien en main, essayant de mon mieux de soulager le bateau, quand je m'aperçois que deux coulisseaux de grand-voile viennent de craquer vers le point d'amure. C'est-à-dire que, si nous ne faisons rien, toute la grand-

❊ **force 6 :** puissance du vent ; 6e degré d'une échelle graduée de 0 à 12, qui donne la force du vent.
❊ **8 nœuds :** vitesse du bateau (8 milles à l'heure).
❊ **brisants :** écueils sur lesquels la mer se brise et déferle.
❊ **gréement :** ensemble des poulies et des cordages.

voile va s'arracher du mât et partir en pièces. Le bateau joue les balançoires à Luna Park. Il devient de plus en plus difficile de se déplacer sur le pont. Avant que l'équipage ait atteint le mât et détaché la drisse de son taquet, de nouveaux coulisseaux lâchent en claquant comme des coups de feu. [...] La voile se déchire comme au rasoir au-dessus de la bôme. Vers le haut du mât, les autres coulisseaux cèdent l'un après l'autre, libérant la partie supérieure de la grand-voile qui flotte comme une bannière en tête de mât. La force du vent est telle que cette immense toile ne bat pas, mais demeure aussi plate qu'une feuille d'acier dans l'air.

À ce spectacle, nous sommes **sidérés** ❈. Reprenant bien vite nos esprits, nous nous efforçons de couper la drisse au pied du mât, car ce débris risque de nous gêner si nous avons à manœuvrer. La drisse reste coincée tout en haut. Pendant une heure, nous vivons les moments les plus angoissants de notre croisière, nous attendant à tout instant à voir le grand mât descendre. Puis, sans prévenir, la voile se détache et s'envole dans les embruns.

Nous ne portons plus que la trinquette de gros temps, une toile minuscule pour *Pen Duick III*. Mais nous **gîtons** ❈ presque à plat sur l'eau, ce qui n'arrive jamais, même dans les coups de vent. Le bateau m'impressionne de plus en plus : il continue à foncer à plus de 7 nœuds contre une mer démontée, malgré la gîte, les **avaries** ❈ et la force déchaînée du vent. Je pense avec effroi à ce que nous risquerions si nous étions adossés au récif ou à une côte.

En pareil cas, la survie dépend de la solidité des voiles, seules capables de faire avancer un bateau. Aucun moteur ne peut venir en aide à un voilier surpris par un cyclone ou un ouragan.

Par ce temps, pas question d'approcher des passes au milieu du récif. La mer y déferle avec des creux énormes où nous serions balayés comme un fétu de paille. La seule chose à faire est d'attendre que ça se tasse et réduire encore la toile. Décider n'est rien, mais aller vers l'étrave pour y affaler la trinquette devient une véritable expédition. Maîtriser cette voile folle qui bat

© J. Vapillon/Agence DPPI.

© J. Vapillon/Agence DPPI.

❈ **cataractes :** chutes d'eau.
❈ **impavide :** impassible, sans trouble.
❈ **sidérés :** étonnés, stupéfiés.
❈ **nous gîtons :** nous penchons.
❈ **avaries :** dégâts.

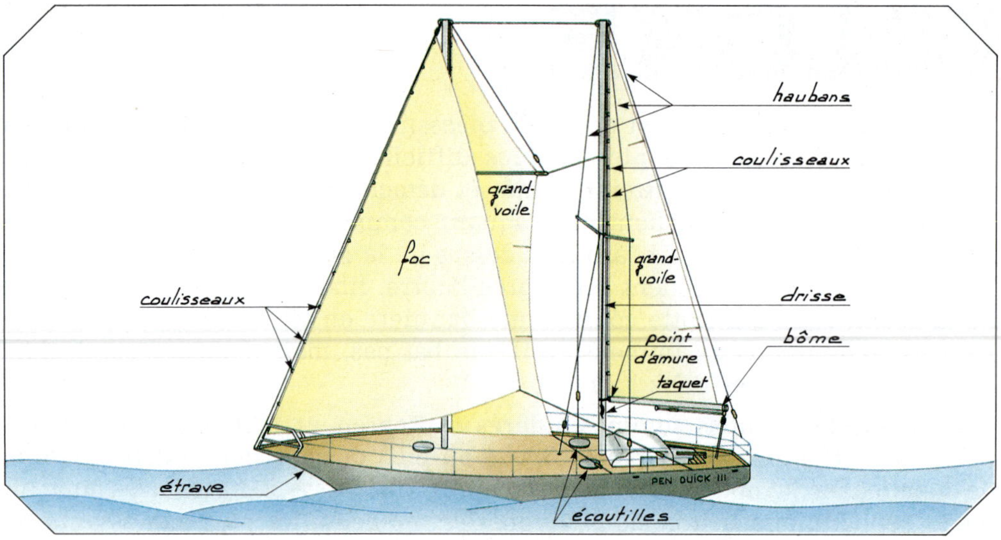

et menace de nous couper en rondelles nous vaut quelques plaies et bosses. Enfin c'est fait, nous sommes **à sec de toile** ❋ et soudain tout se calme. Plus de coups sourds, d'explosions d'écume, de vibration de ce grand corps métallique, rien que le hurlement du vent dans les haubans.

Pen Duick s'est placé en travers de la lame, se dandinant mollement, et dérive **en cape sèche** ❋. La force du vent sur le gréement lui donne une légère bande qui amortit le roulis. Nous en profitons pour remettre un peu d'ordre à bord et nous reposer à tour de rôle.

Vers minuit, soit plus de six heures après que nous avons pris la cape, le vent mollit et nous renvoyons de la toile. [...]

Au petit jour, nous sommes en vue de la terre. En faisant le point, je m'aperçois que nous avons dérivé de 21 **milles** ❋ durant notre mise à la cape. C'est considérable et je me réjouis de ne pas avoir eu de côte sous le vent durant cette nuit mémorable.

En approchant de la passe, la mer prend une couleur brunâtre. Elle est couverte d'épaves, de débris végétaux et de matériaux qui viennent de très loin. En débarquant à Nouméa, les météorologues nous apprendront que nous avons subi des vents de plus de 100 nœuds, près de 200 kilomètres à l'heure. À terre, des dégâts parfois considérables ont été causés par ce cyclone.

Je pense avec reconnaissance au *Pen Duick,* tout en surveillant son embarquement à bord de la *Vanoise.* J'ai confiance en lui. Nous avons encore des courses à disputer.

Éric TABARLY, *Mes bateaux et moi*, Éditions du Pacifique.

- *Que fait Éric Tabarly pour mieux remonter le vent ?*
- *Quels sont les effets du vent sur la grand-voile ?*
- *De quoi dépend la survie dans un pareil temps ?*
- *Que se passe-t-il lorsque la dernière voile est affalée (descendue) ? Que fait alors l'équipage ?*
- *Que constate Tabarly au petit jour ?*

❋ **à sec de toile :** sans aucune voile.
❋ **en cape sèche :** en offrant le moins de prise possible au vent.
❋ **milles :** unités de distance employées par les marins (1 mille = 1 852 m).

la virgule

Ce soir-là, vers 11 h 30, M. François Guilbert, professeur de son état, vint ranger dans sa bibliothèque le roman intitulé : *Le Carreau du matin.*

Or, quand le livre toucha l'étagère, une chose incroyable se produisit : à la septième ligne de la page 138, une virgule se détacha ! Elle glissa de sa place après le mot « instant », dans la phrase : « À cet instant, l'assemblée se leva. »

C'est ainsi que la virgule se retrouva à même l'étagère. M. François Guilbert ne s'était aperçu de rien. La virgule mit une bonne minute pour se rendre compte de ce qui lui arrivait.

Elle tenta diverses manœuvres pour rejoindre le mot « instant ». Plus d'une fois elle se retrouva hors du livre, puis elle réussit à escalader la page 138, en s'accrochant aux mots. Chose surprenante, à la septième ligne, elle ne reconnut point sa phrase !

« Ça alors, se dit-elle ! Ma phrase serait tombée, elle aussi ! Et une autre l'aurait remplacée ! Étrange ! Je sais pourtant bien que jamais rien ne bouge dans un livre : aucun signe, aucun mot, aucune phrase. Si moi j'ai glissé, c'est exceptionnel ! »

Soudain, elle comprit : elle avait bien escaladé la page 138, mais dans un autre roman ; dans *L'Île rousse,* **en l'occurrence** ❈.

Alors, une idée traversa son esprit : puisque par extraordinaire elle pouvait se déplacer, elle allait en profiter !

Tout de suite, elle fit rager un point en se fourrant juste au-dessous de lui. « Que viens-tu faire ici ? grogna-t-il. Tu me transformes en point-virgule. Va-t'en ! » Mais la virgule ne partait pas et l'autre rouspétait de plus belle.

Puis elle passa à la page 139 et là, elle entreprit de transporter les points d'interrogation à la place des points d'exclamation, et *vice versa.* Il s'éleva un grand **charivari** ❈ à la page 139 de *L'Île rousse.* Les points d'interrogation se demandaient comment cette maudite virgule avait bien pu arriver jusque-là. Les points d'exclamation lui ordonnaient de tout remettre en ordre et de s'en aller.

La virgule finit par obéir et le calme revint dans *L'Île rousse.*

Puis l'**espiègle** ❈ se dit : « Partons maintenant à la découverte de la bibliothèque ! »

❈ **en l'occurrence :** dans la situation présente.
❈ **charivari :** bruit, tapage.
❈ **espiègle :** malicieuse, mais pas méchante.

Alors, elle alla se promener dans d'autres livres, semant divers petits scandales ici et là, se moquant notamment des guillemets, ces jumelles qui flottent entre deux lignes.

Elle arriva dans un ouvrage de mathématiques. La malheureuse n'y comprenait rien : « C'est trop difficile pour moi, se dit-elle. Et tous ces signes que je ne connais pas. Cela ne me plaît pas beaucoup. »

Elle quittait l'ouvrage quand une virgule qui se trouvait dans un nombre décimal l'interpella : « Eh ! Toi ! » Notre virgule se retourna. Ce fut alors un flot de questions : « D'où viens-tu ? Comment fais-tu pour te déplacer ? Connais-tu d'autres signes de ponctuation qui voyagent également ? »

La virgule expliqua qu'elle s'était décrochée d'un roman. Elle raconta toutes les bêtises qu'elle avait commises ici et là, troublant l'ordre immuable des livres. Elle prit congé de son amie et poursuivit son exploration de la bibliothèque. Elle visita des dizaines et des dizaines de volumes.

Elle traversa d'énormes dictionnaires très savants dont les mots, fort serrés, se tiennent chaud les uns les autres, et où il fait sans doute bon être une virgule.

Et elle arriva soudain dans un ouvrage surprenant : il était bien constitué de quelques centaines de pages imprimées, et cependant on n'y reconnaissait pas le moindre mot !

Les lignes se composaient de bâtons, de boucles, de courbes, de crochets. Le tout abondamment saupoudré de points : c'était un livre écrit en arabe.

Alors elle eut une bouffée d'admiration pour M. François Guilbert. Ainsi, le professeur savait lire même l'arabe ! Quel homme instruit !

Notre amie se plut beaucoup parmi ces lignes de dentelle. « Que ces lettres sont jolies et curieuses ! J'ai grande envie de jouer avec elles ! »

Elle fit de l'acrobatie après les lettres-crochets ; elle glissa sur les lettres-toboggans ; elle escalada les lettres-bâtons. Enfin, elle s'amusa beaucoup dans le livre écrit en arabe.

Soudain, elle pensa que M. François Guilbert devait certainement lire d'autres langues étrangères. Et elle partit immédiatement à la recherche d'un livre de chinois. Mais elle n'en trouva point.

Et elle reprit son périple dans la bibliothèque. Partout à son passage se levait l'étonnement, car c'était bien la première fois que l'on voyait se déplacer une virgule.

Elle traversa encore des dizaines et des dizaines de livres. Elle jouait à saute-mouton par-dessus les mots et faisait l'admiration de tous les signes de ponctuation en racontant son voyage.

Soudain, elle eut un haut-le-cœur : dans l'ouvrage *La Vie d'Antoine Perdaut*, elle vit des photos ! Alors là, elle était formelle : un livre avec photos ou illustrations n'est pas un vrai bon livre. Et, s'adressant à une virgule de la page 347, elle lui dit : « Ici, toutes les trente pages, on rencontre la tête d'un bonhomme ! Tandis que dans *Le Carreau du matin*, le roman d'où je viens, il n'y a que des mots et des signes ! Dieu merci ! » Puis elle ajouta : « Je ne me plais pas ici. Au revoir. » [...]

Alors, elle n'eut plus qu'un désir : retourner dans son roman, au pied du mot « instant », dans la phrase : « À cet instant, l'assemblée se leva. »

Oui, la voyageuse en avait assez vu. Elle avait bien profité de l'incident qui l'avait décrochée. Ça suffisait comme ça. Sans trop de mal, elle retrouva son chemin.

Catastrophe ! Plus de *Carreau du matin* : la place était vide ! Sans doute, ne trouvant pas le sommeil, M. François Guilbert était venu reprendre le roman. [...]

La virgule frissonna. Qu'allait-elle devenir ? Où chercher le livre ? La maison était grande, sans doute, et puis quitter la bibliothèque lui paraissait dangereux : si elle en mourait, par exemple ?

La pauvrette réussit tout de même à se calmer et elle se décida à attendre : avec un peu de chance, le livre reviendrait.

Et en effet, vers 8 h 30, les traits fatigués par une nuit de veille, M. François Guilbert entra dans le bureau et rangea le *Carreau du matin*.

D'un bond, la virgule retrouva sa place au pied du mot « instant », page 138.

Et elle ne se décrocha plus jamais-mais-mais !

René-Georges Bouclon, « La virgule », *Jeunes Années Magazine*, n° 151, décembre 1982.

- *Où se trouvait la virgule avant de se détacher ?*
- *Quels sont les livres de la bibliothèque visités par la virgule ?*
  Que provoque chaque fois sa venue ?
- *Quels autres signes de ponctuation rencontre-t-elle ici ou là ?*
- *Qu'est-ce qu'un vrai bon livre pour la virgule ?*
  Comment et quand retrouve-t-elle sa place ?

RÉVOLTE DANS LA campagne normande

*Un soir de l'hiver 1789, Manon Chantelou a disparu mystérieusement. Malgré toutes les recherches entreprises par le seigneur du village et ses gens, elle n'a pas été retrouvée. La dure vie des paysans suit son cours... La moisson est juste terminée, quand arrive le **champarteur***.*

Les paysans [...] continuent à ramasser le blé, avec des gestes lents et réguliers. Seuls le bourdonnement des abeilles et le chant des grillons troublent le silence.

« Ce sera comme l'an passé, finit par déclarer le champarteur. Faut donner au seigneur une gerbe sur seize. »

Le père Chantelou plante violemment sa fourche dans les gerbes.

« Après la neige et la grêle qu'il y a eu en mars, il nous restera plus rien pour manger. »

Le champarteur a un sourire en coin.

« Vous me faites rire, Chantelou. Vous êtes toujours à réclamer.

— Je réclame parce que M. le comte, il trouve toujours des raisons pour augmenter les redevances sur nos récoltes. »

Puis il ajoute d'une voix sourde :

« Par contre, il a toujours pas retrouvé ma fille. »

Le champarteur lève ses bras d'un air désarmé.

« M. le comte a fait tout ce qu'il a pu. Il a donné ses chiens et ses chevaux.

— C'est vrai, Chantelou, ce que dit le champarteur, constate un paysan. Le comte et le village t'ont beaucoup aidé. »

Chantelou passe sa main sur son front, l'air profondément triste.

« Ne parlez plus de Manon, mes amis. »

Le champarteur pince ses lèvres d'un air gêné.

« Ce que j'en disais...

— N'empêche, reprend Chantelou avec emportement, que, vu les grêles et les impôts du roi, M. le comte aurait pu baisser le champart. »

Le champarteur retrouve brusquement son assurance.

« Je n'ai pas de temps à perdre. D'après ce que je viens de compter pour ce champ, vous me devez quatre gerbes.

— On ne te doit rien du tout, réplique Chantelou en colère. L'hiver a été rude et personne ici n'a de quoi faire du pain. »

* **champarteur :** homme du seigneur chargé de prélever la part des récoltes (champart) qui revient au comte.

Et, saisissant une gerbe, Chantelou la jette au pied du champarteur.

« Prends-la, si tu l'oses. »

Le champarteur s'approche de la gerbe de blé, mais Thomas saute devant lui les poings levés. Le champarteur fait un pas en arrière en criant :

« Ah, **maraud** ❋, si tu me touches, c'est à M. le comte que tu auras affaire... !
— M. le comte, intervient le père Chantelou, c'est lui qui va avoir affaire à nous. Faudrait qu'on aille regarder au château ses papiers. J'ai bien souvenance qu'autrefois il prélevait pas tant, le seigneur.
— Tu oserais, malheureux... »

Le champarteur n'a pas le temps de finir sa phrase, car Thomas lui assène un violent coup de poing au ventre. Le champarteur chancelle, puis frappe à son tour le garçon de ses deux mains. Alors celui-ci donne de grands coups de pied dans les tibias de son adversaire qui, sous la douleur, tombe à genoux. Thomas en profite pour se jeter sur lui et tous deux roulent dans la paille. Les paysans regardent, amusés, le combat.

« Vas-y, Thomas, crie l'un, fais taire ce discoureur.
— Fais-lui manger de la paille, puisqu'il aime tant prendre notre blé ! » crie un autre.

Le champarteur se retrouve bientôt les épaules au sol. C'est alors que surgit un mendiant. Habillé de hardes, le visage mangé par une large barbe, l'homme brandit son bâton d'un air menaçant. Et, dévisageant les paysans de ses yeux injectés de sang, il déclame d'un air illuminé :

« En vérité, je vous le dis. C'est l'abomination de la désolation. La malédiction est tombée sur le royaume. »

Thomas en oublie le champarteur et se relève en époussetant la paille accrochée à ses vêtements.

« Tu ne trouves pas qu'il a un drôle d'air ? demande-t-il à Barthélemy.
— Écoute-le ! Les mendiants, ils ont toujours des nouvelles intéressantes à raconter. »

Le mendiant lève les yeux au ciel :

❋ **maraud :** personne qui ne mérite que le mépris.

« À Paris, la grande prison est en feu.

— Quelle prison ? demande Barthélemy.

— La Bastille. Elle a été prise par des **gueux** ❋ qui assassinent des malheureux pour mettre leurs têtes au bout de piques.

— Leurs têtes au bout de piques ? répète un paysan, **incrédule**❋.

— C'est quoi, la Bastille ? demande l'Antoine tirant deux vaches à la longe.

— La forteresse de la vengeance, réplique le mendiant en faisant de grands moulinets avec ses bras. Maintenant qu'elle est détruite, tous les hommes sont égaux.

— Égaux ? s'exclame Thomas, enthousiaste.

— Tu ne me crois pas, toi, mon garçon. Pourtant, j'ai vu des choses incroyables.

— T'aurais pas vu ma fille, par hasard, une fille avec des taches de rousseur ? » questionne le père Chantelou.

Le mendiant hoche longtemps la tête.

« Je l'ai vue, avec une belle robe pleine de taches et des chaînes aux pieds. »

L'assistance reste muette de stupeur. Barthélemy s'approche du mendiant.

« Avec une belle robe ? Avec des chaînes aux pieds ? »

Le mendiant reste un moment craintif devant le clerc de notaire. Celui-ci lui prend le bras et le secoue violemment :

« Parle, bougre, où l'as-tu vue ?

— Dans un donjon hanté », murmure le mendiant dans un souffle.

Et ses yeux jetant des éclairs, il tend le bras vers le château du comte de Montigny. « Celui-là, justement. »

Tous les paysans tournent la tête vers le donjon du château, cherchant vainement à voir passer devant les fenêtres de la tour la silhouette de Manon. Pourtant, Thomas doute encore des paroles du vieil homme.

« Comment t'es entré dans le château, toi ?

— Pour mendier. La demoiselle du château est pleine de bonté pour les miséreux de Dieu.

— Tu saurais retrouver ma fille ? » demande le père Chantelou, toujours méfiant. Puis se tournant vers Barthélemy. « Qu'est-ce que tu en penses, toi, le clerc de notaire ?

— Ce que je peux te dire, père Chantelou, c'est qu'à Paris on a pris la Bastille et qu'une assemblée de députés siège à Versailles.

— Alors, allons-y », conclut le père Chantelou.

Odile WEULERSSE et Hervé LUXARDO, *Les Vagabonds de la Bastille*,
Hachette Jeunesse, collection « Le Livre de Poche Jeunesse ».

?

- *Comment le champarteur est-il accueilli par le père Chantelou ?*
- *Ce dernier est-il d'accord pour payer son champart ? Pourquoi ?*
- *Quelle nouvelle annonce le mendiant ? Cet événement est-il important ? Pourquoi ?*
- *Pourquoi les paysans décident-ils d'aller au château ?*

❋ **gueux :** miséreux, pauvres.
❋ **incrédule :** qui ne croit pas facilement ce qu'on lui dit.

LE PALAIS DES RÊVES

Caterinuccia a perdu sa poupée Bellissima. Rosetta, sa maman, est partie chercher du travail. Cateri rencontre Tit, le gentil garçon-fée, et a bien des aventures... Pic, le petit brigand, blesse Tit avec un caillou. La Dame de la Pinède le fait transporter par les nains dans une maisonnette de bois où Cateri le soigne.

Enfin, elle lui demanda où il désirerait passer sa convalescence.

— On m'a mise au courant au sujet de Pic, et je t'en suis reconnaissante, déclara-t-elle ; c'est à cause de moi si tu es malade. Tu es vraiment un brave. Et elle rougit.

Tit répondit :

— J'aimerais aller passer quelques jours près du Palais des Rêves ; mais je ne crois pas pouvoir marcher parce que je suis encore presque mort.

— Je te ferai transporter jusque là-bas, toi et toute la maisonnette, s'écria la Dame de la Pinède dans un **élan d'enthousiasme** ❊.

Et à l'instant, l'œil sévère, elle frappa dans ses mains et six écureuils apparurent avec un ruban autour du cou. Ils soulevèrent la maisonnette et hop ! filèrent en vitesse. Du pré, la Dame de la Pinède saluait en agitant les mains.

Lézards et sauterelles se montrèrent en regardant avec curiosité ; on passa devant la maison du Grand Forestier, et sa dame, en voyant Tit, cria :

— Bon voyage ! Vous savez que la petite Mésange charbonnière a été reçue et qu'elle ne doit plus passer que son examen d'histoire ?

Cateri était un peu **cahotée** ❊, mais contente. Comme elle filait, la maisonnette ! Le Palais des Rêves n'est rien d'autre que la réunion des maisons dont tous les enfants rêvent durant leur vie. [...]

À peine furent-ils arrivés que Caterinuccia quitta un moment Tit pour visiter sa propre maison. Il y avait une cuisine avec quantité de minuscules casseroles de terre cuite et un certain nombre de poupées qui parlaient et marchaient. En plus, elle y trouva une commode toute garnie de compartiments avec tous les trousseaux des poupées. La cuisine était pourvue de soucoupes, tasses et couverts, et de chiffons, et même de moules pour faire les gâteaux avec de la farine ; et d'un chat juste, tout juste né avec un petit collier.

❊ **élan d'enthousiasme :** mouvement de grande joie.
❊ **cahotée :** secouée.

Les enfants peuvent habiter la nuit dans le palais, mais, dès que le jour pointe, surgit un gardien avec sa casquette d'or, comme dans les jardins publics, et il crie : « C'est la sortie ! » Puis il ferme les grilles.

Seule Caterinuccia put pénétrer de jour dans son appartement, grâce au voyage extraordinaire qu'elle avait accompli avec Tit. Elle alla aussi regarder la maison de Rosetta ; à la porte était écrit : *Madame Rosetta*, gravé sur une plaque de laiton brillant. Mais de Rosetta, point. Les pièces étaient tapissées de papier à fleurs, et aux parois étaient appuyées de grandes armoires pleines de linge. Il y avait abondance de poulets rôtis, de pain chaud et de bas à raccommoder rassemblés dans un panier à côté d'un fauteuil. Un canari dans une cage en forme de château était endormi ; toutes les bêtes de ce palais dormaient pendant le jour.

Tit n'a pas de maison, mais des forêts et des prairies avec des tigres et des arbres à pain et des oiseaux de paradis au riche plumage. De longs et fins palmiers s'élancent à de grandes distances à travers le désert, et d'un côté s'élève une sombre montagne où se cachent les bandits, au milieu de chutes de torrents. Dans un **cloître**❉, qui sent bon les orangers et les jacinthes, près de blanches fontaines, se promènent de nombreuses princesses aux cheveux pris dans des **résilles**❉ d'or. [...]

Autour du Palais des Rêves, il y a toujours une grande activité, parce qu'il faut continuellement construire de nouvelles maisons, ou réparer les anciennes. Des nains du bois en grand nombre poussent les brouettes, montent au sommet des grues, ou grimpent sur de longues échelles de bois. Des marchands de toutes sortes viennent offrir leurs marchandises, depuis les œufs jusqu'aux étoffes d'or.

Le plus riche de ces marchands frappa à la maisonnette de Tit, et Cateri courut lui ouvrir. C'était un homme volumineux, très très gros, coiffé d'un turban bleu, et il avait des yeux bons ; son habit était de soie blanche et bleue à bandes d'or. Il portait une énorme valise pleine d'étoffes, de rubans et de tapis :

— Madame, monsieur, désirez-vous des étoffes ? demanda-t-il avec courtoisie.

❉ **cloître :** bâtiment religieux formé de galeries ouvertes entourant un jardin.
❉ **résilles :** sortes de filets qui enveloppent les cheveux.

— Non, nous n'avons besoin de rien, répondit Tit. [...]

— Me permettez-vous, alors, de me reposer un moment ? Il fait chaud, je suis fatigué, et j'aimerais bien, moi aussi, pouvoir m'arrêter longtemps dans une maisonnette comme celle-ci.

— Volontiers, seulement il faudra vous asseoir sur le bord du lit, parce qu'il n'y a pas de place ailleurs, répondit Tit.

Le marchand s'assit, et il demanda à Tit et à Cateri d'où ils venaient.

— Nous sommes en voyage, répondit Tit, parce que nous cherchons une certaine Bellissima, qui est partie avec le chiffonnier ; mais nous ne l'avons pas trouvée, pas même ici. En avez-vous des nouvelles, vous qui circulez tant ?

Le marchand répondit que non, et cette fois encore Caterinuccia dut pousser un soupir. Le marchand continuait à admirer la maisonnette, et il voulut offrir un ruban à nouer sur le montant du lit, lequel, avec la couverture de **damas** ❋ jaune, devint une vraie merveille.

— Vous voyagez beaucoup dans cette région ? demanda Tit.

— Oh ! oui ! dit le marchand, je suis le fournisseur de la Maison royale, autrement dit de la Reine des fées. Et il soupira.

Tit demanda la raison de ce soupir.

— Oui, je veux me confier à vous, dit tristement le marchand d'étoffes. Vous devez avoir un très bon cœur, tous les deux, et vous pourrez certainement me comprendre ; qui sait, vous pourrez peut-être m'aider. Mon cœur est malade.

Cateri regarda avec pitié le pauvre homme, qui s'ébouriffait la barbe, ne sachant comment exprimer sa douleur.

— La dernière fois que je suis allé au Palais royal, continua-t-il, j'ai connu la Femme de mes rêves. Ce n'est pas une reine, et pas même une dame de la cour, ce n'est qu'une femme de service. Mais elle pourrait **rivaliser en grâce** ❋ avec n'importe quelle reine, tant sont beaux ses yeux mignons. Et elle travaille sans arrêt, et elle est si réservée et si modeste qu'elle reste toujours silencieuse. Figurez-vous que je lui ai dit de choisir parmi toutes ces magnifiques étoffes et qu'elle m'a montré un tablier gris et un fichu de coton rouge. C'est vraiment la Femme de mes rêves.

— Mais c'est Grigia ! s'exclamèrent ensemble Tit et Cateri.

— Comment ? Vous la connaissez ?

— Tout le monde la connaît de réputation. La Reine des fées en parle toujours.

Elsa Morante, *Les Extraordinaires Aventures de Caterina*,
traduit par Jean-Noël Schifano, Gallimard, collection « Folio Cadet ».

- *Qu'est-ce que le Palais des Rêves ?*
- *Décrivez la maison de Caterinuccia.*
  Quand les enfants peuvent-ils habiter leur maison ? Pourquoi ?
- *Tit rêve-t-il d'une maison ? Qu'a-t-il au Palais des Rêves ?*
- *Que fait le plus riche des marchands ? Comment est la femme de ses rêves ?*

❋ **damas :** tissu de soie ou de laine, orné de dessins.
❋ **rivaliser en grâce :** essayer de battre en élégance, en beauté.

DANS LES ABÎMES

Michel Siffre, géologue et spéléologue français, réalise en 1962 une expérience « hors du temps ». Il restera totalement isolé, sans repère, sur un glacier souterrain dans le massif du Marguareïs, situé, à vol d'oiseau, à 60 km au nord-est de Nice, à la frontière franco-italienne. Cet homme, seul dans la nuit, consigne, depuis le 16 juillet à 14 heures, toutes ses observations, découvertes, réflexions... dans son journal de bord. Il croit être le 13 août...

Lundi 13 août.

Ce matin, une chute sur le plancher (glace ou pierre) m'a fait sursauter. Je deviens de plus en plus nerveux, mais, dans ma condition, plutôt mourir que d'appeler à la rescousse. Je veux réussir.

Mardi 14 août (quarante-huitième **journée physiologique** ❋).

Ce qui me paraît le plus difficile à supporter dans l'habitat souterrain, c'est la constance à la fois de la température et de l'humidité. Il n'y a aucune variation et c'est affreux !... Je vais très bien et l'éboulement qui vient de se produire n'a pas affecté mon moral. Il est intéressant de savoir que ce ne sont pas des blocs tombés du plafond ni du puits de quarante mètres. C'est la **moraine** ❋ qui a bougé, cette fois... Je suis en pleine forme et peux affirmer que je n'aurai pas froid de la journée. Il m'est rarement arrivé de me sentir si bien... Si je compte mes journées physiologiques, il y a plus d'un bon mois que je suis sous terre...

Je possède une compagne : une araignée. Elle va bien. Posée sur du pain mouillé, elle bouge peu. Hier, je lui ai donné un petit morceau de fromage. Je suis allé prendre de l'eau avec ma cuillère pour lui donner à boire.

Jeudi 16 août.

Je regarde mon araignée. Elle mange. C'est le seul être vivant que je puisse voir ; on peut même s'attacher à une araignée quand on est seul, vraiment seul comme moi...

Je laisse paraître des signes évidents de lassitude. Je suis de plus en plus fatigué : le fait d'aller chercher mes vivres sur la moraine m'est extrêmement pénible. La solitude devient de plus en plus pesante et l'obscurité commence à agir sur mon **psychisme** ❋. Écrire à l'encre rouge me fait du bien, car j'ai assez du noir, assez. Je résiste moins bien au froid et à l'humidité qu'auparavant. Depuis quelque temps, sur la moraine, je perds relativement l'équilibre. Une sorte de vertige s'empare de moi quand j'escalade les blocs rocheux. La difficulté du séjour souterrain prolongé provient de ce qu'il n'y a aucun intervalle pendant lequel on puisse récupérer, se reposer, prendre du soleil. Depuis deux jours, je suis découragé.

❋ **journée physiologique :** journée déterminée par les rythmes biologiques de vie de l'auteur, tels le sommeil, la faim, en dehors de toute connaissance du temps donnée par l'heure.

DE LA TERRE

Vendredi 17 août.

Je me suis assis sur la moraine et, dans le noir, j'ai pensé. Il faut que je tienne jusqu'au bout, quinze jours de plus ou de moins, ce n'est pas grand-chose. Je songe aux paroles réconfortantes de mes camarades de surface qui me disent : « C'est dans le sac !... » J'ajoute intérieurement : « C'est gentil, mais il faut encore en sortir ! ».

Fin de cette journée : je suis engoncé dans mes deux duvets, mes deux sacs de soie. **J'ai l'intuition** ❋ que mes jours et mes nuits deviennent plus courts.

Samedi 18 août.

J'ai subi, ces derniers jours, une crise de découragement très nette. J'en ai assez et trouve que le temps est trop long. Les éboulements reprennent, alors que je n'entendais plus de bruits impressionnants depuis longtemps. Le décalage qui existe entre le nombre de jours physiologiques (cinquante) et le nombre de jours de 24 heures (temps dans l'abstrait) soit trente jours, me déprime et je ne sais pas si je me trouve plus près du 15 ou du 30 août. À quoi me raccrocher pour mesurer le temps ?

Dimanche 19 août.

Au début de mon expérience, je ne lisais presque pas au lit, car j'avais très froid. La situation s'est améliorée depuis que j'utilise les deux sacs de couchage et les deux sacs de toile ou sacs à viande... Quel est mon plus cher désir ? Vivre, vivre, vivre... Pourtant, tout me fait mal : mon aphte sur la lèvre, les rhumatismes de mon pied droit et l'ulcère dont je souffre à l'estomac.

Aujourd'hui, j'ai les oreilles complètement gelées. J'ai écrit sur l'espace et le temps et pense avoir fait de bonnes remarques. Je suis heureux d'entendre une voix au téléphone. J'ai parlé longuement, au point d'en oublier les pâtes sur le feu. J'ai l'impression qu'il y a peu de temps que je suis sous terre.

Ce soir, la fatigue se fait encore fortement sentir, j'ai de la peine à respirer.

Vue générale de mon campement après deux mois d'isolement absolu. Le devant de ma tente est devenu une véritable poubelle. Nous n'avions pas alors véritablement le souci de la pollution de la cavité.

❋ **moraine :** débris de rochers arrachés à la montagne, entraînés, puis déposés par le glacier.
❋ **psychisme :** esprit, mental.
❋ **j'ai l'intuition :** j'ai le sentiment, l'impression.

Lundi 20 août.

Depuis quelque temps, je reste dans mon lit... Ce qui importe le plus, c'est non pas ce que je fais, mais c'est ce que je pense de ma situation. Il faut que je lise dès ma sortie, le plus rapidement possible, *Voyage au centre de la terre* et les récits de voyage de Gagarine. Je chante. Je viens d'avoir une distraction terrible : j'ai pris le téléphone pour le magnétophone, c'est inouï !

... Qu'est-ce que je fais ici ? Ça n'a pas de sens. Quelle force supérieure m'y a poussé ? Ma position au fond de ce gouffre est absurde !...

Canova et Lafleur m'annoncent que la fin de l'expérience approche. Cela me semble extraordinaire, impossible, puisque nous sommes le 20 août. Bien entendu, ils ne précisent pas. Cela peut aussi bien arriver dans une semaine que dans quinze jours.

Je viens de m'amuser comme un gosse en envoyant, de l'intérieur de ma tente, des sucres dans une casserole où bout l'eau. Je pense à l'action des différentes couleurs sur le psychisme dans la vie souterraine. Le rouge est très agréable. Le bleu et le vert tendent beaucoup trop vers le noir. La teinte jaune de ma tente intérieure est plus que déplaisante, elle aurait dû être en soie blanche. Il faut sous terre des couleurs claires et chaudes...

... Au moment où je sortais sur la moraine, un beau paquet de glace s'est écrasé dans le puits, juste derrière ma tente. J'ai fortement tressailli. Maintenant que j'ai presque réussi, ce serait trop dommage qu'il m'arrive quelque chose. Je ne suis pas encore sûr de sortir vivant.

Mon carnet de bord, mon journal s'arrête par hasard sur ces mots. Ma dernière angoisse ne durera pas longtemps, car le soir même mes amis m'annonçaient par téléphone :

« Expérience terminée. Tu as réussi, bravo, Michel ! »

Je me croyais le 20 août 1962, nous étions le 14 septembre. Dans quarante-huit heures, mes amis allaient venir me chercher. J'allais enfin retrouver le jour après mille cinq cents heures d'obscurité, de silence, de vacarme, de peurs, de **néant temporel** ❋.

Michel SIFFRE, *Dans les abîmes de la terre*, Flammarion.

© C. Sauvageot.

- *Qu'est-ce qui est le plus difficile à supporter pour Michel Siffre ? Justifiez votre réponse.*
- *De quoi souffre-t-il physiquement ?*
- *Quel est le décalage réel qui existe entre la date du journal de bord notée par l'auteur et celle que lui communiquent ses amis par téléphone ? À quoi est dû ce décalage ?*

❋ **néant temporel :** l'auteur vivait hors du temps ; il ne connaissait ni le jour, ni l'heure.

Mon petit frère PAUL

Je n'avais jamais été si heureux de ma vie, mais parfois le remords me suivait dans la colline : j'avais abandonné le petit Paul. Il ne se plaignait pas, mais je le plaignais en imaginant sa solitude. C'est pourquoi je décidai un jour de l'emmener avec nous.

La veille, je prévins les chasseurs que Lili et moi ne partirions pas de bonne heure, mais beaucoup plus tard, à cause de Paul, et que nous les rejoindrions à la baume de Passe-Temps, où nous devions déjeuner.

Ils parurent déçus de cette **défection** ❋, et tentèrent — en vain — de me faire changer d'avis.

Sans rien dire, je savourai mon triomphe : eux qui avaient refusé de me convier à l'ouverture, voilà qu'ils regrettaient mon absence et que je devenais indispensable... [...]

Le matin, vers six heures, nous emmenâmes Paul, encore mal éveillé, mais assez joyeux de l'aventure, et il marcha bravement entre nous.

En arrivant au Petit-Œil, nous trouvâmes, pris au premier piège, un pinson.

Paul le dégagea aussitôt, le regarda un instant et fondit en larmes en criant d'une voix étranglée :

« Il est mort ! il est mort !
— Mais bien sûr, dit Lili. Les pièges, ça les tue !
— Je ne veux pas, je ne veux pas ! il faut le démourir !... »

Il essaya de souffler dans le bec de l'oiseau, puis le lança en l'air pour aider son **essor** ❋... Mais le pauvre pinson retomba lourdement, comme s'il n'avait jamais eu d'ailes... Alors le petit Paul ramassa des pierres, et se mit à nous les lancer, dans un tel état de rage que je dus le prendre dans mes bras et le rapporter à la maison.

❋ **défection :** fait de ne pas pouvoir venir.
❋ **essor :** envol.

Je fis part à ma mère du regret que j'avais de l'abandonner.

«Ne t'inquiète pas pour lui, me dit-elle. Il adore sa petite sœur et il a beaucoup de patience avec elle : il s'en occupe toute la journée. N'est-ce pas, Paul ?

— Oh ! oui, Maman ! »

Il s'en occupait, en effet.

Dans les fins cheveux frisés, il accrochait une poignée de cigales, et les insectes captifs vrombissaient autour de la tête enfantine qui riait, pâle de terreur ; ou bien, il l'installait, à deux mètres du sol, dans la fourche d'un olivier, et **feignait** ❈ ensuite de l'abandonner à son triste sort ; un jour, comme elle avait peur de descendre, elle grimpa jusqu'aux plus hautes branches, et ma mère épouvantée vit de loin ce petit visage au-dessus du feuillage d'argent... Elle courut chercher l'échelle double et réussit à la capturer, avec l'aide de la tante Rose, comme font parfois les pompiers pour les petits chats aventureux. Paul affirma «qu'elle lui avait échappé», et la petite sœur fut désormais considérée comme un singe capable des pires escalades.

D'autres fois, il lui glissait dans le dos de la bourre de «gratte-cul», qui est la baie de l'églantier et que l'on nomme ainsi pour de bonnes raisons : elle y gagna la réputation de pleurnicher sans savoir pourquoi.

Il la calmait en la gavant de gomme d'amandier, et lui fit même manger une pastille de réglisse qui ne sortait pas d'une pharmacie, mais d'un lapin. Il me confia cet exploit le soir même, car il craignait de l'avoir empoisonnée.

Je lui avouai alors que je lui avais moi-même offert des olives noires encore tièdes, ramassées dans le sillage d'un troupeau de chèvres et qu'il s'en était fort bien trouvé. Il fut charmé par cet aveu rassurant, et continua sans regret ses farces fraternelles.

❈ **feignait :** faisait semblant.
❈ **fatal :** inévitable, qui devait arriver.

Mais, comme le grand Shakespeare devait me l'enseigner plus tard, *crime will out*, c'est-à-dire que les crimes ne restent jamais ignorés, si bien qu'un soir, après la chasse, je le trouvai dans notre chambre, sanglotant sur son oreiller.

Il avait, en ce jour **fatal** ❋, inventé un nouveau jeu dont les règles étaient très simples...

Il pinçait fortement la fesse dodue de la petite sœur qui poussait aussitôt des cris perçants.

Alors Paul courait, comme éperdu, vers la maison : « Maman, viens vite ! Une guêpe l'a piquée ! »

Maman accourut deux fois avec du coton et de l'ammoniaque, et chercha à extraire, entre deux ongles, un aiguillon qui n'existait pas, ce qui redoubla les hurlements de la petite sœur pour la plus grande joie du sensible Paul.

Mais il commit la grande erreur de renouveler une fois de trop sa plaisanterie fraternelle.

Ma mère, qui avait conçu des doutes, le prit sur le fait : il reçut une gifle magistrale suivie de quelques coups de martinet, qu'il accepta sans broncher : mais la remontrance **pathétique** ❋ qui suivit lui brisa le cœur, et à sept heures du soir, il en était encore inconsolable. À table, il se priva lui-même de dessert, tandis que la petite sœur martyrisée et reconnaissante lui offrait en pleurant de tendresse sa propre part de crème au caramel...

Ayant ainsi appris qu'il ne s'ennuyait pas une seconde, je triomphai fort aisément de mes remords, et je le laissai à ses jeux criminels.

Marcel PAGNOL, *Le Château de ma mère,* avec l'aimable autorisation de Mme Marcel Pagnol.

- *Pourquoi Paul, joyeux de l'aventure, se met-il dans un tel état de rage ?*
- *Comment s'occupait-il de sa petite sœur ? Quel est le jeu qui a fait découvrir ses farces ?*
- *Paul et sa petite sœur s'aiment-ils ? Qu'est-ce qui le prouve ?*

❋ **pathétique** : émouvante.

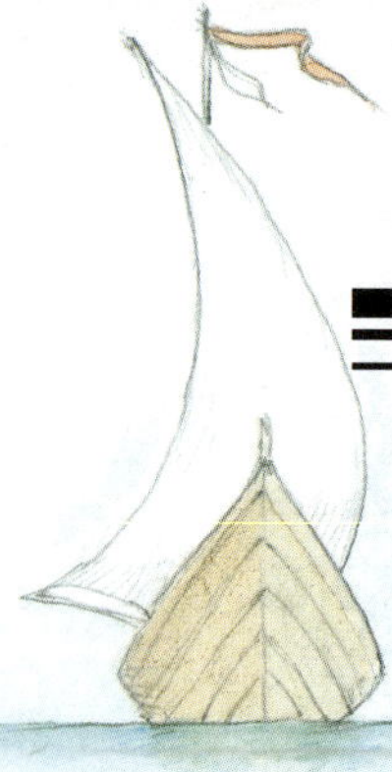

PREMIER VOYAGE DE SINDBAD LE MARIN

Sindbad s'embarque avec plusieurs marchands sur un vaisseau équipé par leurs soins, en direction des Indes. Il raconte...

Dans le cours de notre navigation, nous abordâmes à plusieurs îles, et nous y vendîmes ou échangeâmes nos marchandises. Un jour que nous étions à la voile, le calme nous prit vis-à-vis une petite île presque à fleur d'eau, qui ressemblait à une prairie par sa verdure. Le capitaine fit plier les voiles et permit de prendre terre aux personnes de l'équipage qui voulurent y descendre. Je fus du nombre de ceux qui y débarquèrent. Mais, dans le temps que nous nous divertissions à boire et à manger et à nous **délasser** ❊ de la fatigue de la mer, l'île trembla tout à coup et nous donna une rude secousse.

On s'aperçut du tremblement de l'île dans le vaisseau, d'où l'on nous cria de nous rembarquer **promptement** ❊ ; que nous allions tous périr ; que ce que nous prenions pour une île était le dos d'une baleine. Les plus **diligents** ❊ se sauvèrent dans la chaloupe, d'autres se jetèrent à la nage. Pour moi, j'étais encore sur l'île, ou plutôt sur la baleine, lorsqu'elle se plongea dans la mer, et je n'eus que le temps de me prendre à une pièce de bois qu'on avait apportée du vaisseau pour faire du feu. Cependant, le capitaine, après avoir reçu sur son bord les gens qui étaient dans la chaloupe et recueilli quelques-uns de ceux qui nageaient, voulut profiter d'un vent frais et favorable qui s'était élevé ; il fit hisser les voiles et m'ôta par là l'espérance de gagner le vaisseau.

❊ **se délasser :** se reposer pour faire disparaître la fatigue.
❊ **promptement :** rapidement, sans tarder.
❊ **diligents :** rapides.
❊ **fortune :** hasard.

Je demeurai donc à la merci des flots, poussé tantôt d'un côté et tantôt d'un autre ; je disputai contre eux ma vie tout le reste du jour et de la nuit suivante. Je n'avais plus de force le lendemain et je désespérais d'éviter la mort, lorsqu'une vague me jeta heureusement contre une île. Le rivage en était haut et escarpé, et j'aurais eu beaucoup de peine à y monter si quelques racines d'arbres, que la fortune semblait avoir conservées en cet endroit pour mon **salut** ❄, ne m'en eussent donné le moyen. Je m'étendis sur la terre, où je demeurai à demi mort, jusqu'à ce qu'il fût grand jour et que le soleil parût.

Alors, quoique je fusse très faible à cause du travail de la mer, et parce que je n'avais pris aucune nourriture depuis le jour précédent, **je ne laissai pas de** ❄ me traîner en cherchant des herbes bonnes à manger. J'en trouvai quelques-unes et j'eus le bonheur de rencontrer une source d'eau excellente, qui ne contribua pas peu à me rétablir. Les forces m'étant revenues, je m'avançai dans l'île, marchant sans tenir de route assurée.

J'entrai dans une belle plaine, où j'aperçus de loin un cheval qui paissait. Je portai mes pas de ce côté-là, flottant entre la crainte et la joie ; car j'ignorais si je n'allais pas chercher ma perte plutôt qu'une occasion de mettre ma vie en sûreté. Je remarquai, en approchant, que c'était une **cavale** ❄ attachée à un piquet. Sa beauté attira mon attention ; mais, pendant que je regardais, j'entendis la voix d'un homme qui parlait sous terre. Un moment après, cet homme parut, vint à moi et me demanda qui j'étais. Je lui racontai mon aventure ; après quoi, me prenant par la main, il me fit entrer dans une grotte, où il y avait d'autres personnes qui ne furent pas moins étonnées de me voir que je ne l'étais de les trouver là.

Je mangeai de quelques mets qu'ils me présentèrent ; puis, leur ayant demandé ce qu'ils faisaient dans un lieu qui me paraissait si désert, ils répondirent qu'ils étaient **palefreniers** ❄ du roi Mihrage, souverain de cette île.

Ils ajoutèrent qu'ils devaient partir le lendemain, et que, si je fusse arrivé un jour plus tard, j'aurais péri infailliblement, parce que les habitations étaient éloignées et qu'il m'eût été impossible d'y arriver sans guide.

Le lendemain, ils reprirent le chemin de la capitale de l'île avec les cavales, et je les accompagnai. À notre arrivée, le roi Mihrage, à qui je fus présenté, me demanda qui j'étais et par quelle aventure je me trouvais dans ses États. Dès que j'eus pleinement satisfait sa curiosité, il me témoigna qu'il prenait beaucoup de part à mon malheur. En même temps, il ordonna qu'on eût soin

❄ **mon salut :** sauver ma vie.
❄ **je ne laissai pas de me traîner en cherchant :** je n'arrêtai pas de chercher.
❄ **cavale :** terme poétique pour désigner une jument.
❄ **palefreniers :** garçons d'écurie.

de moi et que l'on me fournît toutes les choses dont j'aurais besoin. Cela fut exécuté de manière que **j'eus sujet de** ❈ me louer de sa générosité et de l'exactitude de ses officiers.

Comme j'étais marchand, je fréquentais les gens de ma profession. Je recherchais particulièrement ceux qui étaient étrangers, tant pour apprendre d'eux des nouvelles de Bagdad que pour en trouver quelqu'un avec qui je pusse y retourner ; alors que j'étais un jour sur le port, un navire y vint aborder. Dès qu'il fut à l'ancre, on commença à décharger les marchandises ; et les marchands à qui elles appartenaient les faisaient transporter dans les magasins. En jetant les yeux sur quelques **ballots** ❈ et sur l'écriture qui marquait à qui ils étaient, je vis mon nom dessus. Après les avoir attentivement examinés, je ne doutai pas que ce fussent ceux que j'avais fait charger sur le vaisseau où je m'étais embarqué à Balsora [ou Bassora, ville d'Asie]. Je reconnus même le capitaine ; mais comme j'étais persuadé qu'il me croyait mort, je l'abordai et lui demandai à qui appartenaient les ballots que je voyais.

« J'avais sur mon bord, me répondit-il, un marchand de Bagdad, qui se nommait Sindbad. Un jour que nous étions près d'une île, à ce qu'il nous paraissait, il mit pied à terre avec plusieurs passagers dans cette île prétendue, qui n'était autre chose qu'une baleine d'une grosseur énorme qui s'était endormie à fleur d'eau. Elle ne se sentit pas plus tôt échauffée par le feu qu'on avait allumé sur son dos pour faire la cuisine, qu'elle commença à se mouvoir et à s'enfoncer dans la mer. La plupart des personnes qui étaient dessus se noyèrent, et le malheureux Sindbad fut de ce nombre. Ces ballots étaient à lui et j'ai résolu de les **négocier** ❈ jusqu'à ce que je rencontre quelqu'un de sa famille à qui je puisse rendre le profit que j'aurai fait avec le principal.

— Capitaine, lui dis-je alors, je suis ce Sindbad que vous croyez mort et qui ne l'est pas : ces ballots sont mon bien et ma marchandise. »

Les Mille et Une Nuits, tome I, contes arabes traduits par Antoine Galland en 1704, Garnier Frères, 1960.

?

- *Comment Sindbad parvint-il à éviter la mort ?*
- *À qui appartenait l'île sur laquelle il échoua ? Comment fut-il accueilli ?*
- *De quelle façon le marchand de Bagdad retrouva-t-il son bien et sa marchandise ?*

❈ **j'eus sujet de me louer :** je pus me féliciter.
❈ **ballots :** paquets de marchandises.
❈ **négocier :** vendre, monnayer, en retirer de l'argent.

la vie chez LES MAMMOUTHS

Naoh, le fils du Léopard, Gaw et Nam, tous trois de la tribu des Oulhamr, sont poursuivis par une tribu ennemie, les Kzamms. Ils cherchent refuge et protection parmi les mammouths.

Le fils du Léopard cueillit des racines de fougère comestible ; il trouva aussi des fèves de marais ; puis il se dirigea vers le grand mammouth. La bête, à son approche, cessa de ronger les arbrisseaux tendres ; elle agita doucement sa trompe velue ; même, elle fit quelques pas vers Naoh. En lui voyant les mains chargées de nourriture, elle montra du contentement, et elle commençait aussi à éprouver de la tendresse pour l'homme. Le Nomade tendit la **provende** ❋ qu'il tenait contre sa poitrine et murmura :

— Chef des mammouths, les Kzamms n'ont pas encore quitté le fleuve. Les Oulhamr sont plus forts que les Kzamms, mais ils ne sont que trois, tandis qu'eux sont plus de trois fois deux mains. Ils nous tueront si nous nous éloignons des mammouths !

Le mammouth, rassasié par une journée de pâture, mangeait lentement les racines et les fèves. Quand il eut fini, il regarda le soleil couchant, puis il se coucha sur le sol, tandis que sa trompe s'enroulait à demi autour du torse de l'homme. Naoh en conclut que l'alliance était complète, qu'il pourrait attendre sa guérison et celle de Gaw dans le camp des mammouths, à l'abri des Kzamms, du lion, du tigre et de l'ours gris. Peut-être même lui serait-il accordé d'allumer le Feu dévorant et de goûter la douceur des racines, des châtaignes et des viandes rôties. [...]

Il y avait trois jours que Naoh, Gaw et Nam vivaient dans le camp des mammouths. Les Kzamms **vindicatifs** ❋ continuaient à rôder au bord du Grand Fleuve, dans l'espoir de capturer et de dévorer les hommes qui avaient déjoué leur ruse, défié leur force et pris leur Feu.

❋ **provende :** mélange de grains et de fourrage.
❋ **vindicatifs :** qui veulent se venger.

Naoh ne les redoutait plus, son alliance avec les mammouths étant devenue parfaite. Chaque matin, sa force était plus sûre. Son crâne ne bourdonnait plus ; la blessure de son épaule, peu profonde, se fermait avec rapidité, toute fièvre avait cessé. Gaw aussi guérissait. Souvent, les trois Oulhamr, montés sur un tertre, défiaient les adversaires.

Naoh criait :

— Pourquoi rôdez-vous autour des mammouths et des Oulhamr ? Vous êtes devant les mammouths comme des chacals devant le grand ours. Ni la massue ni la hache d'aucun Kzamm ne peuvent résister à la massue et à la hache de Naoh ! Si vous ne partez pas vers vos terres de chasse, nous vous dresserons des pièges et nous vous tuerons.

Nam et Gaw poussaient leur cri de guerre en brandissant leurs **sagaies** ❈ ; mais les Kzamms rôdaient dans la brousse, parmi les roseaux, sur la savane, ou sous les érables, les sycomores, les frênes et les peupliers. On apercevait brusquement un **torse velu** ❈, une tête aux grands cheveux ; ou bien des silhouettes confuses se glissaient dans les pénombres. Et, quoiqu'ils fussent sans crainte, les Oulhamr détestaient cette présence mauvaise. Elle les empêchait de s'éloigner pour reconnaître le pays ; elle menaçait l'avenir, car il faudrait bientôt quitter les mammouths pour retourner vers le nord. Le fils du Léopard songeait aux moyens d'éloigner l'ennemi de sa piste.

Il continuait à rendre hommage au chef des mammouths. Trois fois par jour, il rassemblait pour lui des nourritures tendres, et il passait de grands moments, assis auprès de lui, à tenter de comprendre son langage et de lui faire entendre le sien. Le mammouth écoutait volontiers la parole humaine, il secouait la tête et semblait pensif ; quelquefois, une lueur singulière étincelait dans son œil brun, ou bien il plissait la paupière comme s'il riait. Alors, Naoh songeait : « Le grand mammouth comprend Naoh, mais Naoh ne le comprend pas encore. »

Cependant, ils échangeaient des gestes dont le sens n'était pas douteux, et qui se rapportaient à la nourriture. Quand le Nomade criait : « Voici ! » le mammouth approchait tout de suite, même si Naoh était caché : car il savait qu'il y avait des racines, des tiges fraîches ou des fruits. Peu à peu, ils apprirent à s'appeler, même sans motif. Le mammouth poussait un **barrit** ❈ adouci ; Naoh articulait une ou deux syllabes. Ils étaient contents d'être à côté l'un de l'autre. L'homme s'asseyait sur la terre ; le mammouth rôdait autour de lui, et quelquefois, par jeu, il le soulevait dans sa trompe enroulée, délicatement.

Pour arriver à son but, Naoh avait ordonné à ses guerriers de rendre hommage à deux autres mammouths, qui étaient chefs après le colosse. Comme ils étaient maintenant familiers avec les Nomades, ils avaient donné l'affection qui leur était demandée. Ensuite, Naoh avait appris aux jeunes hommes comment il fallait habituer les géants à leur voix, si bien que, le cinquième jour, les mammouths accouraient au cri de Nam et de Gaw.

Les Oulhamr eurent un grand bonheur. Un soir, avant la fin du crépuscule, Naoh, ayant accumulé des branches et des herbes sèches, osa y mettre le Feu. L'air était frais, assez sec, la brise très lente. Et la flamme avait crû, d'abord noire de fumée, puis pure, grondante et couleur d'aurore.

❈ **sagaies :** sortes de javelots utilisés comme armes.
❈ **torse velu :** poitrine couverte de poils.

De toutes parts, les mammouths accoururent. On voyait leurs grosses têtes s'avancer et leurs yeux luire d'inquiétude. Les nerveux barrissaient. Car ils connaissaient le Feu ! Ils l'avaient rencontré sur la savane et dans la forêt, quand la foudre s'était abattue ; il les avait poursuivis, avec des craquements épouvantables ; son haleine leur cuisait la chair, ses dents perçaient leur peau **invulnérable** ❈; les vieux se souvenaient de compagnons saisis par cette chose terrible et qui n'étaient plus revenus. Aussi considéraient-ils avec crainte et menace cette flamme autour de laquelle se tenaient les petites bêtes verticales.

Naoh, sentant leur déplaisir, se rendit auprès du grand mammouth et lui dit :

— Le Feu des Oulhamr ne peut pas fuir ; il ne peut pas croître à travers les plantes ; il ne peut pas se jeter sur les mammouths. Naoh l'a emprisonné dans un sol où il ne trouverait aucune nourriture.

Le colosse, emmené à dix pas de la flamme, la contemplait, et, plus curieux que ses semblables, pénétré aussi d'une confiance obscure en voyant ses faibles amis si tranquilles, il se rassura. Comme son agitation ou son calme réglaient, depuis de longues années, l'agitation et le calme du troupeau, tous, peu à peu, ne redoutèrent plus le Feu immobile des Oulhamr comme ils redoutaient le Feu formidable qui galope sur la steppe.

Ainsi, Naoh put nourrir la flamme et refouler les ténèbres. Ce soir-là, il goûta la viande, les racines, les champignons rôtis, et il s'en délecta.

Joseph Henri Rosny, dit Rosny aîné, *La Guerre du feu*,
publié avec l'accord de l'Agence littéraire Lenclud.

?

- *Pourquoi les Oulhamr demandent-ils protection aux mammouths ? Comment l'obtiennent-ils ?*
- *Comment défient-ils leurs ennemis ?*
- *Les deux principaux personnages communiquent-ils entre eux ? Justifiez votre réponse.*
- *Quelle attitude les mammouths ont-ils devant le feu ? Ont-ils peur de la flamme de Naoh ? Pourquoi ?*

❈ **barrit :** cri du mammouth.
❈ **invulnérable :** que l'on ne peut blesser.

SIX GRAMMES ••• POUR UNE VIE •••

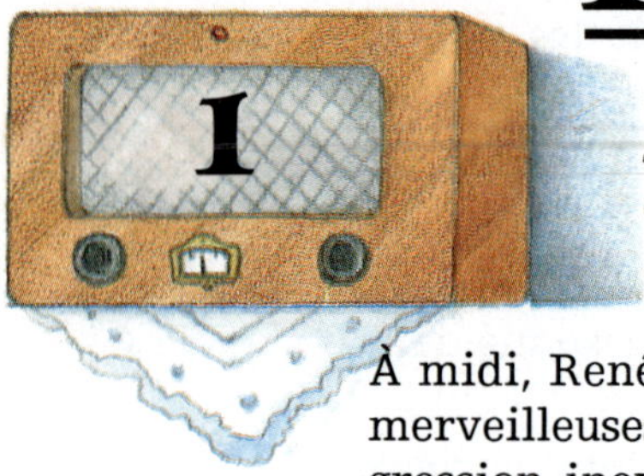

Cette histoire vraie se passe en septembre 1944. Jean-Mi, âgé de onze ans, a la méningite. À cette époque-là, il n'existe encore aucun traitement pour soigner cette maladie mortelle.

À midi, René alluma machinalement le poste de TSF ; toutes ces informations merveilleuses lui paraissaient **insipides** ❋ : la débâcle allemande, la progression inexorable des Alliés. Au bout du cauchemar, un autre cauchemar. Qu'importait à René que la guerre s'achevât si la vie de Jean-Mi s'achevait avec elle ?

Mais une phrase du commentateur surgit soudain, que l'esprit de René tira, grossit — comme si le volume sonore avait brusquement doublé :

« ... médecins américains sont en train d'expérimenter à Paris un nouveau médicament **susceptible d'enrayer** ❋ certaines maladies infectieuses comme la typhoïde, la tuberculose ou la méningite. Il s'agit d'un produit résultant de la croissance d'une moisissure, la pénicilline, dont les effets **antiseptiques** ❋ ont été constatés depuis plusieurs années, et dont l'emploi pourrait se généraliser... »

René bondit comme sous l'effet d'un ressort.

— Ghislaine ! hurla-t-il. Je file à Besançon. Il y a peut-être un médicament... Je t'expliquerai.

Il sauta sur sa bicyclette...

Un quart d'heure plus tard, il se trouvait au **QG des Alliés** ❋, Grande-Rue. Le fléchage datait de la veille. Des soldats américains patrouillaient sur les trottoirs.

On orienta René vers la préfecture, abandonnée quelques heures plus tôt par les Allemands. Dans les couloirs régnait une activité intense. Dans un joyeux tumulte, des **FFI** ❋ au bras droit orné d'un brassard ôtaient d'une haute galerie un immense drapeau frappé de la croix gammée.

René interrogea plusieurs soldats avant de découvrir un officier qui parlait le français. Il lui raconta brièvement son histoire.

— Je comprends..., je comprends..., dit l'autre, embarrassé. Mais que puis-je faire pour vous ?

— Téléphoner au QG américain à Paris. Leur demander de nous envoyer de toute urgence un peu de cette... pénicilline.

René prononçait ce mot nouveau avec une sorte de respect religieux. La pénicilline...

— Écoutez, dit l'officier, nous sommes très occupés, ici, nous sommes des soldats, pas des médecins...

— Aujourd'hui, un soldat comme vous peut sauver une vie. Celle de mon fils. Peut-être avez-vous un fils, vous aussi...

❋ **insipides :** ennuyeuses.
❋ **susceptible d'enrayer :** capable de guérir, d'arrêter.
❋ **antiseptiques :** qui arrêtent l'infection en détruisant les microbes.

— Il a participé au débarquement du 6 juin, fit l'autre fièrement.

— S'il était aujourd'hui en danger de mort... Si sa vie dépendait d'un coup de téléphone, d'un simple appel, ne feriez-vous pas tout pour qu'il soit lancé ?

L'officier hocha lentement la tête, frotta son épaisse moustache. Puis il enleva doucement la main qui restait agrippée à la manche de son uniforme et déclara :

— *OK, fellow*. [D'accord, garçon.] Venez avec moi.

Il entraîna René dans un bureau, composa un numéro, puis un autre sur le cadran de son téléphone. Après plusieurs minutes de **palabres** ✻ inutiles :

— *Sorry*, [Désolé,] fit-il dans une grimace. Ils ne possèdent plus que quelques grammes de ce produit à Paris, et seuls les médecins militaires qui l'ont en leur possession peuvent l'expérimenter...

— Ces médecins militaires... Où sont-ils ?

— À l'hôpital Lariboisière.

— Merci, dit René en se levant. Merci pour tout ce que vous avez fait... Oh ! est-ce que je peux appeler le médecin qui soigne mon fils ?

C'est le docteur Duret lui-même qui décrocha :

— La pénicilline ? Oui, j'en ai entendu parler... Mais c'est un produit expérimental. D'une part, ses effets sur la méningite ne sont pas prouvés et, d'autre part, il n'est pas commercialisé en France...

— À Paris, coupa René, les médecins américains en possèdent.

Il y eut une hésitation à l'autre bout du fil.

— Ce soir, affirma René, je serai à Paris. Si je vous ramène demain de la pénicilline, est-ce que... ?

— Il y a une petite chance, évidemment, dit le docteur Duret. Une toute petite chance, et je comprends que vous désiriez la tenter. Mais...

— Je file à la gare, coupa René. Je sais qu'il y a un train en début d'après-midi. [...]

?

- *À quelle époque et dans quelle région se déroule cette histoire ?*
- *Pourquoi René file-t-il au QG des Alliés ?*
- *Quels renseignements obtient-il ?*
- *Où décide-t-il subitement d'aller ? Pourquoi ?*

✻ **QG des Alliés :** Quartier Général des troupes alliées.
✻ **FFI :** Forces Françaises de l'Intérieur, groupement de résistance aux Allemands.
✻ **palabres inutiles :** discussions longues et sans intérêt.

SIX GRAMMES ••• POUR UNE VIE ••• 2

Dans une gare bondée, René voit partir le train sans pouvoir le prendre. Le docteur Duret, qui l'a rejoint, décide de l'emmener en voiture à Paris. À vingt-trois heures, ils pénètrent dans la cour de l'hôpital Lariboisière...

Dix secondes plus tard, René entrait sans frapper dans un immense laboratoire. Au fond de la pièce violemment éclairée, une jeune femme se dressa comme un diable de sa boîte.

— *Oh! sorry,* [Oh ! pardon,] s'exclama-t-elle. *I was sleeping... What's the matter? Who are you?* [Je dormais... Que voulez-vous ? Qui êtes-vous ?]

— Est-ce que vous parlez français ? demanda René en haletant.

— Oui, fit-elle en souriant légèrement. Mais qui êtes-vous ?

René comprit que la partie était loin d'être gagnée. Instinctivement, son regard parcourut les interminables étagères, les flacons, les tubes, les boîtes... Parmi cet **arsenal** ❈ de médicaments, où se trouvait la pénicilline ?

Derrière lui, la porte s'ouvrit et une poigne d'acier se referma sur son bras.

— Mon fils va mourir. Il me faut de la pénicilline. De la pé-ni-cil-line ! *Please, help me!* [Je vous en prie, venez à mon secours !]

La jeune femme devint aussi blanche que sa blouse.

— De la pénicilline ? Mais... comment êtes-vous au courant ?...

L'interne essaya d'entraîner René en arrière. Il se débattit. La jeune femme posa de brèves questions en anglais, auxquelles le médecin de garde répondit.

— Lâchez-le, dit-elle enfin. Nous allons essayer de nous expliquer. Je m'appelle Miss Thompson. Je suis médecin. Mais je n'ai pas le droit de vous donner aucun médicament, encore moins un produit dont nous ne possédons plus que quelques grammes. Si vous m'aviez amené le malade...

— Le fils de M. Rolla est perdu, dit le docteur Duret. J'ai analysé ce matin le liquide **céphalo-rachidien** ❈. Il a bien une méningite cérébro-spinale. Voici les résultats de mon prélèvement...

❈ **arsenal** : grand nombre.

Le docteur Duret tendit une feuille à la jeune femme, qui l'examina brièvement.

— Et le prélèvement a été effectué... ?

— Ce matin à sept heures.

Elle parut calculer, hésiter. Puis elle secoua la tête.

— Écoutez, dit-elle en soupirant, il ne me reste plus que six grammes de pénicilline. Il se peut que demain un avion militaire m'en apporte un nouveau stock. À ce moment-là, je demanderai l'autorisation...

— Demain, dit René, il sera trop tard. Nous venons de Besançon. Nous avons traversé cet après-midi la moitié de la France. Ces six grammes sont notre seul espoir. Si c'est une question de prix...

— Non. D'ailleurs, ce médicament n'a pas de prix.

— La vie de mon fils n'a pas de prix, elle non plus.

La voix de René tremblait. Et celle de Miss Thompson tremblait de la même façon quand elle répondit :

— Je ne peux disposer seule de l'emploi de ce médicament expérimental. Il faudrait... il faudrait l'avis de mes collègues, il faudrait que le malade soit là, il faudrait l'autorisation...

— Faudra-t-il que mon fils meure pour que vous compreniez ce que vous auriez dû faire ? Si vous ne me donnez pas ce produit et si mon fils succombe demain, je reviendrai vous voir, je vous retrouverai, où que vous soyez. Et je vous dirai en face : « Miss Thompson, mon fils est mort. Si vous m'aviez donné ces six grammes de pénicilline, peut-être serait-il encore vivant aujourd'hui. » [...]

Un étourdissement le saisit soudain : la fatigue, la tension nerveuse, l'espoir déçu... Il s'assit, ferma les yeux une seconde — ou une heure ? — et les rouvrit.

À quelques centimètres de son visage, il y avait à présent, sur la table carrelée de blanc, un flacon minuscule, sans étiquette.

Il entendit Miss Thompson murmurer au docteur Duret :

— Il faut diluer la poudre... Une piqûre intramusculaire, tout simplement... Deux grammes devraient suffire pour la première injection... Mais je ne peux absolument pas affirmer...

Épilogue

Quatre jours plus tard, Miss Thompson reçut, stupéfaite, une gigantesque gerbe de fleurs et le télégramme suivant : « Grâce à l'appel d'un père auquel vous avez répondu, Jean-Mi a été le premier petit Français sauvé par la pénicilline. Je souhaite qu'il y en ait beaucoup d'autres. Merci, Miss Thompson, merci. »

Christian GRENIER, « Six grammes pour une vie », in : *15 récits d'aventures*, Gautier-Languereau.

- *Pourquoi Miss Thomson hésite-t-elle à prendre une décision ?*
- *Avec quels arguments M. Rolla et le docteur Duret parviennent-ils à la persuader ?*
- *Le médicament a-t-il agi ? Justifiez votre réponse.*

❊ **liquide céphalo-rachidien :** liquide clair, contenu dans les méninges (membranes) qui entourent le cerveau.

DOCTEUR KNOCK ET LE *Tambour de ville*

1 *La scène se passe dans le cabinet médical du docteur Knock. Ce dernier vient d'arriver dans la ville où il remplace le docteur Parpalaid.*

KNOCK, *assis, regarde la pièce et écrit.* — C'est vous, le tambour de ville ?

LE TAMBOUR, *debout.* — Oui, monsieur.

KNOCK. — Appelez-moi docteur. Répondez-moi « oui, docteur », ou « non, docteur ».

LE TAMBOUR DE VILLE. — Oui, docteur.

KNOCK. — Et quand vous avez l'occasion de parler de moi au-dehors, ne manquez jamais de vous exprimer ainsi : « Le docteur a dit », « le docteur a fait »... J'y attache de l'importance. Quand vous parliez entre vous du docteur Parpalaid, de quels termes vous serviez-vous ?

LE TAMBOUR DE VILLE. — Nous disions : « C'est un brave homme, mais il n'est pas bien fort. »

KNOCK. — Ce n'est pas ce que je vous demande. Disiez-vous « le docteur » ?

LE TAMBOUR DE VILLE. — Non. « M. Parpalaid », ou « le médecin », ou encore « Ravachol ».

KNOCK. — Pourquoi « Ravachol » ?

LE TAMBOUR DE VILLE. — C'est un surnom qu'il avait. Mais je n'ai jamais su pourquoi.

KNOCK. — Et vous ne le jugiez pas très fort ?

LE TAMBOUR DE VILLE. — Oh ! pour moi, il était bien assez fort. Pour d'autres, il paraît que non.

KNOCK. — Tiens !

LE TAMBOUR DE VILLE. — Quand on allait le voir, il ne trouvait pas.

KNOCK. — Qu'est-ce qu'il ne trouvait pas ?

LE TAMBOUR DE VILLE. — Ce que vous aviez. Neuf fois sur dix, il vous renvoyait en vous disant : « Ce n'est rien du tout. Vous serez sur pied demain, mon ami. »

KNOCK. — Vraiment !

LE TAMBOUR DE VILLE. — Ou bien, il vous écoutait à peine, en faisant « oui, oui », « oui, oui », et il se dépêchait de parler d'autre chose, pendant une heure, par exemple de son automobile.

KNOCK. — Comme si l'on venait pour ça !

LE TAMBOUR DE VILLE. — Et puis il vous indiquait des remèdes de quatre sous ; quelquefois une simple tisane. Vous pensez bien que les gens qui payent huit francs pour une consultation n'aiment pas trop qu'on leur indique un remède de quatre sous. Et le plus bête n'a pas besoin du médecin pour boire une camomille.

KNOCK. — Ce que vous m'apprenez me fait réellement de la peine. Mais je vous ai appelé pour un renseignement. Quel prix demandiez-vous au docteur Parpalaid quand il vous chargeait d'une annonce ?

LE TAMBOUR, *avec amertume.* — Il ne me chargeait jamais d'une annonce.

KNOCK. — Oh ! Qu'est-ce que vous me dites ? Depuis trente ans qu'il était là ?

LE TAMBOUR DE VILLE. — Pas une seule annonce en trente ans, je vous jure.

KNOCK, *se relevant, un papier à la main.* — Vous devez avoir oublié. Je ne puis pas vous croire. Bref, quels sont vos tarifs ?

LE TAMBOUR DE VILLE. — Trois francs le petit tour et cinq francs le grand tour. Ça vous paraît peut-être cher. Mais il y a du travail. D'ailleurs, je conseille à monsieur...

KNOCK. — « Au docteur. »

LE TAMBOUR DE VILLE. — Je conseille au docteur, s'il n'en est pas à deux francs près, de prendre le grand tour, qui est beaucoup plus avantageux.

KNOCK. — Quelle différence y a-t-il ?

LE TAMBOUR DE VILLE. — Avec le petit tour, je m'arrête cinq fois : devant la Mairie, devant la Poste, devant l'Hôtel de la Clef, au Carrefour des Voleurs, et au coin de la Halle. Avec le grand tour, je m'arrête onze fois, c'est à savoir...

KNOCK. — Bien, je prends le grand tour. Vous êtes disponible, ce matin ?

LE TAMBOUR DE VILLE. — Tout de suite si vous voulez...

- *Pourquoi Knock a-t-il fait appel au tambour de ville ?*
- *À quel titre Knock tient-il tout particulièrement ?*
- *D'après le tambour, comment se passaient les consultations du docteur Parpalaid ?*
- *Qu'est-ce qui justifie la différence de tarif entre le petit tour et le grand tour ?*

DOCTEUR KNOCK ET LE *Tambour de ville* 2

KNOCK. — Voici donc le texte de l'annonce. *(Il lui remet le papier.)*

LE TAMBOUR *regarde le texte.* — Je suis habitué aux écritures. Mais je préfère que vous me le lisiez une première fois.

KNOCK, *lentement. Le tambour écoute d'une oreille professionnelle.* — « Le docteur Knock, successeur du docteur Parpalaid, présente ses compliments à la population de la ville et du canton de Saint-Maurice, et a l'honneur de lui faire connaître que, dans un esprit **philanthropique** ❋, et pour **enrayer** ❋ le progrès inquiétant des maladies de toutes sortes qui envahissent depuis quelques années nos régions si **salubres** ❋ autrefois... »

LE TAMBOUR DE VILLE. — Ça, c'est rudement vrai !

KNOCK. — « ... il donnera tous les lundis matin, de neuf heures trente à onze heures trente, une consultation entièrement gratuite, réservée aux habitants du canton. Pour les personnes étrangères au canton, la consultation restera au prix ordinaire de huit francs. »

LE TAMBOUR, *recevant le papier avec respect.* — Eh bien ! C'est une belle idée ! Une idée qui sera appréciée ! Une idée de bienfaiteur ! *(Changeant de ton.)* Mais vous savez que nous sommes lundi. Si je fais l'annonce ce matin, il va vous en arriver dans cinq minutes.

KNOCK. — Si vite que cela, vous croyez ?

LE TAMBOUR DE VILLE. — Et puis, vous n'aviez peut-être pas pensé que le lundi est jour de marché ? La moitié du canton est là. Mon annonce va tomber dans tout ce monde. Vous ne saurez plus où donner de la tête.

KNOCK. — Je tâcherai de me débrouiller.

LE TAMBOUR DE VILLE. — Il y a encore ceci : que c'est le jour du marché que vous aviez le plus de chances d'avoir des clients. M. Parpalaid n'en voyait guère que ce jour-là. *(Familièrement.)* Si vous les recevez gratis...

KNOCK. — Vous comprenez, mon ami, ce que je veux, avant tout, c'est que les gens se soignent. Si je voulais gagner de l'argent, c'est à Paris que je m'installerais, ou à New York.

LE TAMBOUR DE VILLE. — Ah ! vous avez mis le doigt dessus. On ne se soigne pas assez. On ne veut pas s'écouter et on se mène trop durement. Quand le mal vous tient, on se force. Autant vaudrait-il être des animaux.

KNOCK, *se levant.* — Je remarque que vous raisonnez avec une grande justesse, mon ami. [...] Donc, je compte sur vous, mon ami. Et rondement, n'est-ce pas ?

LE TAMBOUR, *après plusieurs hésitations.* — Je ne pourrai pas venir tout à l'heure, ou j'arriverai trop tard. Est-ce que ça serait un effet de votre bonté de me donner ma consultation maintenant ?

KNOCK. — Heu... Oui. Mais dépêchons-nous. J'ai rendez-vous avec M. Bernard, l'instituteur, et avec M. le pharmacien Mousquet. Il faut que je les reçoive avant que les gens n'arrivent. De quoi souffrez-vous ?

❋ **philanthropique :** qui aime les humains et s'inquiète de leur sort.
❋ **enrayer :** arrêter.

© Prod.

Docteur Knock (Louis Jouvet) et le tambour de ville (Yves Deniaud).

LE TAMBOUR DE VILLE. — Attendez que je réfléchisse ! *(Il rit.)* Voilà, quand j'ai dîné, il y a des fois que je sens une espèce de démangeaison ici. *(Il montre le haut de son **épigastre**❋.)* Ça me chatouille, ou plutôt, ça me grattouille.

KNOCK, *d'un air de profonde concentration.* — Attention. Ne confondons pas. Est-ce que ça vous chatouille, ou est-ce que ça vous grattouille ?

LE TAMBOUR DE VILLE. — Ça me grattouille. *(Il médite.)* Mais ça me chatouille bien un peu aussi.

KNOCK. — Désignez-moi exactement l'endroit.

LE TAMBOUR DE VILLE. — Par ici.

KNOCK. — Par ici... où cela, par ici ?

LE TAMBOUR DE VILLE. — Là. Ou peut-être là... Entre les deux.

KNOCK. — Juste entre les deux ?... Est-ce que ça ne serait pas plutôt un rien à gauche, là où je mets mon doigt ?

LE TAMBOUR DE VILLE. — Il me semble bien.

KNOCK. — Ça vous fait mal quand j'enfonce mon doigt ?

LE TAMBOUR DE VILLE. — Oui, on dirait que ça me fait mal.

KNOCK. — Ah ! ah ! *(Il médite d'un air sombre.)* Est-ce que ça ne vous grattouille pas davantage quand vous avez mangé de la tête de veau à la vinaigrette ?

LE TAMBOUR DE VILLE. — Je n'en mange jamais. Mais il me semble que si j'en mangeais, effectivement, ça me grattouillerait plus.

KNOCK. — Ah ! ah ! très important. Ah ! ah ! quel âge avez-vous ?

LE TAMBOUR DE VILLE. — Cinquante et un, dans mes cinquante-deux.

KNOCK. — Plus près de cinquante-deux ou de cinquante et un ?

LE TAMBOUR, *il se trouble peu à peu.* — Plus près de cinquante-deux. Je les aurai fin novembre.

❋ **salubres :** saines.
❋ **épigastre :** partie supérieure de l'abdomen.

KNOCK, *lui mettant la main sur l'épaule.* — Mon ami, faites votre travail aujourd'hui comme d'habitude. Ce soir, couchez-vous de bonne heure. Demain matin, gardez le lit. Je passerai vous voir. Pour vous, mes visites seront gratuites. Mais ne le dites pas. C'est une faveur.

LE TAMBOUR, *avec anxiété.* — Vous êtes trop bon, docteur. Mais c'est donc grave, ce que j'ai ?

KNOCK. — Ce n'est peut-être pas encore très grave. Il était temps de vous soigner. Vous fumez ?

LE TAMBOUR, *tirant son mouchoir.* — Non, **je chique**❋.

KNOCK. — Défense absolue de chiquer. Vous aimez le vin ?

LE TAMBOUR DE VILLE. — J'en bois raisonnablement.

KNOCK. — Plus une goutte de vin. [...]

LE TAMBOUR DE VILLE. — Je puis manger ?

KNOCK. — Aujourd'hui, comme vous travaillez, prenez un peu de potage. Demain, nous en viendrons à des restrictions plus sérieuses. Pour l'instant, tenez-vous-en à ce que je vous ai dit.

LE TAMBOUR *s'essuie à nouveau.* — Vous ne croyez pas qu'il vaudrait mieux que je me couche tout de suite ? Je ne me sens réellement pas à mon aise.

KNOCK, *ouvrant la porte.* — Gardez-vous-en bien ! Dans votre cas, il est mauvais d'aller se mettre au lit entre le lever et le coucher du soleil. Faites vos annonces comme si de rien n'était, et attendez tranquillement jusqu'à ce soir.

Le tambour sort, Knock le reconduit.

Jules ROMAINS, *Knock ou le Triomphe de la médecine*, acte II, scène 1, Gallimard.

?

- *Quel message le nouveau médecin veut-il faire annoncer à la population ?*
- *Pourquoi le tambour de ville demande-t-il à être examiné par le médecin ?*
- *En cours de consultation, le docteur Knock rassure-t-il le tambour ? Comment s'y prend-il ?*

❋ **je chique :** je mâche du tabac.

Le Sorcier aux Loups

À quinze ans, le jeune Saint-Roch est condamné au bagne. Grâce au juge d'Argone et à sa fille Adeline, cette peine lui sera épargnée en échange d'un service : apprivoiser des loups pour le roi Louis-Philippe.

En fin d'après-midi, Saint-Roch retrouvait ses loups. Il devait d'abord nettoyer sa chambre lui-même : le juge l'exigeait.

— Pas question de perdre tes bonnes habitudes, mon garçon. Et n'oublie pas d'astiquer dans les coins.

Cette corvée expédiée, seul parmi ses fauves, il leur chantait son étrange couplet. Douze paires d'yeux jaunes, obliques, luisants, acérés comme de l'or en fusion, guettaient avec passion chacun de ses gestes.

— Vous m'aimez bien, hein ? Dites, vous m'aimez...

Les loups haletaient, soufflaient, gémissaient... La voix rauque de l'adolescent effaçait les barreaux, les cages, les murs...

Il passait sans transition des merveilles des Quatre-Lunes à la grange aux loups, au sable où dormaient les bêtes. Il redevenait un domestique, pataugeait dans la paille, loin des lumières du manoir. C'était un peu **humiliant** ❀, mais reposant : loin du juge, il parvenait à se détendre. [...]

Saint-Roch aimait le crépuscule. Debout sur le perron, il scrutait les étoiles : les yeux de milliers de loups, suspendus dans les ténèbres. [...]

Un soir, le magistrat l'arracha à sa rêverie :

— Saint-Roch ?

Le garçon sursauta : un reproche, un conseil... peut-être un compliment ?

— Que deviennent tes loups ? L'anniversaire du roi tombe dans trois mois.

Saint-Roch se gratta la tête.

— Venez ce soir.

Adeline demanda vivement :

— Et moi ?

— Désolé, mademoiselle. Ils s'habituent lentement. Ils ne supporteront qu'un seul étranger.

Elle le **toisa** ❀.

— Tu es bien possessif, Saint-Roch. « Tes » loups, « ta » meute. Merci d'admettre un étranger sur « ton » domaine !

— Je m'excuse, mademoiselle. Un autre jour...

❀ **humiliant :** rabaissant, vexant.
❀ **toisa :** regarda avec dédain.

Il soupira. Indifférent aux **escarmouches** ❋ provoquées par sa fille, d'Argonne se leva :

— Allons, Saint-Roch. Viens.

Ils sortirent ensemble dans la nuit. Devant le bâtiment qu'il surnommait le « cirque aux loups », le garçon murmura :

— Surtout, m'sieu, y faut point causer... parler. Y vous connaissent pas trop, hein ?

Saint-Roch ouvrit la porte ; il huilait régulièrement les gonds afin d'énerver le moins possible ses redoutables amis. Les douze loups le reconnurent. Ils se dressèrent, tendirent le cou, lâchèrent des hurlements légers, amicaux. Puis ils perçurent la présence du magistrat. Les hurlements changèrent, devinrent aigus, menaçants. Saint-Roch chuchota :

— Restez là. Vous effrayez pas.

Il **se métamorphosait** ❋. Il dansait sur le sable, riait sans bruit. Ses mains se multipliaient en passes rapides et incessantes, son corps s'assouplissait bizarrement, semblable à celui d'un animal sauvage. Il glissait prestement de cage en cage, mêlant ses hurlements à ceux des bêtes grises et noires qui le contemplaient avec adoration. Il parlait avec eux, chantait avec eux, et chaque loup reconnaissait sa voix, son chant, son souffle, jappait de bonheur, allongeait le museau vers ses mains fortes, passionnées, **impérieuses** ❋.

Saint-Roch leva vers son maître des prunelles envahies par la lueur dorée que d'Argonne connaissait... et redoutait vaguement. Il déclencha le mécanisme d'ouverture d'une des cages. L'animal, d'un bond puissant, sauta près de lui. Les autres loups lancèrent un grondement rauque, et retombèrent dans un silence absolu.

❋ **escarmouches :** paroles agressives qui laissent présager une dispute.
❋ **se métamorphosait :** se transformait complètement.
❋ **impérieuses :** autoritaires.

Au centre du « cirque », le loup libéré menait autour du garçon une course brutale et fantastique. Il s'élançait, bondissait, s'aplatissait, bondissait encore, son regard de cuivre attaché à celui du jeune dompteur. Il obéissait à la main droite de Saint-Roch, sautant et retombant dès que le garçon levait ou baissait le bras. Brusquement, Saint-Roch tendit le poing vers son maître. Le loup se figea, puis s'approcha de d'Argonne, tourna autour de lui, lentement, **voluptueusement** ❋, à la façon d'un chat en quête de caresses.

Le magistrat éprouva sur ses mains le contact rêche du pelage gris. Saint-Roch émit un hululement imperceptible, presque un soupir ; le loup revint vers lui. Le garçon lui flatta les oreilles et, d'un mouvement coulé, le ramena à sa cage.

— Voilà...

D'Argonne se retrouva dehors, le visage couvert de sueur. Saint-Roch perdait déjà son assurance, redevenait prudent, **zélé** ❋, docile.

— Ça va, monsieur ? Vous êtes content ?

Le juge leva les yeux vers les étoiles.

— Je... je n'arrive pas à y croire.
— Bah ! Aujourd'hui, c'était facile !

Le magistrat respira profondément :

— Facile ?
— J'en ai sorti qu'un, à cause de vous. Moi, j'en sors quatre, cinq, bientôt les douze. Et un jour, n'importe qui les fera obéir.

Il sourit largement :

— Mais moi, ils m'aiment !

Il rit avec orgueil :

— Et ça marchera jamais si bien qu'avec moi !
— Ils te mettront en pièces.

Le garçon claqua des mains avec insouciance.

— Oh ! pas question ! La vie est trop belle, maintenant.

D'Argonne se sentit ému. L'entente merveilleuse, sauvage et profonde, entre le loup et le garçon, la beauté de leur danse lui serraient le cœur. Luttant contre cette impression, il remarqua :

— Fais attention, petit. J'ai encore besoin de toi.

Fier de son exploit, le jeune homme ne releva pas le ton **ambigu**❋, vaguement hostile, de son maître.

Paul Thiès, *Le Sorcier aux loups*, Rageot-Éditeur, collection « Les Maîtres de l'aventure ».

?

- *Comment Saint-Roch passe-t-il son temps ?*
- *Que lui apporte la présence des loups ?*
- *De quelle façon dresse-t-il les loups ? En a-t-il peur ? Justifiez votre réponse.*
- *Pourquoi d'Argone est-il ému ? Que peuvent signifier ses paroles à la fin du texte ?*

❋ **voluptueusement :** avec un très grand plaisir.
❋ **zélé :** plein de zèle, qui en fait plus que ce qui est demandé.
❋ **ambigu :** qu'on peut comprendre de plusieurs façons.

le voleur de chapeaux 1

Chaque année, à la même époque, lorsque septembre finissait, un vent d'une rare violence soufflait sur la ville. Des monceaux de feuilles mortes, soulevées par la bourrasque, explosaient en gerbes multiples, comme des bouquets de feux d'artifice.

Ces jours-là, Prosper Colonard se levait dès l'aube. Emmitouflé dans un large pardessus de laine, il s'en allait flâner de-ci, de-là, au hasard des rues. Mais ces longues **déambulations** ❉ n'avaient pas comme seul motif l'amour de la marche à pied, et s'il ne choisissait pour sortir que les jours de grand vent, ce n'était pas par simple goût de la tempête.

Un observateur attentif n'aurait pas manqué de noter que l'œil de Prosper Colonard s'allumait d'une lueur singulière chaque fois qu'il croisait un passant portant chapeau. Et lorsqu'il arrivait parfois que l'un de ces chapeaux, emporté par une rafale, quittât soudain la tête de son propriétaire, le même observateur, toujours aussi attentif, aurait été sans nul doute fort impressionné par la souplesse et la **dextérité** ❉ avec laquelle Prosper Colonard bondissait alors sur le **couvre-chef** ❉ pour le cacher aussitôt sous son pardessus.

Notre témoin imaginaire, en admettant que la charité n'eût point été sa qualité essentielle, se serait passablement diverti devant la mine stupéfaite du promeneur malchanceux cherchant son chapeau de tous côtés, sans se douter le moins du monde qu'il venait de changer brusquement de possesseur.

❉ **déambulations :** promenades sans but.
❉ **dextérité :** habileté.
❉ **couvre-chef :** chapeau ou béret.
❉ **s'approprier :** prendre pour soi.

Car tel était bien le but véritable des fréquentes promenades de Prosper Colonard : **s'approprier** ❋, avec le hasard et le vent comme complices, quelque nouveau chapeau qui viendrait s'ajouter à l'impressionnante collection qu'il avait déjà réunie, et dont chaque jour il aimait à contempler les richesses.

Malgré le caractère quelque peu indélicat de ce passe-temps, Prosper Colonard n'avait pas le sentiment d'être un voleur. Pour lui, c'était là s'adonner à un innocent jeu d'adresse qui, somme toute, ne portait pas grand préjudice à ceux qui s'en trouvaient les victimes. À la vérité, la conscience de Prosper Colonard n'était guère troublée par le remords que la répétition systématique de ces **larcins** ❋ aurait pu faire naître chez d'autres que lui.

La tempête avait choisi cette matinée d'octobre pour s'abattre sur la ville. Même les plus vieux qui, pourtant, en avaient vu d'autres, étaient étonnés par la force du vent. Ce caprice atmosphérique, comme on s'en doute, faisait l'affaire de Prosper Colonard. Impatient, il n'attendit pas, pour sortir de chez lui, que le jour eût fini de se lever. Ce fut donc dans une semi-obscurité qu'il entreprit sa promenade. Mais, en dépit de ses espoirs, Prosper dut bientôt se rendre à l'évidence : les chapeaux étaient rares. Pour parler franc, il n'en rencontra pas un seul. Sans doute la prudence avait-elle incité chacun à laisser son chapeau chez soi, de crainte qu'il ne fût justement emporté par le vent. En son **for intérieur** ❋, Prosper Colonard pestait d'importance. Quoi ! Fallait-il donc qu'il se fût levé si tôt pour revenir bredouille ? Et certes, il y avait bien là matière à s'irriter.

La matinée arrivait à son terme. Prosper, fatigué et mécontent, décida de rentrer chez lui. D'un pas plus rapide qu'à l'ordinaire, il prit le chemin du retour, **maugréant** ❋ contre la mauvaise fortune. Il était presque rendu lorsqu'il croisa un homme de haute taille qui se hâtait le long du boulevard. Prosper s'arrêta tout net. Il ne lui fallut guère plus d'une seconde pour réaliser qu'il venait de voir passer le plus beau haut-de-forme qu'un amateur de chapeaux ait jamais pu rêver de contempler. Prosper fit aussitôt volte-face pour emboîter le pas à l'inconnu, avec la **conviction** ❋ que le haut-de-forme ne manquerait pas de s'envoler à la prochaine rafale. Pourtant, bien que l'intensité du vent n'eût point faibli, le chapeau ne bougeait pas. Il semblait collé à la tête de l'inconnu. Prosper s'impatienta. Avoir à quelques pas de soi un haut-de-forme de cette qualité et ne pouvoir s'en emparer lui parut tout à fait inacceptable. Quelques instants plus tard, l'homme entra dans un restaurant. Prosper y pénétra à son tour, au moment où l'inconnu confiait son manteau et son couvre-chef à la dame du vestiaire.

— Une table, monsieur ? demanda le maître d'hôtel à Prosper.
— Heu... oui..., répondit-il, pris au dépourvu.

La dame du vestiaire le débarrassa de son manteau et le maître d'hôtel le conduisit à une petite table d'angle. Prosper s'y installa et commanda le menu le moins cher. Tout en mangeant, il observait du coin de l'œil l'inconnu qui était assis un peu plus loin. « Voilà un homme, pensa-t-il, qui possède le plus beau chapeau qu'il m'ait été donné de voir, un chapeau qui, à n'en pas douter,

❋ **larcins :** petits vols.
❋ **for intérieur :** au fond de soi-même.
❋ **maugréant :** manifestant de la mauvaise humeur.
❋ **conviction :** certitude.

constituerait **le clou** ❋ de ma collection si je parvenais à mettre la main dessus. Or, le malheur veut que ce chapeau risque fort de m'échapper, à moins que... »

À ce moment, Prosper remarqua que la dame du vestiaire s'était absentée. Pris d'une idée soudaine, il se dépêcha de régler l'addition, se leva rapidement et s'approcha du vestiaire pour reprendre son pardessus. La dame n'étant toujours pas revenue, Prosper, le plus naturellement du monde, se glissa le long de la rangée de vêtements suspendus aux cintres et récupéra son manteau sous lequel il parvint à dissimuler, malgré son volume, le fameux haut-de-forme. Partagé entre la honte de s'être conduit comme un vulgaire voleur et la satisfaction de posséder enfin l'objet tant convoité, Prosper Colonard quitta le restaurant et rentra chez lui sans perdre de temps.

La plus grande des trois pièces de son appartement était entièrement occupée par sa collection. Melons, casquettes, chapeaux cloches, feutres mous, canotiers, bérets basques se côtoyaient sur de larges étagères qui couvraient toute la surface des murs. Les meubles eux-mêmes disparaissaient sous les chapeaux.

Prosper sortit le haut-de-forme de sous son manteau et l'examina longuement. Décidément, il n'en avait jamais vu de si beau. Il le caressa du bout des doigts, fasciné par ses reflets multiples et la finesse de son étoffe. Puis il lui chercha un emplacement de choix. S'étant finalement décidé pour une étagère à mi-hauteur, il la débarrassa d'un vieux gibus avant d'y poser délicatement le haut-de-forme en ayant bien soin de le placer exactement au milieu de la planche. Il recula de quelques pas pour vérifier que le chapeau était ainsi mis en valeur le mieux possible. Satisfait, il passa ensuite le reste de la journée à le contempler, oubliant très vite le procédé singulièrement malhonnête dont il avait usé pour se le procurer.

Enfin, à la nuit tombée, Prosper, vaincu par la fatigue, gagna sa chambre, se coucha et s'endormit paisiblement avec une dernière pensée pour le haut-de-forme.

?

- *Pourquoi Prosper Colonard sortait-il tôt, les jours de grand vent ?*
- *Se considérait-il comme un voleur ? Dites pourquoi.*
- *Comment se procure-t-il le haut-de-forme ?*
- *Que représente pour lui ce chapeau ? Où le place-t-il ? Pourquoi ?*

❋ **le clou :** la pièce la plus importante.

le voleur de chapeaux 2

Tout était silencieux dans l'appartement. Soudain, on entendit une toux discrète.

— Bonjour, dit une voix, je ne vous ai pas encore salués. Permettez-moi de me présenter. J'appartenais à un magicien et j'ai été volé ce matin dans le vestiaire d'un restaurant.

C'était le haut-de-forme qui parlait. [...]

— Vous apparteniez à un magicien ? demanda un chapeau à fleurs fort coquet. Vous avez dû avoir une vie bien passionnante.

— En effet, reconnut le haut-de-forme **en se regorgeant** ❉, je n'ai pas souvent eu l'occasion de m'ennuyer. J'ai connu **maints** ❉ succès, je me suis fait applaudir dans toutes les capitales du monde, j'ai fasciné des milliers de spectateurs.

— Qu'il est beau, murmura une toque de fourrure, et comme il parle bien !

— Allons donc, c'est un **bellâtre** ❉ et un **hâbleur** ❉, protesta le vieux gibus que Prosper avait posé à côté d'elle pour faire place au haut-de-forme. Et en plus, on m'a chassé de mon étagère que j'aimais tant pour le mettre à ma place.

— Taisez-vous, vous n'êtes qu'un vieux jaloux ! répondit la toque de fourrure.

— Pourtant, reprit le haut-de-forme, à la réflexion, je ne suis pas fâché d'avoir été volé.

— Comment cela ? s'étonna une casquette.

— Mon maître, poursuivit le haut-de-forme, s'est servi de moi pendant des années sans jamais me demander s'il me plaisait de travailler pour lui. Aujourd'hui, pour la première fois de ma vie, je me sens dégagé de cette dépendance.

— Vous verrez que vous vous lasserez vite de rester immobile sur une étagère, affirma la casquette.

— Qui vous parle de rester immobile ? s'étonna le haut-de-forme.

— On ne nous sort jamais, répondit un canotier.

— Mais je n'ai pas besoin qu'on me sorte, je suis bien capable de sortir tout seul.

— Écoutez-moi ce fanfaron ! bougonna le vieux gibus.

— Taisez-vous ! ordonna la toque de fourrure à son voisin grincheux.

— Et comment feriez-vous pour sortir tout seul ? demanda un panama.

— Pour un chapeau magique, c'est un jeu d'enfant, assura le haut-de-forme.

— Alors pourquoi ne l'avez-vous pas fait quand vous apparteniez à votre maître ? s'étonna un béret basque.

❉ **en se rengorgeant :** en prenant un air important, content de lui.
❉ **maints :** beaucoup de.
❉ **bellâtre :** bel homme prétentieux.
❉ **hâbleur :** qui aime à se vanter.

— Il me portait une grande affection, je ne voulais pas lui faire de peine.

— La belle excuse ! ironisa le vieux gibus bougon.

— Cessez donc de l'interrompre tout le temps, s'indigna la toque de fourrure.

— Mais puisque aujourd'hui l'occasion m'en est donnée, reprit le haut-de-forme, je veux conquérir ma liberté. D'ailleurs, je vous invite à me suivre.

— À vous suivre ? s'étonna la casquette.

— Mais ce serait dangereux, s'exclama un chapeau mou.

— Qu'on ne compte pas sur moi pour suivre ce farceur ! déclara le vieux gibus bougon.

— On ne vous a rien demandé, à vous ! dit sèchement la toque de fourrure.

— N'êtes-vous donc pas lassés, poursuivit le haut-de-forme, de rester sur vos étagères en attendant le bon vouloir d'un voleur ? Car c'est bien dans la maison d'un voleur que nous sommes.

— Au moins, ici, nous ne risquons rien, fit remarquer le chapeau mou.

— Vous avez fini de bavarder sans arrêt ? Vous m'empêchez de dormir ! protesta le sombrero.

— Il s'agit bien de dormir ! reprit le haut-de-forme. Qui songerait à dormir quand il est question de liberté ?

— Ça, c'est bien vrai, approuva un béret basque, moi qui ai fait la guerre...

— Ne recommencez pas, Pépé ! l'interrompit une casquette, on les connaît par cœur, vos campagnes !

— Toujours aussi mal élevée, cette jeunesse, soupira un chapeau noir à voilette.

— Il est temps de réagir, reprit le haut-de-forme, ce n'est pas une vie de moisir ici.

— Voilà qui est parler ! s'exclama une casquette.

— J'ai le pouvoir de vous rendre libres, continua le haut-de-forme ; lorsque je ne serai plus là, il sera trop tard pour en profiter. [...]

Il va falloir se décider. Puisque vous ne parvenez pas à vous mettre d'accord, que ceux qui souhaitent partir s'en aillent et que les autres restent.

— Comme il est intelligent ! soupira la toque de fourrure.

— Dites plutôt que c'est un brigand ! marmonna le vieux gibus bougon. Et menteur avec ça !

Les cris enthousiastes de ceux qui voulaient s'en aller s'élevèrent de toutes parts. Le haut-de-forme compta leur nombre à haute voix, puis demanda le silence. Peu à peu, la rumeur des conversations s'apaisa et l'on n'entendit bientôt plus le moindre bruit. Alors, le haut-de-forme se pencha lentement et tomba sur le côté. Une colombe blanche s'échappa de lui, puis une autre et une autre encore. Les colombes se succédaient à un rythme de plus en plus rapide. Lorsque leur nombre égala celui des chapeaux qui avaient choisi la liberté, le haut-de-forme se releva.

— À présent, dit-il, ces colombes vous porteront où vous voudrez aller. Il y en a une pour chacun de vous. La fenêtre est ouverte, vous pouvez partir.

Alors, stupéfaits, les chapeaux mous et le vieux gibus bougon regardèrent les colombes s'échapper par la fenêtre, emportant les casquettes, les canotiers, les tyroliens, les bérets basques et tous ceux qui avaient décidé de quitter leurs étagères.

— Mais alors, c'était donc vrai ! s'exclama un chapeau mou.

— Bah, ici nous sommes en sécurité, c'est l'essentiel, dit un autre.

Lorsque toutes les colombes eurent disparu avec leurs compagnons, le haut-de-forme s'éleva à son tour, suivi par la toque de fourrure qui n'avait pas voulu partir avant lui.

Dans la ville, personne ne remarqua l'envolée silencieuse des chapeaux qui, dans l'air frais de la nuit, respiraient les premiers parfums de leur liberté.

Jean-François Ménard, *Le Voleur de chapeaux,* Gallimard, collection « Folio Junior ».

?

- *Que reproche le gibus au haut-de-forme ? Que propose ce dernier ? Pourquoi ne l'avait-il pas fait plus tôt ?*
- *Au cours de la discussion, chacun des chapeaux s'exprime à sa manière. Relevez quelques propos amusants et dites pourquoi ils vous ont amusés.*
- *Comment les chapeaux s'évadent-ils ? Quels sont ceux qui restent ? Pourquoi ?*

KING LE LION

King, le lion, est très attaché à Bullit, le directeur du parc national du Kenya où il vit. Leur amitié est presque humaine...

Non, en vérité, ce ne fut pas le hasard.

Bullit savait bien — puisqu'il me l'avait lui-même raconté — que King flairait à des milles de distance sa voiture et comment il accourait pour l'accueillir. Et Bullit devait bien savoir — puisque c'était son métier — quels étaient, selon les pluies, les sécheresses et les saisons **étales** ❋, les gîtes du grand lion rendu à la brousse.

Je remarquai d'ailleurs, au moment où nous abordions une très longue savane, que Bullit haussait la tête de façon à regarder par-dessus le pare-brise et que, sous les sourcils rouges et **hirsutes** ❋, ses yeux de chasseur, habitués à déceler le moindre détail, se fixaient avec une attention soutenue sur la lointaine lisière d'une **futaie** ❋ qui fermait la prairie d'herbe sèche. Et puis il sourit. Et puis il toucha légèrement du coude le bras de Patricia. Alors je vis, du fond de la savane, jaillir et dévaler vers nous une tache, une boule, une bête fauve.

— King ! cria Patricia. Oh, père ! c'est vraiment King !

Bullit riait doucement. Il était dans l'ordre des choses que cette matinée d'amitié parfaite entre Patricia et lui s'achevât par la plus belle surprise qu'il pût faire à sa fille.

— Quand avez-vous su qu'il habite ce coin ? s'écria Patricia.

— Hier seulement, dit Bullit. J'avais mis trois ***rangers*** ❋ à ses trousses depuis qu'il a déménagé. Et hier, Maïna, le Kipsigui (Bullit se tourna un instant vers le plus jeune des gardes noirs installés à l'arrière de la voiture), est venu m'avertir.

Bullit mit son bras pesant autour du cou de la petite fille.

— J'ai voulu vérifier avec toi, dit-il.

— King, King ! cria Patricia en se dressant sur la banquette.

Le grand lion arrivait à pleine charge, la crinière étalée au vent, et il grondait de joie. Il allait atteindre la voiture, mais Patricia commanda :

— Père, faites-le courir encore. Le plus vite qu'il peut. Il est si beau, alors !

Bullit, d'un rude coup de volant, obliqua de manière à ne plus avoir le lion de face, mais de côté. Et il poussa la Land Rover à l'allure qu'il fallait pour ne pas distancer King, et assez rapide cependant pour l'obliger à fournir tout son effort et donner tout son souffle. Et King se mit à nous suivre à grands bonds, exactement comme l'eût fait un chien, mais un chien de fin du monde, et il jappait d'**allégresse** ❋, mais ses abois faisaient trembler la brousse.

Nous fîmes ainsi deux fois, trois fois le tour de la grande savane. On voyait à l'horizon fuir les bêtes épouvantées et, au-dessus de nous, trompés par ce jeu

❋ **étales :** immobiles, qui ne bougent pas.
❋ **hirsutes :** ébouriffés, en désordre.
❋ **futaie :** forêt de grands arbres.

qui avait toutes les apparences, tous les bruits d'une chasse à mort, les vols des vautours se rassemblaient dans le soleil.

King bondissait et rugissait toujours, mais l'écume lui venait aux **commissures** ❈ des babines. Patricia se rassit et mit sa main sur une des mains de Bullit. Ils semblaient piloter ensemble. La voiture ralentit, s'arrêta.

Aussitôt, King fut contre elle, debout, et ses pattes de devant sur les épaules de Bullit. Avec un rauque halètement de fatigue et de joie, il frotta son mufle contre le visage de l'homme qui avait abrité son enfance. Crinière et cheveux roux ne firent qu'une toison.

— Est-ce que vraiment on ne croirait pas deux lions ? dit Patricia.

Elle avait parlé dans un souffle, mais King avait entendu sa voix. Il étendit une patte, en glissa le bout renflé et sensible comme une éponge énorme autour de la nuque de la petite fille, attira sa tête contre celle de Bullit et leur lécha le visage d'un même coup de langue.

Puis il se laissa retomber à terre et ses yeux d'or examinèrent chacun de ceux qui se trouvaient dans la voiture. Il nous connaissait tous : Kihoro, les *rangers* et moi-même. Alors, tranquille, il tourna son regard vers Bullit. Et Bullit savait ce que le lion attendait.

Il ouvrit lentement la portière, posa lentement ses pieds sur le sol, alla lentement à King. Il se planta devant lui et dit, en détachant les mots :

— Alors, garçon, tu veux voir qui est le plus fort ? Comme dans le bon temps ? C'est bien ça ?

Et King avait les yeux fixés sur ceux de Bullit et, comme il avait le gauche un peu plus rétréci et fendu que le droit, il semblait en cligner. Et il scandait d'un grondement très léger chaque phrase de Bullit. King comprenait.

— Allons, tiens-toi bien, mon garçon, cria soudain Bullit.

❈ **rangers :** soldats.
❈ **allégresse :** joie très vive.
❈ **commissures :** coins.

Il fonça sur King. Le lion se dressa de toute sa hauteur sur ses pattes arrière et avec ses pattes avant enlaça le cou de Bullit. Cette fois, il ne s'agissait pas d'une caresse. Le lion pesait sur l'homme pour le renverser. Et l'homme faisait le même effort afin de jeter bas le lion. Sous la fourrure et la peau de King, on voyait la force onduler en longs mouvements fauves. Sous les bras nus de Bullit, sur son cou dégagé **saillaient** ❋ des muscles et des tendons d'athlète. Pesée contre pesée, balancement contre balancement, ni Bullit ni King ne cédaient d'un pouce. Assurément, si le lion avait voulu employer toute sa puissance ou si un accès de fureur avait soudain armé ses reins et son poitrail de leur véritable pouvoir, Bullit, malgré ses étonnantes ressources physiques, eût été incapable d'y résister un instant. Mais King savait — et d'une intelligence égale à celle de Bullit — qu'il s'agissait d'un jeu. Et de même que Bullit, quelques instants plus tôt, avait poussé sa voiture à la limite seulement où King pouvait la suivre, de même le grand lion usait de ses moyens terribles juste dans la mesure où ils lui permettaient d'équilibrer les efforts de Bullit.

Alors, Bullit changea de méthode. Il enveloppa de sa jambe droite une des pattes de King et la tira en criant :

— Et de cette prise-là, qu'est-ce que tu dis, mon fils ?

L'homme et le lion roulèrent ensemble. Il y eut entre eux une mêlée confuse et toute sonore de rires et de grondements. Et l'homme se retrouva étendu, les épaules à terre, sous le poitrail du lion. Maintenant, Bullit reprenait souffle et King attendait, et son œil le plus étroit, le plus étiré, semblait le moquer doucement. Soudain, d'une seule torsion, Bullit se plaqua face au sol, ramena les genoux sous son ventre, prit appui sur les deux paumes, arqua le dos et, secousse par secousse, il souleva dans un effort herculéen le grand lion du Kilimandjaro qui, les pattes ballantes, se laissait faire.

Joseph Kessel, *Le Lion,* Gallimard.

?

- *Comment et quand les hommes ont-ils retrouvé la trace de King ?*
- *Que fait Bullit pour faire courir le lion le plus vite qu'il peut ?*
  Comment King montre-t-il son affection à Bullit après cette course ?
- *Recherchez le passage où l'homme et la bête mesurent leur force.*
  Le lion sait-il que c'est un jeu ? Comment réagit-il au cours de cette lutte ?

❋ **saillaient :** gonflaient ; les muscles et les tendons étaient en relief.

L'enfant et la rivière

Après avoir délivré Gatzo des bohémiens, Pascalet va vivre quelques jours en pleine nature, en compagnie de son jeune ami, et découvrir la rivière.

Le premier jour passé dans le bras mort fut beau. Je n'en ai jamais connu de pareil. Il est le plus beau de ma vie. Tout d'abord, on explora la barque. Elle révéla des trésors. Deux coffres pleins. L'un à l'avant. Il contenait des engins de pêche : crins, flotteurs, hameçons, lignes, nasses, **tramails**❉, bricoles. L'autre à l'arrière. Il était bourré de provisions. On les avait placées dans des boîtes de fer, à l'abri de l'humidité.

— Souvent, ils allaient loin de l'île, m'apprit Gatzo... Sans pouvoir se ravitailler. Voilà pourquoi...

J'aurais voulu en savoir plus long, mais Gatzo s'en tint là de sa confidence.

La découverte de ces vivres nous emplit de joie. Il y avait là du café, du sucre, un barillet plein de farine, des légumes secs, des épices, une **fiasque**❉ d'huile, que sais-je ?... En somme, de quoi subsister pendant plus d'une semaine.

Pour la barque, elle était armée de quatre rames. La coque, en bon état, paraissait tout à fait étanche. La peinture tenait bon. Sur le dos du coffre de **proue** ❉, on avait encastré une rose des vents en cuivre. Elle nous émerveilla. Car elle avait trente-deux pointes et portait seize noms de vents, tous plus beaux les uns que les autres : Labé, Gregali, Tramontane...

— Il faudra l'astiquer, déclara Gatzo, vivement, c'est notre porte-chance.

On laissa tout pour l'astiquer. Elle étincela. Tout autour de la rose, en grandes lettres d'or, apparut le nom de la barque : *La Marouette.*

— Ils l'ont volée, affirma Gatzo. Je sais où. Mais c'est loin d'ici.

Il montra les eaux en amont.

À peine y voyait-on bleuir de légères collines.

— Là ? demandai-je.

— Là, me répondit Gatzo. C'est un beau pays.

❉ **tramails :** filets de pêche.
❉ **fiasque :** bouteille ronde, à col allongé.
❉ **proue :** avant du bateau.

Quel pays ? Et d'où venait Gatzo dans l'île ? Qui était-il ? Je me le demandais sans oser l'interroger, lui qui ne demandait jamais rien. Car moi aussi j'étais pour Gatzo un mystère. Ma présence dans l'île, mon apparition imprévue auraient dû l'intriguer. Et cependant, il ne manifestait nulle curiosité de ces miracles dont j'étais, moi-même, le premier stupéfait.

Car, par moments, je me disais que je faisais un rêve délicieux et terrifiant... Pouvais-je me trouver, après tant d'aventures, seul avec un enfant dont je ne savais que le nom, sur cette barque ? Cette barque cachée, perdue au milieu des roseaux, sur un bras mort de la rivière ?... Et le pouvais-je avec délices, sans remords ? Car je n'avais pas de remords, même en pensant à la pauvre tante Martine. Elle devait gémir, pleurer, crier, arracher sa coiffe, la pauvre ! [...]

Le premier jour, on travailla dur. D'abord, on changea de **mouillage** ❋.

— Au beau milieu de ce plan d'eau, si quelqu'un passe, il va nous voir, remarqua sagement Gatzo. Déplaçons-nous.

À petits coups de rames, on se rapprocha des roseaux. On mouilla au milieu de trois îlots touffus. L'un d'eux faiblement émergeait. Le sol, de vase desséchée, en était assez dur. Il y poussait de longues herbes, quelques arbustes et, sur les bords, de beaux plants d'écuelle d'eau.

— C'est là que sera notre feu, décida Gatzo. Il y a du bois mort. Creusons un four.

On le creusa. Gatzo découvrit deux galets, larges, plats. Nous fîmes un tas de bois mort et de brindilles.

— Et maintenant, pêchons notre dîner, ordonna Gatzo.

Il arma deux lignes. J'étais **novice** ❋ dans l'art de pêcher. Il m'enseigna. Lui se posta sur le bout de la barque à croupetons.

— Regarde-moi faire et tais-toi, m'enjoignit-il.

Les deux lignes erraient nonchalamment et, immobile, le bouchon flottait sur l'eau limpide et sombre.

Rien ne bougeait. Pas un souffle sur les roseaux. Pas un courant dans l'onde. Seul un vain papillon voletait, rose et or, à deux doigts de l'eau pure et

❋ **mouillage :** endroit abrité (pour jeter l'ancre).
❋ **novice :** peu expérimenté.
❋ **glauques :** sombres, d'un bleu verdâtre.

assoupie. Parfois, il l'effleurait. Y buvait-il ?... Tout autour de notre retraite, l'ombre des roseaux et des saules tamisait la lumière ; et seul un demi-jour flottait sur cette mystérieuse étendue liquide. Peut-être, sous ses reflets **glauques** ❋, l'invisible empire des eaux était-il inhabité. J'inclinais à le croire ; et cependant, parfois, dans la pénombre sous-marine, il semblait qu'on vît se glisser un doigt d'argent qui disparaissait aussitôt. Et alors, quelques bulles d'air, détachées d'une algue, montaient.

Gatzo prit quatre éperlans et une loche. Moi, un vairon. Dès lors, nous menâmes une vie passionnante. Nous avions dans nos mains la nourriture ! Quelle nourriture ! Car ce n'était pas là un aliment banal, acheté, préparé, offert par d'autres mains, mais notre nourriture à nous, celle que nous avions pêchée nous-mêmes, et qu'il nous fallait nettoyer, assaisonner, cuire nous-mêmes.

Or, les pouvoirs secrets de cette nourriture donnent à celui qui la mange de miraculeuses **facultés** ❋. Car elle unit sa vie à la nature. C'est pourquoi entre nous et les éléments naturels un merveilleux contact s'établit aussitôt. L'eau, la terre, le feu et l'air nous furent révélés.

L'eau qui était devenue notre sol naturel : nous habitions sur l'eau ; nous en tirions la vie.

La terre, à peu près invisible, mais qui tenait les eaux entre ses bras puissants.

L'air d'où viennent les vents, les oiseaux, les insectes. L'air où les nuages circulent si légèrement. L'air paisible et orageux. L'air où s'étendent la lumière et l'ombre. L'air où se forment les **présages** ❋.

Le feu, enfin, sans quoi la nourriture est inhumaine. Le feu qui réchauffe et rassure. Le feu qui fait le campement. [...]

Ces feux-là ne s'allument pas facilement.

On dénicha une pierre à fusil dans la barque. Mais pas d'amadou. Gatzo tordit des fibres de massette morte et, à force de patience, finit par y piquer une étincelle. On souffla dessus. Le cœur nous battait. Il nous fallait du feu. Sans feu, impossible de vivre comme nous l'avions résolu.

Enfin, la fibre pétilla et on communiqua le feu à un tas d'herbes sèches. Placées sous une hutte de brindilles, elles l'enflammèrent peu à peu. On fit de la braise. On chauffa le four et les galets. Quand les galets furent brûlants, on y déposa les poissons, gavés et habillés de branches de fenouil. La chair grésilla. Ce fut le plus beau repas de ma vie. Il embaumait la braise, le fenouil et l'huile fraîche. On but de l'eau. On trempa nos biscuits dans un café fort. Puis on s'allongea sur le dos et on dormit.

Henri Bosco, *L'Enfant et la Rivière*, Gallimard.

?

- *Que découvrent Pascalet et Gatzo en astiquant la rose des vents ?*
- *Qu'apprend Gatzo à Pascalet au sujet de cette barque ?*
- *Quelles sensations nouvelles éprouve Pascalet en vivant en pleine nature ?*
- *Pourquoi ce repas fut-il, pour Pascalet, le plus beau de sa vie ?*

❋ **facultés :** possibilités, capacités.
❋ **présages :** signes qui annoncent l'avenir.

VOYAGE À TRAVERS LE JOUR ET LA NUIT

•1•

Avez-vous écouté la radio le 15 octobre de l'année dernière ? Avez-vous entendu l'avis de recherche que l'on a lancé pour un garçon disparu ? Voici ce que l'on disait :

« La police de Stockholm recherche Fredrik Vilhelm Olsson, neuf ans, qui a quitté son domicile, 13, rue d'Upplande, avant-hier soir. Fredrik Vilhelm Olsson est blond, il a les yeux bleus et portait lors de sa disparition un short marron, un chandail gris et un petit bonnet rouge. Bien vouloir communiquer tout renseignement le concernant au poste de police le plus proche. »

Oui, voilà ce que l'on a dit. Mais il n'y a jamais eu de renseignement sur Fredrik Vilhelm Olsson. Il avait bel et bien disparu. Personne n'a jamais su ce qu'il était devenu. Personne ne le sait. À part moi. Car c'est moi, Fredrik Vilhelm Olsson.

J'aurais voulu pouvoir tout raconter, du moins à Steph. C'est avec lui que je jouais la plupart du temps. Il habite rue d'Upplande, lui aussi. Il s'appelle en réalité Stéphane, mais tout le monde dit Steph. Personne ne m'appelle jamais Fredrik Vilhelm Olsson non plus, bien sûr. On dit seulement Fred.

Ou plutôt, on *disait* Fred. Maintenant que j'ai disparu, ils ne peuvent plus rien dire. Les seuls qui m'appelaient Fredrik Vilhelm, c'étaient tante Elsa et oncle Octave. Mais en fait, l'oncle Octave ne disait rien du tout. Il ne m'adressait pratiquement jamais la parole.

J'étais le fils adoptif de tante Elsa et d'oncle Octave. J'avais un an quand je suis arrivé chez eux. Auparavant, j'avais vécu dans un orphelinat. C'était là

que tante Elsa était venue me chercher. Elle voulait une fille, mais il n'y en avait pas. C'est pourquoi elle m'a pris. Pourtant, oncle Octave et tante Elsa n'aimaient pas les garçons. En tout cas, pas les garçons de huit-neuf ans. Ils trouvaient que j'étais trop bruyant et que je faisais trop de saletés quand je rentrais du square Tegnér ; ils trouvaient que je laissais traîner mes vêtements partout, que je riais et parlais trop fort. Tante Elsa n'arrêtait pas de dire que le jour de mon arrivée dans sa maison fut un jour de malheur. Oncle Octave ne disait rien du tout. Si, parfois il disait :

« Hé toi ! Va-t'en, que je ne te voie plus. »

Je passais la plupart de mon temps chez Steph. Son père lui parlait beaucoup et l'aidait à construire des maquettes d'avion. Il traçait des marques sur la porte de la cuisine, pour voir si Steph avait encore grandi et des choses de ce genre. Steph avait le droit de rire, de bavarder et de laisser traîner ses vêtements autant qu'il le voulait, son père l'aimait quand même. Tous les garçons pouvaient venir jouer chez lui, mais personne n'avait le droit de venir à la maison. Tante Elsa disait qu'elle ne voulait pas de va-et-vient chez elle. Oncle Octave était de son avis. « Ce garnement nous suffit bien », disait-il.

Parfois le soir, quand j'étais couché, je faisais le vœu que le père de Steph soit aussi le mien et je me demandais qui était en réalité mon père. Je me demandais aussi pourquoi je ne pouvais pas vivre avec lui et ma vraie mère, plutôt qu'à l'orphelinat ou chez tante Elsa et oncle Octave. Tante Elsa m'avait dit que ma mère était morte à ma naissance. Elle disait que personne ne savait qui était mon père. « Mais ce n'est pas difficile d'imaginer quel genre de voyou ce devait être », ajoutait-elle. Je haïssais tante Elsa pour avoir parlé comme ça de mon père. Il est possible que ma mère soit morte à ma naissance, mais je *savais* que mon père n'était pas un voyou. De temps en temps, je pleurais dans mon lit parce qu'il me manquait.

Il y avait une personne qui était très gentille avec moi : Mme Martin, la marchande de primeurs. Elle me donnait parfois des bonbons et des fruits.

Maintenant, après coup, je me demande qui elle était réellement, Mme Martin. Car c'est chez elle que tout a commencé, en ce jour d'octobre de l'année dernière.

Ce jour-là, tante Elsa m'avait répété que c'était une vraie **calamité** ❄ que je sois venu chez eux. Dans la soirée, un peu avant six heures, elle m'a demandé d'aller à la boulangerie de la rue de la Reine chercher une sorte de biscottes qu'elle aimait beaucoup. J'ai mis mon bonnet rouge et je suis parti.

Mme Martin se tenait sur le pas de sa porte quand je suis passé devant le magasin de fruits. Elle m'a pris par le menton et m'a longuement regardé, d'une manière étrange. Puis elle m'a demandé :

« Veux-tu une pomme ?
— Oui, s'il vous plaît. »

Et elle m'a donné une belle pomme rouge, très appétissante.

« Veux-tu poster une lettre pour moi ?
— Oui, je veux bien. »

Alors elle a écrit quelques lignes sur une carte qu'elle m'a tendue.

❄ **calamité** : grand malheur.

« Au revoir, Fredrik Vilhelm Olsson, a dit Mme Martin. Au revoir, au revoir, au revoir, Fredrik Vilhelm Olsson. »

Ça m'a paru vraiment bizarre. Elle ne m'appelait jamais autrement que Fred. J'ai filé jusqu'à la boîte aux lettres, dans le quartier voisin. Comme je m'apprêtais à y glisser la carte, je me suis aperçu qu'elle était lumineuse et étincelante, comme **incandescente**❄. Oui, l'écriture tracée par Mme Martin apparaissait en lettres de feu. Je n'ai pas pu m'empêcher de lire ce qui était écrit sur la carte :

Au roi,
Pays du Lointain,
Celui que tu cherches depuis si longtemps est en route. Il voyage à travers le jour et la nuit, et il porte dans sa main le signe : la pomme dorée.

Je n'ai rien compris, mais des frissons étranges m'ont parcouru. Bien vite, j'ai glissé la carte dans la boîte.

Qui donc voyageait à travers le jour et la nuit ? Et qui avait une pomme dorée dans sa main ?

Mon regard s'est alors dirigé vers la pomme que Mme Martin m'avait donnée. La pomme était en or. *Oui, elle était en or.* J'avais une pomme dorée dans la main.

J'ai failli en pleurer. Pas vraiment, mais presque. Je me sentais si seul. Je suis allé m'asseoir sur un banc dans le square Tegnér. Il n'y avait pas âme qui vive. Tout le monde était rentré dîner. Il faisait sombre dans le square et il pleuvait un peu. Mais il y avait de la lumière partout dans les maisons environnantes. Aux fenêtres de Steph également, je discernais de la lumière. En ce moment, il était sûrement chez lui en train de manger des pois et des crêpes avec son père et sa mère. Il n'y avait que moi dehors dans la nuit. Seul. Seul avec une pomme dorée, dont je ne savais que faire.

?

- *Qui étaient tante Elsa et oncle Octave pour Fred ? L'aimaient-ils ? Justifiez votre réponse en citant leurs propos.*
- *Quels sont les pouvoirs extraordinaires et mystérieux de la marchande de primeurs ?*
- *Quelle réaction Fred a-t-il quand il s'aperçoit qu'il a une pomme d'or dans la main ? D'après vous, que préférerait-il ?*

❄ **incandescente :** rouge, comme si elle brûlait sans flammes.

VOYAGE À TRAVERS LE JOUR ET LA NUIT
•2•

Pendant que je réfléchissais, je l'ai posée délicatement sur le banc à côté de moi. Tout près, il y avait un réverbère, dont la lumière tombait sur moi et sur la pomme. Mais elle éclairait aussi quelque chose par terre : une bouteille de bière, vide, bien sûr. Quelqu'un l'avait rebouchée avec un bout de bois, sans doute un des gosses qui venaient jouer le matin dans le square.

J'ai ramassé la bouteille et j'ai jeté un coup d'œil sur l'étiquette : *S.A. Brasseries de Stockholm, cat. II.* Et soudain, en lisant cela, j'ai vu quelque chose bouger à l'intérieur de la bouteille.

Dans *Les Mille et Une Nuits*, que j'ai emprunté un jour à la bibliothèque, on parle d'un esprit enfermé dans une bouteille. Mais ça s'est passé très loin, en Arabie, et il y a des milliers d'années de ça. D'ailleurs, ça ne pouvait pas non plus être une bouteille de bière ordinaire. Je pense qu'il est assez rare qu'il y ait des esprits dans les bouteilles de bière des Brasseries de Stockholm. En tout cas, celui-ci avait envie de sortir, ça se voyait bien. Il montrait du doigt le bout de bois qui bouchait le goulot, en me regardant d'un air suppliant. Comme je ne suis pas très habitué aux esprits, j'ai eu presque peur de retirer ce bout de bois. Cependant, j'ai fini par le faire et l'esprit a quitté la bouteille avec un grand bruissement. Il s'est mis à grandir, et il est devenu plus grand que toutes les maisons qui bordaient le square. C'est comme ça qu'ils font, les esprits. Ils sont capables de rétrécir pour devenir très petits au point de tenir dans une bouteille, et l'instant d'après, ils peuvent se mettre à pousser et devenir grands comme une maison.

Vous ne pouvez pas vous imaginer comme j'ai eu peur. J'ai tremblé des pieds à la tête. L'esprit m'a parlé. Sa voix n'était qu'un énorme bruit assourdissant, et je me suis dit qu'il aurait fallu que tante Elsa et oncle Octave entendent ça, eux qui trouvent que les gens parlent trop fort !

« Petit, m'a dit l'esprit, tu m'as libéré de ma prison. Dis-moi comment tu souhaites être récompensé. » [...]

Alors, j'ai pris mon courage à deux mains et je lui ai demandé :

« Esprit, d'où viens-tu ? »

Il y a eu un moment de silence, puis l'esprit a répondu :

« Je viens du Pays du Lointain. »

Il l'a dit si fort que ça a chanté et résonné dans ma tête. Quelque chose dans sa voix m'a donné envie de me rendre dans ce pays. J'ai senti que je ne pourrais plus vivre si on m'empêchait d'y aller. J'ai tendu mes bras vers l'esprit et j'ai crié :

« Emmène-moi ! Oh, emmène-moi au Pays du Lointain ! Quelqu'un m'y attend. »

L'esprit m'a fait non de la tête. Alors, je lui ai présenté la pomme dorée et il a poussé un grand cri :

« Tu portes le signe dans ta main ! Tu es celui pour qui je suis venu. Tu es celui que le roi cherche depuis si longtemps ! »

Il s'est penché vers moi et m'a pris dans ses bras. Un bruit sourd et sonore nous a enveloppés au moment où nous nous sommes élevés dans les airs. Nous avons laissé le square Tegnér loin en dessous de nous, ce square tout sombre que bordaient des maisons aux fenêtres éclairées, où des enfants dînaient avec leurs pères et leurs mères. Et moi, Fredrik Vilhelm Olsson, pendant ce temps-là, je volais sous les étoiles.

Nous étions bien plus haut que les nuages, nous avancions plus vite que l'éclair et accompagnés d'un grognement plus fort que celui du tonnerre. Des étoiles, des lunes et des soleils crépitaient autour de nous. Tantôt il faisait sombre comme la nuit, tantôt la lumière était si blanche et si brillante que je devais fermer les yeux.

« Il voyage à travers le jour et la nuit », me suis-je dit tout bas. C'est ce qui était écrit sur la carte.

Soudain, l'esprit a désigné de la main un endroit au loin, un point vert, situé au milieu d'une eau bleue et limpide sous un soleil puissant.

« Voilà le Pays du Lointain », m'a déclaré l'esprit.

Nous sommes descendus vers cet endroit verdoyant.

C'était une île qui flottait sur la mer. L'air était imbibé du parfum de milliers de fleurs de lis et de roses, et il résonnait d'une musique étrange, la plus belle qui soit.

Au bord de l'eau se dressait un grand château blanc, et c'est là que nous avons atterri.

Quelqu'un marchait le long de la plage. C'était *le roi mon père.* Je l'ai reconnu immédiatement. Je savais que c'était mon père. Il m'a tendu les bras et je me suis précipité vers lui. Il m'a longuement tenu contre son cœur. Nous ne nous sommes rien dit à ce moment-là, je suis simplement resté ainsi, à le serrer de toutes mes forces, mes bras autour de son cou.

Oh, comme j'aurais voulu que tante Elsa voie le roi mon père, qu'elle voie comme il était beau et comme ses vêtements brillaient d'or et de diamants ! Son visage ressemblait à celui du père de Steph, mais en plus beau. Elle aurait vu que mon père n'était pas un voyou. [...]

Je suis ici depuis pas mal de temps à présent. Je m'amuse toute la journée.

Le roi mon père vient tous les soirs dans ma chambre, nous construisons des maquettes d'avion et nous bavardons.

Je grandis et je me porte bien, ici, au Pays du Lointain. Le roi mon père fait des marques sur la porte de la cuisine tous les mois, pour voir si j'ai grandi.

« Mio, mon Mio, c'est incroyable comme tu as grandi », dit-il en me mesurant. [...]

Vous voyez ! Je ne m'appelais pas Fred, c'était faux, comme tout ce qui appartenait à la rue d'Upplande était faux. Maintenant, tout est vrai.

J'aime le roi mon père, et lui m'aime aussi.

Je voudrais que Steph soit au courant de tout ça. Je crois que je vais lui écrire une lettre et la glisser dans une bouteille. Puis je la boucherai et je la lancerai dans la mer bleue qui entoure le Pays du Lointain. Quand Steph sera dans sa maison de campagne à Vaxholm avec son père et sa mère, la bouteille apparaîtra peut-être à la surface de l'eau, juste au moment où il descendra pour se baigner. Ce serait bien ! J'aimerais que Steph soit au courant de toute cette histoire extraordinaire qui m'est arrivée. Alors il pourrait téléphoner au poste de police pour leur dire que Fredrik Vilhelm Olsson, qui s'appelle en réalité Mio, se trouve en lieu sûr dans le Pays du Lointain et qu'il se porte bien, vraiment bien, chez le roi son père.

Astrid LINDGREN, *Mio, mon Mio,* Hachette Jeunesse.

?

- *Que découvre Fred dans le square ?*
- *Comment délivre-t-il l'esprit ? Pourquoi veut-il partir avec lui ?*
- *Comment sait-il que le roi est son père ? Pourquoi pense-t-il alors à tante Elsa ?*
- *Qui aimerait-il mettre au courant de cette fabuleuse histoire ? Pourquoi ?*
- *Pourquoi, selon vous, dit-il qu'avant « tout était faux » et que maintenant « tout est vrai » ?*

Où courent-ils

L'artiste (entrant) :

Excusez-moi, je suis un peu essoufflé !
Je viens de traverser une ville où tout le monde courait...
Je ne peux pas vous dire laquelle... je l'ai traversée en courant.
Lorsque j'y suis entré, je marchais normalement.
Mais quand j'ai vu que tout le monde courait...
je me suis mis à courir comme tout le monde, sans raison !
À un moment, je courais au coude à coude avec un monsieur...
Je lui dis : « Dites-moi... pourquoi tous ces gens-là
courent-ils comme des fous ? »
Il me dit : « Parce qu'ils le sont ! »
!!!
Il me dit : « Vous êtes dans une ville de fous ici...
vous n'êtes pas au courant ? »
Je lui dis : « Si, **des bruits ont couru** ❋ ! »
Il me dit : « Ils courent toujours ! »
Je lui dis : « Qu'est-ce qui fait courir tous ces fous ? »
Il me dit : « Tout ! Tout ! Il y en a qui **courent au plus pressé** ❋.
D'autres qui courent après les honneurs...
Celui-ci court pour la gloire... Celui-là **court à sa perte** ❋ ! »
!!!
Je lui dis : « Mais pourquoi courent-ils si vite ? »
Il me dit : « Pour gagner du temps ! Comme le temps, c'est de l'argent...
plus ils courent vite, plus ils en gagnent ! »
Je lui dis : « Mais où courent-ils ? »
Il me dit : « À la banque ! Le temps de déposer l'argent qu'ils ont gagné
sur un **compte courant** ❋... et ils repartent
toujours courant, en gagner d'autre ! »
Je lui dis : « Et le reste du temps ? »
Il me dit : « Ils courent faire leurs courses... au marché ! »
!!!

❋ **des bruits ont couru :** j'ai entendu dire.
❋ **courent au plus pressé :** règlent les affaires les plus urgentes.
❋ **court à sa perte :** échoue dans la vie.

?

Photos © P. Zachmann/Magnum

Je lui dis : « Pourquoi font-ils leurs courses en courant ? »
Il me dit : « Je vous l'ai dit... parce qu'ils sont fous ! »
Je lui dis : « Ils pourraient aussi bien faire leur marché en marchant...
tout en restant fous ! »
Il me dit : « On voit bien que vous ne les connaissez pas !
D'abord, le fou n'aime pas la marche... »
Je lui dis : « Pourquoi ? »
Il me dit : « Parce qu'il la rate ! »
!!!
Je lui dis : « Pourtant, j'en vois un qui marche ! ?
Il me dit : « Oui, c'est un **contestataire** ❋!
Il en avait assez de toujours courir comme un fou.
Alors, il a organisé une marche de protestation ! »
Je lui dis : « Il n'a pas l'air d'être suivi ? »
Il me dit : « Si ! Mais comme tous ceux qui le suivent courent,
il est dépassé ! »
!!!
Je lui dis : « Et vous, peut-on savoir ce que vous faites dans cette ville ? »
Il me dit : « Oui ! Moi, **j'expédie les affaires courantes** ❋.
Parce que, même ici, les affaires ne marchent pas ! »
Je lui dis : « Et où courez-vous là ? »
Il me dit : « Je cours à la banque ! »
Je lui dis : « Ah !... Pour y déposer votre argent ? »
Il me dit : « Non ! Pour le retirer ! Moi, je ne suis pas fou ! »
Je lui dis : « !! Si vous n'êtes pas fou, pourquoi restez-vous
dans une ville où tout le monde l'est ? »
Il me dit : « Parce que j'y gagne un argent fou !...
C'est moi le banquier !!! »

Raymond DEVOS, *À plus d'un titre*, Olivier Orban.

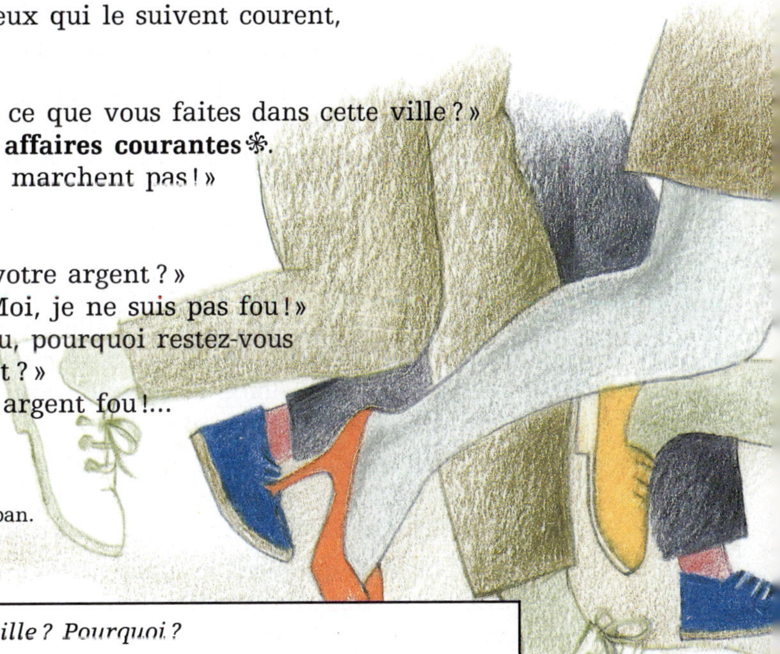

?

- *Que se passe-t-il d'étonnant dans cette ville ? Pourquoi ?*
- *Que fait le contestataire ?*
- *Quels sont les mots clés dont l'auteur s'est servi pour écrire son sketch (petite pièce comique) ?*
- *Cette histoire vous amuse-t-elle ? Justifiez votre réponse.*

❋ **compte courant :** compte postal ou bancaire qui permet de payer par chèque.
❋ **contestataire :** personne en désaccord avec la société.
❋ **j'expédie les affaires courantes :** je règle les affaires habituelles.

LES TERRIBLES ZERLUS

Fred, le nain, a été piqué au front par sa propre pensée qui avait pris la forme d'une abeille. Qu'annonce donc cet étrange phénomène ?

La nouvelle arriva, portée par le vent (c'est toujours le vent qui apporte les grandes nouvelles).

« Les terribles Zerlus vont arriver ! » disait le vent.

Le vent ne fut d'abord qu'un murmure, doucement il grandit, il enfla sa voix, enfin hurla si fort qu'on ne put faire autrement que de l'entendre :

« Les terribles Zerlus vont arriver ! »

Du coup, Fred le nain comprit pourquoi l'abeille-pensée l'avait piqué. Elle voltigeait, joueuse et insouciante, quand soudain le vent s'était levé. L'abeille-pensée l'avait aussitôt senti, et Fred connut, avant tous les autres habitants du pays, l'effrayante nouvelle :

« Les terribles Zerlus vont arriver ! » [...]

— Qui sont les terribles Zerlus ? demanda Fred le nain, lorsqu'on fut réuni autour de Lihi, dans la bibliothèque de la fée.

Le front du nain avait été bandé. Cela soulageait quelque peu sa douleur, mais augmentait encore le volume de sa tête, si bien qu'on avait craint qu'il ne pût franchir les portes du palais de la fée et dût rester seul au-dehors. Mais les portes, ouvertes à deux battants, avaient bien voulu **arquer** ❈ leurs chambranles dorés pour s'élargir encore et laisser passer ainsi la formidable tête.

La fée Lihi ne répondit pas tout de suite à la question de Fred. En vérité, elle ne savait pas encore si elle allait répondre. Elle enveloppa tous ses amis, ses petits élèves, tous les siens, d'un regard attendri qui éclaira un instant son visage. « Qu'il est doux, ce pays de Fred le nain ! pensa-t-elle. Et comme ses habitants y sont heureux ! »

C'était vrai. Malgré l'annonce d'une épouvantable nouvelle, les uns et les autres restaient confiants et sereins. On ne se défait pas si aisément du bonheur. Ce n'est pas un manteau qu'on enlève ou qu'on remet. [...]

Il faut dire que Fred le nain considérait le bonheur comme un devoir pour chacun. « Vous *devez* être heureux ! » répétait-il volontiers à ses enfants, comme il aurait dit : « Vous *devez* bien apprendre les leçons de votre marraine la fée ! » Le bonheur n'était donc pas pour lui de la paresse, mais, au contraire, la victoire sans cesse recommencée de l'effort et du courage.

Pour Mina, le bonheur était une des fonctions de la vie : on était heureux comme on sentait, on dormait ou on respirait. Il *fallait* être heureux, de même qu'il *fallait* respirer. Le bonheur était pour elle une respiration supérieure. [...]

❈ **arquer :** courber en arc.

Enfin, la fée Lihi prit la parole :

— Mes chers amis, vous savez que, dans notre pays, on ne parle *jamais* des terribles Zerlus. Parler d'un danger, c'est risquer de le voir paraître. Il faut, cette fois-ci, que les Choses s'en mêlent, que le vent hurle partout leur nom, pour que nous soyons obligés d'**enfreindre** ❊ notre propre loi.

La fée marqua une pause, qui fut coupée par Ré le chevreuil :

— Ne pensez-vous pas, dit-il lentement, que nous pourrions parler d'eux sans en avoir l'air ? Ce serait beaucoup moins dangereux ! Causons d'un sujet sans importance et, au détour d'une phrase, entre deux mots, Lihi nous dira ce que nous voulons savoir, sans éveiller de soupçons.

La proposition du chevreuil fut bien accueillie. À la vérité, elle ressemblait peu à Ré dont le caractère loyal et droit devait souffrir à l'idée d'une conduite aussi oblique, face aux Zerlus.

On chercha donc un sujet *sans importance.*

Maho suggéra de parler du temps, thème banal et de peu de conséquence. Mais de nombreuses voix s'y opposèrent :

— Tu n'y penses pas ! s'écria l'alouette Lulu. N'as-tu pas remarqué, comme nous tous, que le temps a précisément changé ce matin ? Jusqu'alors, il faisait toujours beau, et c'était pour moi pure joie de m'élever dans le grand ciel bleu. Et voilà qu'aujourd'hui le soleil se cache derrière des nuages ronds, le vent se lève, il y a une odeur de rêve...

— Je suis de l'avis de Lulu, renchérit Fréda, l'aîné des garçons. D'ailleurs, le temps qu'il fait est toujours très important.

❊ **enfreindre :** ne pas respecter.

— Oui, fit Frédé le curieux, c'est même la seule chose qui ait vraiment de l'importance.

— Lorsque le soleil brille, dit Frédi le musicien, les couleurs des fleurs semblent s'allumer comme des lampes. Mais si un nuage passe devant le soleil, elles s'éteignent. Or, qu'y a-t-il de plus important que la couleur des fleurs ?

Et, pour « colorer » son discours, il mit sa flûte de Pan à ses lèvres et joua l'air du *Chant des Géants* qui est aussi le *Chant des Souris des bois.*

On chercha un autre sujet sans importance. C'était très difficile. On s'apercevait que tout avait de l'importance. Tout se rattachait à tout. Le pays de Fred le nain, ses habitants et même ses pensées ne laissaient aucune place au vide, au trou, au creux sans rien, où l'on eût pu glisser une petite conversation ordinaire.

Miny proposa d'inventer une histoire tout à fait nouvelle, sans aucun lien avec ce qu'on connaissait, et née d'elle-même, en somme.

Mais Mina, sa mère, l'arrêta :

— Une histoire inventée, dit-elle, a beaucoup plus d'importance qu'une histoire réelle. Car nous sommes tout entiers dans ce que nous inventons. Nous en sommes responsables, aussi. En inventant, il faut toujours veiller à ne pas faire de mal aux autres. Ce n'est pas si facile !

Les enfants regardèrent leur maman ; ils ne comprenaient pas tout ce qu'elle avait voulu dire. Mais ils s'approchèrent d'elle, s'accrochèrent à sa robe et se serrèrent contre elle.

À la fin, la fée Lihi s'écria :

— Inutile de **biaiser** ❋ plus longtemps ! Allons hardiment et droit au but ! Nous avons affaire aux ennemis les plus redoutables de notre pays, et notre défaite, hélas, est d'avance presque assurée. N'importe ! Sachons les regarder en face, ces terribles Zerlus...

— Mais enfin, qui sont les terribles Zerlus ? demanda encore Fred le nain.

La fée prit une inspiration :

— Les terribles Zerlus ? dit-elle. Vous voulez le savoir ? Eh bien, ce sont LES HOMMES !

— Les Hommes... les Hommes...

Chacun répéta le nom inconnu. On le soupesait, on l'essayait, on tentait de deviner le danger inouï contenu dans la syllabe unique : OM.

Rémi LAUREILLARD, *Les Terribles Zerlus,* Gallimard, collection « Folio Junior ».

- *Quelle nouvelle apporte le vent ? Qui la connaît avant tout le monde ? Pourquoi ?*
- *Pourquoi les habitants du Pays du Bonheur cherchent-ils un sujet sans importance ? Est-il facile d'en trouver un ? Pourquoi ?*
- *Qui sont les Zerlus ? Pourquoi sont-ils terribles ?*
- *Selon vous, ces habitants ont-ils raison de les craindre ? Pourquoi ?*

❋ **biaiser :** tourner autour du sujet.

GOUTTES DE POÉSIE

Voici l'enclos où je voudrais que, dès le seuil,
Votre cœur ressentît la beauté de l'accueil.
Entrez et musardez de parterre en parterre.
Vous le saurez bientôt, le poète est un frère. [...]

Guy CHASTEL, D. R.

LE POÈTE EST CELUI...

EST-CE PASSE-TEMPS ?

Est-ce passe-temps d'écrire
est-ce passe-temps de rêver
        Cette page
    était toute blanche
il y a quelques secondes
        Une minute
ne s'est pas encore écoulée
Maintenant voilà qui est fait.

Jacques PRÉVERT,
Fatras,
Gallimard.

LE POÈTE EST CELUI...

Le poète est celui qui sait, de l'heure brève,
Extraire la furtive et suave beauté ;
S'emparer du réel pour façonner du rêve
Et faire de ce rêve une réalité.

Jean BRUNEAU,
Poètes de Normandie,
Charles Corlet.

L'INTERPRÈTE

Soyez bon pour le poète,
Le plus doux des animaux ;
Nous prêtant son cœur, sa tête,
Incorporant tous nos maux,
Il se fait notre jumeau ;
Au désert de l'épithète,
Il précède les prophètes
Sur son douloureux chameau ; [...]

Jules SUPERVIELLE,
Poèmes,
Figuière, D. R.

MA BOHÊME

Je m'en allais, les poings dans mes poches crevées ;
Mon paletot aussi devenait idéal ;
J'allais sous le ciel, Muse ! et j'étais ton féal ;
Oh ! là là ! que d'amours splendides j'ai rêvées !

Mon unique culotte avait un large trou.
Petit Poucet rêveur, j'égrenais dans ma course
Des rimes. Mon auberge était à la Grande-Ourse.
Mes étoiles au ciel avaient un doux frou-frou. [...]

Arthur RIMBAUD.

LA LANGUE
DE CHEZ NOUS

Ce que veulent dire les mots,
On ne le sait pas quand ils viennent ;
Il faut qu'ils se parlent, se trouvent,
Qu'ils se découvrent, qu'ils s'apprennent.
Ce que veulent dire les mots,
Ils ne le savent pas eux-mêmes,
Mais les voilà qui se regroupent,
Qui s'interpellent, se répondent,
Et si l'on sait tendre l'oreille,
On entend parler le poème.

© Jacques CHARPENTREAU,
« À l'écoute »,
in : *Ce que les mots veulent dire*,
Vie ouvrière, Bruxelles.

ÊTRE ANGE

Être ange
c'est étrange
dit l'ange
Être âne
c'est étrâne
dit l'âne
Cela ne veut rien dire
dit l'ange en haussant les ailes
Pourtant
si étrange veut dire quelque chose
étrâne est plus étrange qu'étrange
dit l'âne
Étrange est
dit l'ange en tapant des pieds
Étranger vous-même
dit l'âne
Et il s'envole.

Jacques PRÉVERT,
Fatras,
Gallimard.

LA LANGUE DE CHEZ NOUS

C'est une langue belle avec des mots superbes
Qui porte son histoire à travers ses accents
Où l'on sent la musique et le parfum des herbes
Le fromage de chèvre et le pain de froment.

Et du mont Saint-Michel jusqu'à la Contrescarpe
En écoutant chanter les gens de ce pays
On dirait que le vent s'est pris dans une harpe
Et qu'il en a gardé toutes les harmonies.

[...]

Elle a jeté ses ponts par-dessus l'Atlantique
Elle a quitté son nid pour un autre terroir
Et comme une hirondelle au printemps des musiques
Elle revient nous chanter ses peines et ses espoirs.

[...]

C'est une langue belle à qui sait la défendre
Elle offre des trésors de richesses infinies
Les mots qui nous manquaient pour pouvoir nous comprendre
Et la force qu'il faut pour vivre en harmonie.

Yves DUTEIL, avec l'aimable autorisation
des Éditions de l'Écritoire.

ENFANCE

LORSQUE L'ENFANT PARAÎT...

Lorsque l'enfant paraît, le cercle de famille
Applaudit à grands cris. Son doux regard qui brille
Fait briller tous les yeux,
Et les plus tristes fronts, les plus souillés peut-être,
Se dérident soudain à voir l'enfant paraître,
Innocent et joyeux.

[...]

Il est si beau, l'enfant, avec son doux sourire,
Sa douce bonne foi, sa voix qui veut tout dire,
Ses pleurs vite apaisés,
Laissant errer sa vue étonnée et ravie,
Offrant de toutes parts sa jeune âme à la vie
Et sa bouche aux baisers ! [...]

Victor HUGO,
Les Feuilles d'automne.

LES RICHES HEURES

Attentif aux bruits, aux silences,
Aéré comme seigle vert,
Ouvert comme un col de montagne
Sur des espaces attirants.
Attentif, aéré, ouvert,
Aux riches heures de l'enfance
Tu es ce que tu deviendras.

Lucien JACQUES,
Florilège poétique,
L'Amitié par le livre.

LES EFFARÉS

Noirs dans la neige et dans la brume,
Au grand soupirail qui s'allume,
Leurs culs en rond,

À genoux, cinq petits — misère ! —
Regardent le boulanger faire
Le lourd pain blond.

Ils voient le fort bras blanc qui tourne
La pâte grise et qui l'enfourne
Dans un trou clair.

Ils écoutent le bon pain cuire.
Le boulanger au gras sourire
Grogne un vieil air.

Ils sont blottis, pas un ne bouge
Au souffle du soupirail rouge
Chaud comme un sein.

[...]

Ils se ressentent si bien vivre,
Les pauvres Jésus pleins de givre,
Qu'ils sont là tous,

Collant leurs petits museaux roses
Au treillage, grognant des choses
Entre les trous,

Tout bêtes, faisant leurs prières
Et repliés vers ces lumières
Du ciel rouvert,

Si fort, qu'ils crèvent leur culotte
Et que leur chemise tremblote
Au vent d'hiver.

Arthur RIMBAUD.

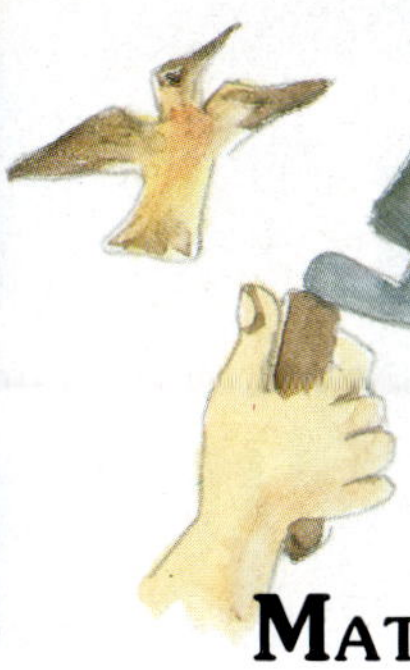

JOIE DE LA MAIN EXACTE

MATINES

Heureuse
dans la main calleuse du maçon
la truelle jacasse
On entend derrière la maison
claquer le fouet sur les sillons
Les ailes du pigeon
s'esclaffent
L'alouette
a retrouvé sa vrille et repris sa chanson
La herse
qui n'est pas sortie depuis l'autre saison
lime ses ongles bleus
pour griffer le soleil.

Paul-Marie FONTAINE,
Tournesol,
Publications Graficor Inc.

LES POÈTES

Mon voisin est marié
Il a quatorze enfants
Il fait depuis quinze ans
Des poèmes d'acier
Et de béton armé
Sans jamais réclamer
Son nom dans le journal
Et sans qu'on l'applaudisse
Sans qu'on sache de lui
S'il a bonheur ou mal
Il soude, rive et visse
Du meilleur de son mieux
Il parle de justice
Et jamais de pitié
Il a de l'amitié
Pour tous ceux qui bâtissent.

Gilles VIGNEAULT,
Balises,
Nouvelles Éditions de l'Arc.

LE PÈRE MATHIEU

[...]
Avec des mains dures comme son métier
Avec des yeux clairs comme l'honnêteté
Et quand il vous disait les mots
Compagnon travail salut
Ces mots étaient plus beaux
Que tous les mots d'amour
Pour qui sait comprendre
La vie d'un vieux
D'un très vieux travailleur.

Jacques URBAIN,
Une pelle, une pioche et l'espérance,
Seghers.

JOIE DE LA MAIN EXACTE...

Joie de la main exacte, des doigts intelligents, les gros doigts d'où l'on voit sortir la fragile œuvre d'art ! Joie de l'esprit qui commande aux forces de la terre, qui inscrit dans le bois, dans le fer ou la pierre le caprice ordonné de ma noble fantaisie ! [...]

Mes mains sont des ouvriers dociles que dirige mon maître compagnon, mon vieux cerveau !

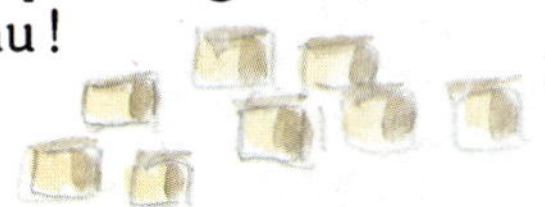

Romain ROLLAND,
Colas Breugnon,
Albin Michel.

Nos Amies Les Bêtes

L'oiseau bleu

Mon oiseau bleu a le ventre tout bleu
Sa tête est d'un vert mordoré
Il a une tache noire sous la gorge
Ses ailes sont bleues avec des touffes
de petites plumes jaune doré
Au bout de la queue, il y a des traces de vermillon
Son dos est zébré de noir et de vert
Il a le bec noir, les pattes incarnat
et deux petits yeux de jais
Il adore faire trempette, se nourrit de bananes
et pousse un cri qui ressemble au sifflement
d'un tout petit jet de vapeur
On le nomme le septicolore.

Blaise CENDRARS,
Feuilles de route,
Denoël.

La biche

La biche brame au clair de lune
Et pleure à se fondre les yeux.
Son petit faon délicieux
A disparu dans la nuit brune.

Pour raconter son infortune
À la forêt de ses aïeux,
La biche brame au clair de lune
Et pleure à se fondre les yeux.

Mais aucune réponse, aucune,
À ses longs appels anxieux !
Et le cou tendu vers les cieux,
Folle d'amour et de rancune,
La biche brame au clair de lune.

Maurice ROLLINAT,
Les Névroses.

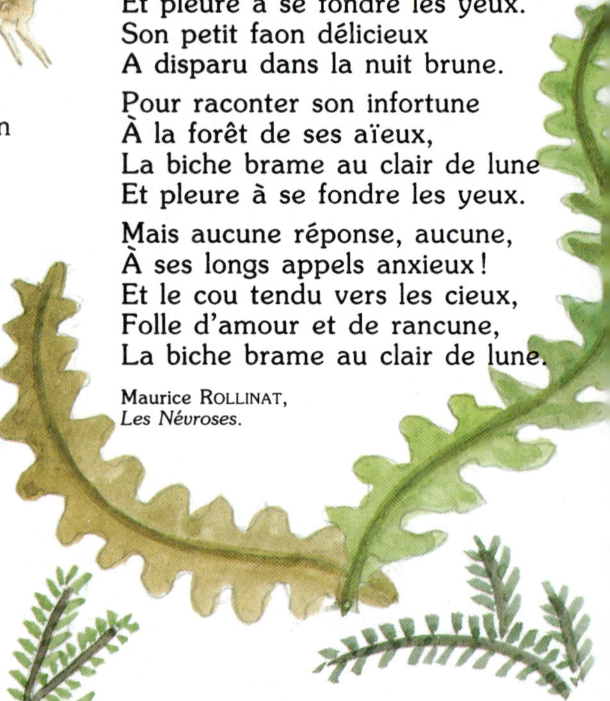

Le tamanoir

— Avez-vous vu le tamanoir ?
Ciel bleu, ciel gris, ciel blanc, ciel noir.
— Avez-vous vu le tamanoir ?
Œil bleu, œil gris, œil blanc, œil noir.
— Avez-vous vu le tamanoir ?
Vin bleu, vin gris, vin blanc, vin noir.
Je n'ai pas vu le tamanoir !
Il est rentré dans son manoir,
Et puis avec son éteignoir
Il a coiffé tous les bougeoirs,
Il fait tout noir.

Robert DESNOS,
Chantefables et Chantefleurs,
Gründ.

La cigale

L'air est si chaud que la cigale,
La pauvre cigale frugale
Qui se régale de chansons,
Ne fait plus entendre les sons
De sa chansonnette inégale
Et, rêvant qu'elle agite encor
Ses petits tambourins de fée,
Sur l'écorce des pins chauffée
Où pleure une résine d'or,
Ivre de soleil elle dort.

Paul ARÈNE,
Poésies.

Fables et Fantaisies

La chenille

Un jour, causant entre eux, différents animaux
Louaient beaucoup le ver à soie.
« Quel talent, disaient-ils, cet insecte déploie
En composant ces fils si doux, si fins, si beaux
Qui de l'homme font la richesse ! »
Tous vantaient son travail, exaltaient son adresse.
Une chenille seule y trouvait des défauts,
Aux animaux surpris en faisait la critique,
Disait des *mais* et puis des *si*.
Un renard s'écria : « Messieurs, cela s'explique,
C'est que Madame file aussi. »

Jean-Pierre DE FLORIAN.

L'homme et l'oie

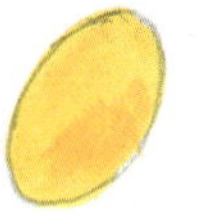

Un homme avait une oie et c'était son trésor,
Car elle lui pondait tous les jours un œuf d'or.
La croyant pleine d'œufs, le fou s'impatiente,
La tue, et, d'un seul coup, perd le fond et la rente.

Isaac DE BENSERADE,
Fables d'Ésope en quatrains.

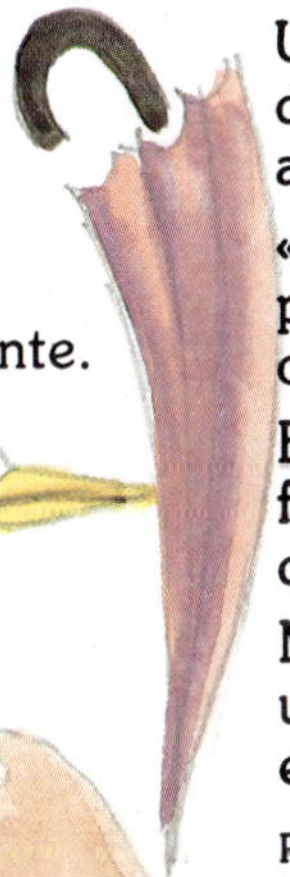

La musaraigne et l'ombrelle

Une musaraigne au long nez
découvrit un jour une ombrelle
apparemment abandonnée.

« Ce doit être un chapeau, dit-elle,
pour un éléphant fortuné,
ou le P.C. d'un colonel !... »

Et la musaraigne amusée
fit basculer la citadelle
de sa patte au toucher ganté.

Mais au creux douillet de l'ombrelle
un chat rêvait de mortadelle
et il croqua la musaraigne.

Pierre BÉARN,
in : *La Nouvelle Guirlande de Julie*,
Éditions ouvrières.

La grenouille qui se veut faire aussi grosse que le bœuf

Une grenouille vit un bœuf
Qui lui sembla de belle taille.
Elle qui n'était pas grosse en tout comme un œuf,
Envieuse s'étend, et s'enfle, et se travaille
Pour égaler l'animal en grosseur,
Disant : « Regardez bien, ma sœur ;
Est-ce assez ? dites-moi. N'y suis-je point encore ?
— Nenni. — M'y voici donc ? — Point du tout. — M'y voilà ?
— Vous n'en approchez point. » La chétive pécore
S'enfla si bien qu'elle creva.
Le monde est plein de gens qui ne sont pas plus sages :
Tout bourgeois veut bâtir comme les grands seigneurs ;
Tout petit prince a des ambassadeurs ;
Tout marquis veut avoir des pages.

Jean DE LA FONTAINE,
Fables, livre I, III.

au fil des Saisons

Chanson d'automne

Les sanglots longs
Des violons
  De l'automne
Blessent mon cœur
D'une langueur
  Monotone.

Tout suffocant
Et blême, quand
  Sonne l'heure,
Je me souviens
Des jours anciens
  Et je pleure.

Et je m'en vais
Au vent mauvais
  Qui m'emporte
Deçà, delà,
Pareil à la
  Feuille morte.

Paul Verlaine,
« Paysages tristes », V,
Poèmes saturniens.

Nuit de neige

La grande plaine est blanche, immobile et sans voix.
Pas un bruit, pas un son, toute vie est éteinte.
Mais on entend parfois comme une morne plainte,
Quelque chien, sans abri, qui hurle au coin d'un bois.

Plus de chansons dans l'air, sous nos pieds plus de chaumes
L'hiver s'est abattu sur toute floraison.
Des arbres dépouillés dressent à l'horizon
Leurs squelettes blanchis ainsi que des fantômes.

[...]

Oh ! la terrible nuit pour les petits oiseaux !
Un vent glacé frissonne et court par les allées,
Eux, n'ayant plus l'asile ombragé des berceaux,
Ne peuvent plus dormir sur leurs pattes gelées.

Dans les grands arbres nus que couvre le verglas
Ils sont là, tout tremblants, sans rien qui les protège
De leur œil inquiet ils regardent la neige,
Attendant jusqu'au jour la nuit qui ne vient pas.

Guy de Maupassant,
Des vers.

Soir d'été

C'est un beau soir. Sous la ramure
Les oisillons rêvent, muets ;
Dans les blés, la brise murmure,
Aux champs se fanent les bleuets.

L'air est lourd et le couchant rouge ;
Le grillon chante dans les prés.
Au creux des sillons rien ne bouge,
La plaine a des reflets dorés.

Auguste Gaud,
Les Cantilènes du bon pauvre, D. R.

L'hirondelle

Elle chante sa joie aux rochers, aux campagnes,
« Venez ! dit-elle ; allons, paraissez, il est temps !
Car voici la chaleur, et voici le printemps. »

Alfred de Vigny.

Comme chacun sait, l'hirondelle
Annonce la belle saison.
Elle n'a pas toujours raison ;
Cependant, nous croyons en elle.

Raymond Radiguet,
Les Joues en feu.

les Couleurs du temps

Les couleurs du temps

La mer est en bleu entre deux rochers bruns
Je l'aurais aimée en orange
Ou même en arc-en-ciel comme les embruns
Étranges

Je voudrais changer les couleurs du temps
Changer les couleurs du monde
Le soleil levant
La rose des vents
Le sens où tournera ma ronde
Et l'eau d'une larme et tout l'océan
Qui gronde

J'ai brossé les rues et les bancs
Paré les villes de rubans
Peint la tour Eiffel rose chair
Marié le métro à la mer [...]

Paroles et musique de Guy Béart,

Vision de poète

L'ombre ravit la forme et la couleur des choses,
    Et mon œil incertain
Voit se faner les lys et s'éteindre les roses
    Au fond de mon jardin. [...]

Vincent Museli, D. R.

Météorologie

L'oiseau vêtu de noir et vert
m'a apporté un papier vert
qui prévoit le temps qu'il va faire.
Le printemps a de belles manières.

L'oiseau vêtu de noir et blond
m'a apporté un papier blond
qui fait bourdonner les frelons.
L'été sera brûlant et long.

L'oiseau vêtu de noir et jaune
m'a apporté un papier jaune
qui sent la forêt en automne.

L'oiseau vêtu de noir et blanc
m'a apporté un flocon blanc.

L'oiseau couleur du temps, que m'apportera-t-il ?

Claude Roy,
Enfantasques,
Gallimard.

Avril

Déjà les beaux jours, la poussière,
Un ciel d'azur et de lumière,
Les murs enflammés, les longs soirs ;
Et rien de vert : à peine encore
Un reflet rougeâtre décore
Les grands arbres aux rameaux noirs !

Ce beau temps me pèse et m'ennuie.
Ce n'est qu'après des jours de pluie
Que doit surgir, en un tableau,
Le printemps verdissant et rose,
Comme une nymphe fraîche éclose,
Qui, souriante, sort de l'eau.

Gérard de Nerval,
Odelettes.

EAUX DORMANTES
Eaux Vives

LES EAUX VIVES

L'ombre s'est endormie en la prairie
Les sources chantent. [...]
Dans la plaine, mon peuplier centenaire
Remuait son feuillage
Qui était tout tremblant au couchant
Comme l'argent des étoiles.
Tout un grand soir d'été se recueillait
Dans le peuplier.
Trouble douceur de la pénombre, j'écoutais
L'eau chanter. [...]

Federico GARCIA LORCA,
« Source » (fragment), in : *Poésie I*,
trad. André Belamich, Gallimard.

L'EAU DORMANTE

L'eau dormante ne dort pas ;
Elle rêve j'en suis sûr,
Car son rêve,
Elle le murmure,
Doucement,
Pour ceux qui comprennent,
Ceux qui aiment
Son frissonnement.
Son rêve est bien apaisant ;
Il lui donne un aspect tranquille,
Immobile et changeant ;
L'eau dormante sourit,
Elle est heureuse ;
C'est l'eau rêveuse.

Jean ORIZET,
Poèmes cueillis dans la prairie,
Saint-Germain-des-Prés.

L'ÉTANG

Les peupliers longs au bord de l'étang
font un bruit paisible et lent qu'on entend
décroître et renaître et décroître encore,
qui parfois augmente et parfois s'endort...

Les feuilles d'argent bientôt seront d'or ;
l'étang leur prépare un mouvant linceul,
et les peupliers seront nus et seuls,

Seuls au fond de l'eau qui rêve et qui dort.

Charles CROS,
Mon soleil nouveau.

AU FIL DE L'EAU

Des saules et des peupliers
Bordent la rive
Entends, contre les vieux piliers
Du pont, l'eau vive.
Elle chante comme une voix,
Jase et s'amuse,
Et puis s'écrase sur le bois
Frais de l'écluse.

Francis CARCO,
La Bohème et mon cœur,
Albin Michel.

LES QUATRE *ÉlémentS*

LES QUATRE ÉLÉMENTS

L'air c'est rafraîchissant
le feu c'est dévorant
la terre c'est tournant
l'eau — c'est tout différent

L'air c'est toujours du vent
le feu c'est toujours bougeant
la terre c'est toujours virant
l'eau — c'est tout différent

L'air c'est toujours changeant
le feu c'est toujours mangeant
la terre c'est toujours germant
l'eau — c'est tout différent

Et combien davantage encore ces drôles d'hommes
espèces de vivants
qui ne se croient jamais dans leur vrai élément.

Claude ROY,
Un seul poème,
Gallimard.

QU'ELLE EST BELLE, LA TERRE !

Qu'elle est belle, la terre, avec ses vols d'oiseaux
Qu'on entrevoit soudain à la vitre de l'air,
Avec tous ses poissons à la vitre de l'eau !
La peur les force vite à chercher un couvert
Et l'homme reste seul derrière le rideau ;

Qu'elle est belle, la terre, avec ses animaux,
Avec sa cargaison de grâce et de mystère !
Le poète se tient à la vitre des mots.
Cette beauté qu'il chante, il la donne à son frère
Qui se lave les yeux dans le matin nouveau.

Pierre MENANTEAU,
Bestiaire pour un enfant poète,
Seghers.

L'AIR

On ne pourrait dire : « un objet ».
On ne saurait dire : « une chose ».
C'est l'air,
un des quatre éléments,
avec l'eau, le feu et la terre.

C'est l'air,
occupant
vagabond,
tour à tour sage ou turbulent,
qui parcourt en tous sens
le monde.

Musard, oisif ou besogneux,
il fait provende en grand secret
de mille trésors
qu'il transporte
et sème à son gré
en tous lieux.

Il est surtout, il faut le dire,
de la vie
principe éternel.

De l'air ! de l'air !... Ah ! je respire !

Germaine DELAUNAY,
Univers poétique,
Scolavox.

LE FEU

Toi qui caches ta semence
Dans l'espace et la profondeur.
Fils du silex et de la nue.
Force qui fuse de la terre
Et qui plonge avec le soleil
Qui, le premier, t'a jugulé ?
Qui t'a soumis ? rendu docile ?

Qui donc ? sinon le premier pâtre,
Rien qu'en te montrant la fleur de sa main.
Et tu as rampé et tu t'es couché
En rond sur son âtre.
Grand fauve dompté, mais qui reste fauve
Malgré ses ronrons [...]

Lucien JACQUES,
Florilège poétique,
L'Amitié par le livre.

•DANS LA CITÉ•

IMAGINER LA VILLE

Imaginer la ville
N'ayant plus d'angles droits.
Presque rien que des courbes,
Avec, de temps en temps,
Des bouts de ligne droite.
Pour les arbres, la verticale.

Eugène GUILLEVIC,
Ville,
Gallimard.

FEU ROUGE, FEU VERT

Feu rouge : les autos inquiètes
foncent. Les piétons s'arrêtent,
lèvent un petit regard
sur le voisin jamais vu,
ébauchent vite un sourire :
ils ne sont plus en retard.
L'accordéon du trafic
se resserre, et c'est l'arrêt,
le feu vert pour les piétons.
Chacun rentre en son cocon,
qui se ressemble s'assemble :
deux par deux s'en vont les jambes
vers des chemins différents.
Les gros phares méprisants
les regardent passer sans rien dire :
les autos sont trop pressées
pour sourire.

Armand MONJO,
in : *La Nouvelle Guirlande de Julie*,
Éditions ouvrières.

RUES

Les rues sont vides. Les fenêtres
S'ouvrent enfin sur la nuit

On voit encore des passants
Et des chats qui sortent des murs

Elles conduisent très loin
Les rues que nous avons suivies

Jusqu'aux lisières des forêts
Jusqu'au souffle bas de la mer

Les rues qui s'écroulent ce soir
Avec les villes de poussière

Les rues des gens, les rues des mots
Dans les dédales du poème.

Georges JEAN,
Les Mots de passe.

FAUBOURG

Les murs ont de la peine à se tenir debout
Au long de cette rue
Qui monte et tourne.

On dirait qu'ils sont tous venus, ceux du quartier,
Essuyer leurs mains grasses au rebord des fenêtres
Avant de pénétrer ensemble dans la fête
Où croyait s'accomplir leur destin.

On voit un train peiner au-dessus de la rue,
On voit des lampes qui s'allument
On voit des chambres sans espace.

Parfois un enfant pleure
Vers l'avenir.

Eugène GUILLEVIC,
« De maintenant »,
in : *Terraqué*,
Gallimard.

·VOYAGES·

LE DÉPART

[...]
Adieu maison et ses toitures bleues
Où tant d'amis, dans toutes les saisons,
Pour nous revoir avaient fait quelques lieues,
      Adieu maison.

[...]
Adieu aussi mon fleuve clair ovale,
Adieu montagne ! adieu arbres chéris !
C'est vous qui tous êtes ma capitale
      Et non Paris.

Max JACOB,
Le Laboratoire central,
Gallimard.

LA CHANSON DES MATELOTS

Nous sortons du port, nous prenons la mer !
Au mât redressé nous hissons la voile !
Nous tournons la proue à l'espace ouvert,
On n'y voit le jour que le grand flot vert,
On n'y voit la nuit que l'or des étoiles !

Auguste ANGELLIER,
Le Chemin des saisons.

Heureux qui, comme Ulysse, a fait un beau voyage,
Ou comme celui-là qui conquit la Toison,
Et puis est retourné, plein d'usage et raison,
Vivre entre ses parents le reste de son âge !

Quand reverrai-je, hélas, de mon petit village
Fumer la cheminée, et en quelle saison
Reverrai-je le clos de ma pauvre maison,
Qui m'est une province, et beaucoup davantage ? [...]

Joachim DU BELLAY.
Regrets, XXXI.

Îles
Îles
Îles où l'on ne prendra jamais terre
Îles où l'on ne descendra jamais
Îles couvertes de végétations
Îles tapies comme des jaguars
Îles muettes
Îles immobiles
Îles inoubliables et sans nom
Je lance mes chaussures par-dessus bord
car je voudrais bien aller jusqu'à vous.

Blaise CENDRARS,
Feuilles de route,
Denoël.

ÉNIGMES

Entier, je suis une saison,
Ami lecteur ; si de mon nom
Une seule lettre est ôtée,
Je ne suis plus qu'une journée.

Auteur inconnu.

Je suis difficile à trouver,
Et plus encore à conserver.
Les curieux, pour me connaître,
Avec grand soin me font la cour ;
Ma loi me défend de paraître,
Car l'instant où je vois le jour
Est l'instant où je cesse d'être.

Auteur inconnu.

HAÏKAÏ

La boule rouge du soleil
Vient coiffer le mât de la barque :
Bilboquet au ralenti.

Jean BRETON.

À ma gauche mon ombre marche,
Elle se noie dans le canal,
Mais remonte sur l'autre berge.

René MAUBLANC.

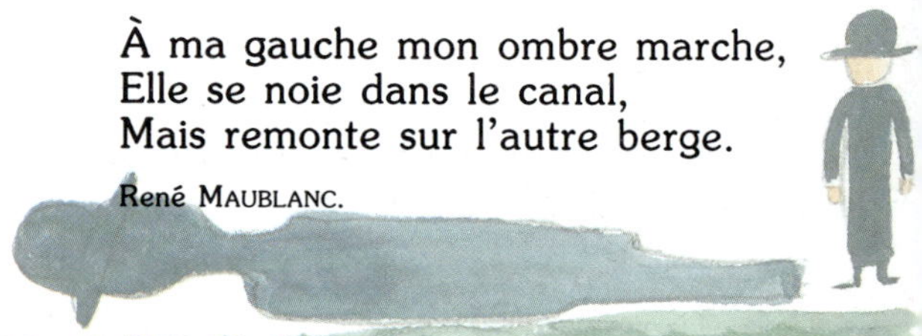

Dans la mer blanche,
Une île jaune :
Œuf sur le plat.

GLYRAINE.

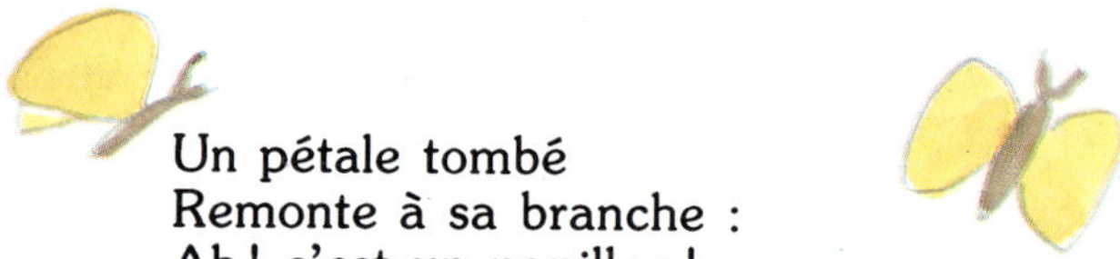

Un pétale tombé
Remonte à sa branche :
Ah ! c'est un papillon !

Auteur inconnu.

Hirondelle : ciseaux
Coupant le drap de l'air
En échantillons bleus.

M.-A. GUÉGAN.

Perché sur le toit,
Le chat remet à l'heure
L'horloge de la nuit.

Maurice NICOULIN.

* **haïkaï** : petit poème japonais en trois lignes.

C'EST LA FÊTE !

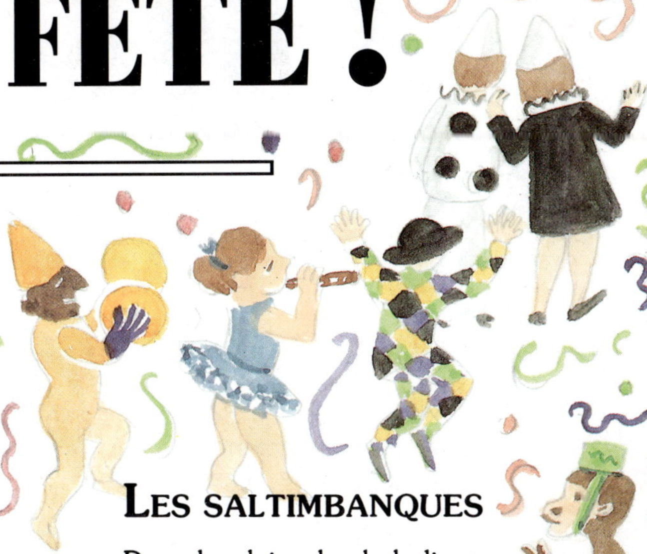

Mardi gras

Beau Mardi gras, ne t'en va pas
Je suis le lion. Elle est la rose
Lion je rugis pour peu de chose
C'est que je ris : ne t'en fais pas.

Gai Mardi gras, ne t'en va pas
Gypsy s'habille en devinette
Une chemise est sa toilette
De grande dame en tralala.

O Mardi gras, ne t'en va pas
Je suis tout rouge sous mon masque
Et l'ami Claude porte un casque
En carton d'or et qui flamboie.

Jean-Pierre VOIDIES,
Par la plume du ballon bleu,
Éditions R. Maria, D. R.

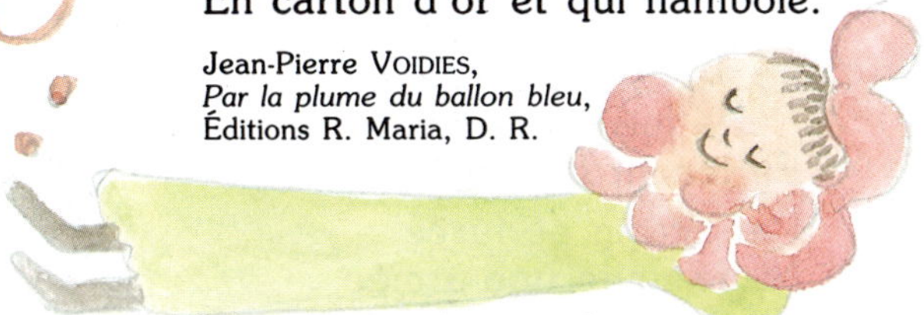

Les saltimbanques

Dans la plaine les baladins
S'éloignent au long des jardins
Devant l'huis des auberges grises
Par les villages sans églises.

Et les enfants s'en vont devant
Les autres suivent en rêvant
Chaque arbre fruitier se résigne
Quand de très loin ils lui font signe.

Ils ont des poids ronds ou carrés
Des tambours des cerceaux dorés
L'ours et le singe animaux sages
Quêtent des sous sur leur passage.

Guillaume APOLLINAIRE,
Alcools,
Gallimard.

J'ai tendu des cordes
de clocher à clocher ;
des guirlandes
de fenêtre à fenêtre ;
des chaînes d'or
d'étoile à étoile
et je danse.

Arthur RIMBAUD,
« Phrases », *Illuminations.*

Fête foraine

[...] Tout n'était que lumière, poussière, cris, joies, tumulte ;
les uns dépensaient, les autres gagnaient,
les uns et les autres également joyeux.

Les enfants se suspendaient aux jupons de leurs mères
pour obtenir quelque bâton de sucre,
ou montaient sur les épaules de leurs pères
pour mieux voir un escamoteur éblouissant comme un dieu.
Et partout, circulait, dominant tous les parfums,
une odeur de friture, qui était comme l'encens de cette fête.

Charles BAUDELAIRE,
Petits poèmes en prose.

Rêve d'Enfant

En sortant de l'école
nous avons rencontré
un grand chemin de fer
qui nous a emmenés
tout autour de la terre
dans un wagon doré
Tout autour de la terre
nous avons rencontré
la mer qui se promenait
avec tous ses coquillages
ses îles parfumées
et puis ses beaux naufrages
et ses saumons fumés
Au-dessus de la mer
nous avons rencontré
la lune et les étoiles
sur un bateau à voiles
partant pour le Japon
[...]

Jacques PRÉVERT,
Histoires,
Gallimard.

MOI, J'IRAI DANS LA LUNE

Moi, j'irai dans la lune
Avec des petits pois,
Quelques mots de fortune
Et Blanquette, mon oie.

Nous dormirons là-haut
Un p'tit peu de guingois
Au grand pays du froid
Où l'on voit des bateaux
Retenus par le dos.

[...]

Oui, j'irai dans la lune,
Je vais recommencer.
Cette fois en cachette
En tenant mes souliers.

Pas besoin de fusée
Ni de toute une armée,
Je monte sur Blanquette
Hop ! on est arrivé !

René DE OBALDIA,
Innocentines,
Grasset.

Un enfant m'a dit :
« La pierre est une grenouille endormie. »
Un autre enfant m'a dit :
« Le ciel, c'est de la soie très fragile. »
Un troisième enfant m'a dit :
« L'océan, quand on lui fait peur, il crie. »
Je ne dis rien, je souris.
Le rêve de l'enfant, c'est une loi.
Et puis, je sais que la pierre,
vraiment, est une grenouille,
mais au lieu de dormir
elle me regarde.

Alain BOSQUET,
Le Cheval applaudit.

CHEVAUCHÉE SIDÉRALE

À cheval sur ma fusée
Partons pour les galaxies
Cueillir des fleurs étoilées
Dans les nocturnes prairies.

Adieu, les maisons, les prés
L'HLM et le verger !

À cheval sur ma fusée
Partons pour les nébuleuses
Cueillir des pommes dorées
Dans les régions ténébreuses.

Adieu, l'école et l'hiver
La rue et le chemin de fer !

À cheval sur ma fusée
Partons pour le fond du ciel
Cueillir la roue du soleil
Qui fabrique les années.

Georges JEAN,
Les Mots d'Apijo,
Saint-Germain-des-Prés.

ensembles DOCUMENTAIRES

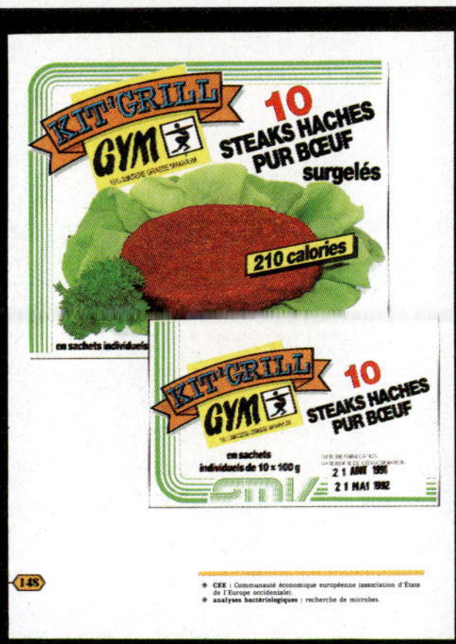

GLOU GLOU GLOU GLOU!
KAÏÏÏÏÏ!
?
ÉTRANGE BÊTE!
ON VA VOIR QUEL GOÛT ÇA A ; JE M'EN OCCUPE, TOI, ALLUME DU FEU.
HÉ, ASTÉRIX!
LE GLOUGLOU, LÀ, IL A DES TAS DE COPAINS. EN ATTEN-DANT DE TROUVER DES SANGLIERS, NOUS AURONS DE QUOI MANGER.
GRRR! OUAH!
ESPÉRONS QUE C'EST MANGEABLE.
PEU APRÈS...
C'EST MÊME TRÈS BON!
OUI, MAIS JE ME DEMANDE SI ÇA NE SERAIT PAS MEILLEUR FARCI... SCRONTCH!... AVEC DU SANGLIER, PAR EXEMPLE...
SCROTCH! SCROTCH!
GRRRRRR!
QUAND ON PARLE DU LOUP!... IL Y A SÛREMENT UN SANGLIER LÀ-BAS. JE VAIS LE CHERCHER; ON EN FARCIRA LE TROISIÈME GLOUGLOU.
SOIS PRUDENT!
AH BEN ÇA, ALORS!
????

IL N'Y A PAS D'OURS PRÈS DU VILLAGE... OÙ SOMMES-NOUS?
JE SUIS COMME TOI : JE DÉCOUVRE.
SNIF!
BON, EH BIEN ON MANGE L'OURS, ET APRÈS ON VERRA, PAR TOUTATIS!
TU N'EN VEUX PAS? IL EN RESTE ENCORE UN PEU...
NON... JE ME DEMANDE OÙ NOUS AVONS BIEN PU ABORDER...
SCRITCH!
UN PEU PLUS TARD...
BAH! REPOSONS-NOUS... ON VERRA PLUS TARD.
BONNE IDÉE!
IDÉFIX A ENCORE SENTI QUELQUE CHOSE!
CHIC! UNE AUTRE BÊTE! C'EST QUE J'AI FAIM, MOI!
GRRRRRR!
FAIM? TU VIENS DE MANGER DEUX GLOUGLOUS DONT UN FARCI AVEC UN OURS!
IL ME FAUDRA BEAUCOUP DE GLOUGLOUS ET BEAUCOUP D'OURS POUR ME FAIRE OUBLIER LA POMME DES PIRATES!
ASTÉRIX! VIENS VOIR! DES ROMAINS!
?
15

OÙ ÇA?
ICI!
SNIF!
CE NE SONT PEUT-ÊTRE PAS DES ROMAINS.
MAIS SI! C'EST LE TRUC DES ROMAINS, ÇA, DE NOUS ÉPIER DANS LA FORÊT ET D'AVOIR PEUR DE NOUS RENCONTRER.
CHERCHONS-LES; SI ON LES ATTRAPE, ILS NOUS DIRONT OÙ EST LE VILLAGE.
D'ACCORD, MAIS MARCHONS SANS FAIRE DE BRUIT; ON NE SAIT JAMAIS...
SNIF! SNIF!
YOUHOU! LES ROMAINS! OÙ ÊTES-VOUS, LES ROMAINS?
CHUT! JE T'AI DIT DE MARCHER SANS FAIRE DE BRUIT!
MAIS JE MARCHE SANS FAIRE DE BRUIT; CE N'EST PAS EN MARCHANT QUE JE FAIS DU BRUIT!
TU NE COMPREN-DRAS DONC JAMAIS RIEN!
AH OUI? QUI C'EST QUI M'A DIT DE JETER LE FILET?!
QU'EST-CE QUE LE FILET VIENT FAIRE DANS CETTE HISTOIRE?
SI TU NE M'AVAIS PAS DIT DE JETER LE FILET ET SI TU AVAIS SU CONDUIRE LE BATEAU, NOUS NE SE-RIONS PAS DANS CETTE FORÊT À CHERCHER DES IMBÉCILES DE ROMAINS!
TCHAC!
BON. EH BIEN ILS NE SONT PAS LOIN, NOS ROMAINS; ESSAYONS DE LES TROUVER.
MAIS COMMENT FAIRE?
IL N'Y A QU'À SUIVRE LA FLÈCHE DANS LA DIRECTION INVERSE DE CELLE QU'ELLE INDIQUE. C'EST LOGIQUE.
C'EST LOGIQUE, ÇA?

La Grande Traversée, une aventure d'Astérix le Gaulois, par GOSCINNY et UDERZO, Dargaud.

Questions à la page 221.

L'OURS ET NOUS :

TARIF DES ADHESIONS

Adulte	*60F*
Moins de 25 ans	*30F*
Soutien	*100F*

Par retour, je recevrai :
— ma carte d'adhérent
— la Lettre d'ARTUS
— mon cadeau de bienvenue, ce petit bijou que je choisis :

❐ doré à l'or fin
❐ argenté

91.1 G25/CG.91.1

UN MECENE

Depuis 1985, LA MAISON DE VALERIE, entreprise privée de vente par correspondance, n'a pas ménagé sa peine pour aider les associations à faire leur travail : informer, étudier, interpeller, protester.

En 1988, elle a créé en son sein un service mécénat à vocation unique : la sauvegarde de l'ours. Elle a organisé à Paris une exposition inaugurée par le Président de la République et visitée par 250 000 personnes. Elle a produit un film animalier primé par plusieurs festivals européens. La télévision française en a diffusé de larges extraits à plusieurs reprises.

Fin 1989, LA MAISON DE VALERIE a mis toute sa logistique au service des fondateurs d'**ARTUS**.

Aujourd'hui, LA MAISON DE VALERIE prend en charge les frais de structure (local, salaires, téléphone, informatique, etc.) de l'association **ARTUS**. De sorte que les sommes versées par les adhérents d'**ARTUS sont affectées à 100% à des actions pour la sauvegarde de l'ours.**

C'est un fait unique en France.

LA MAISON DE VALERIE

ARTUS

UNE ASSOCIATION POUR SAUVER L'OURS EN FRANCE

Médiatorś - RCS TOURS B 319 673 596

❋ **mécène :** personne, ou entreprise, qui protège et aide financièrement des artistes, des savants ou des associations à caractère humanitaire.
❋ **logistique :** moyens nécessaires en personnel et matériel.
❋ **battue :** chasse très bruyante au cours de laquelle les hommes, accompagnés de leurs chiens, battent les bois pour en faire sortir le gibier.

LE DEFI D'ARTUS !

200 ours en France au début de ce siècle. Plus que 12 ou 13 aujourd'hui. L'ours : un seigneur. Entouré de l'aigle, du vautour, de l'isard et du grand coq de bruyère, il règne sur les derniers espaces sauvages pyrénéens. Eh bien ! ces espaces, on les détruit : exploitation des forêts, aménagements touristiques, loisirs motorisés.

Et le vacarme des battues au sanglier, en automne, au moment où les ours ont le plus grand besoin de tranquillité pour se nourrir en abondance avant d'hiverner. Puis l'apprentissage de la peur et de la fuite perpétuelle, au printemps, pour les oursons nouveau-nés.

Mais quel crime a-t-il commis, cet animal superbe, pour être ainsi condamné à une fin prochaine ?

Il est protégé par la loi. Les scientifiques nous montrent l'absurdité de notre conduite à son endroit. Le milieu associatif multiplie les cris d'alarme. Tous les chasseurs ne sont pas opposés à la présence de l'ours dans la montagne, loin de là. Pas plus que les bergers. Pas plus qu'un certain nombre de forestiers.

Alors ?

Alors il faut appliquer la loi. Il faut créer les réserves promises. Il faut que l'Office National des Forêts

accepte de reconsidérer ses méthodes de gestion.

Quant à nous, nous ne baissons pas les bras : pour sauver l'ours en France, nous avons créé l'association ARTUS. Une association **indépendante** : elle ne reçoit pas un centime de l'Etat. Une association **qui prend l'initiative : ARTUS** travaille d'arrache-pied pour informer l'opinion, pour sensibiliser les pouvoirs publics (120 parlementaires de tous bords nous ont apporté leur soutien). **ARTUS** commandite les études scientifiques qui déboucheront un jour sur des réintroductions d'ours en France. **ARTUS** a des projets de partenariat économique avec certaines communes pyrénéennes. **ARTUS** est en relation permanente avec les médias. **ARTUS** intervient auprès du gouvernement, auprès du Conseil constitutionnel — nous avons, sous cet aspect, enregistré plusieurs succès. Une association **compétente : ARTUS** compte parmi ses administrateurs comme parmi ses adhérents des scientifiques de haut niveau.

En deux ans, **ARTUS** a suscité plus de 9 000 adhésions. C'est un début !

BULLETIN D'ADHESION

A retourner, accompagné de votre chèque libellé à l'ordre d'ARTUS, à :
ARTUS - LA MAISON DE VALERIE
BP. 50 - 41353 Vineuil cedex

***OUI,** je souhaite prendre part à la sauvegarde des ours en France.*
J'adhère à l'association ARTUS.

Nom : ____________

Prénom : ____________

Né(e) le : |__|__| |__|__| |__|__|

Adresse : ____________

____

Ville : ____________

Code postal : |__|__|__|__|__|

Signature :

- *Que représente Artus ? Quelles actions cette association mène-t-elle ?*
- *Quel mécène aide Artus ? Par quels moyens ?*
- *À quoi servent les sommes versées par les adhérents d'Artus ?*
- *Pourquoi faut-il protéger l'ours en France ? Que faudrait-il faire pour le sauver ?*

❋ **reconsidérer ses méthodes de gestion :** revoir sa façon de protéger la nature et les animaux.
❋ **commandite :** avance l'argent pour...
❋ **partenariat économique :** association avec participation financière.
❋ **médias :** journaux, radio, télévision... qui diffusent l'information.

le moelleux

C'est un délicieux gâteau au chocolat dont la consistance doit rester moelleuse. C'est pourquoi on doit le cuire au bain-marie.

Ce gâteau est petit, mais suffisant pour 8 personnes. Il est recommandé d'utiliser un chocolat de bonne qualité (43% de cacao minimum).

PRÉPAREZ

matériel

ingrédients

CALCULEZ VOTRE TEMPS

Préparation (18 mn).

Mettre le chocolat cassé dans un bol avec de l'eau bouillante, allumer le four.

Préparer le reste du matériel, peser les denrées.

Préparer, beurrer le moule.

Mettre les ingrédients dans le bol du robot.

Travailler la pâte.

Verser dans le moule, préparer le bain-marie, mettre au four.

Cuisson (2 h).

Surveiller la cuisson.
Retirer le gâteau du four.

Démouler le gâteau froid.

*Marques déposées.

Questions à la page 221.

SUIVEZ LA RECETTE

A Cassez le chocolat (200 g) en petits morceaux dans un grand bol. Recouvrez d'eau bouillante, mettez de côté. (1)

B Allumez le four. Préparez le moule en le beurrant soigneusement.

C Cassez chacun des 3 œufs séparément au-dessus du bol en contrôlant leur fraîcheur. Faites-les glisser dans le bol du robot, ajoutez le sucre, le beurre un peu ramolli coupé en petits morceaux, la poudre d'amandes, la Maïzena, la levure chimique "Alsacienne". Faites tourner le robot 30 secondes.

D Videz l'eau qui reste sur le chocolat fondu. Versez la pâte de chocolat obtenue sur les autres ingrédients. Mettez le robot en marche 3 minutes pour obtenir une pâte homogène.

E Versez sans attendre cette préparation dans le moule beurré et placez-le dans un plat creux allant au four, rempli aux 3/4 d'eau frémissante. (2)
Placez l'ensemble dans le four (th 6 - 175°/180°).

F La cuisson dure entre 1 heure 3/4 et 2 heures. Ajoutez de temps en temps un peu d'eau bouillante dans le plat du bain-marie (3)

G Démoulez le gâteau tiède et servez-le froid accompagné d'une crème anglaise (fiche MA).

Pour en savoir plus.

(1) Cette façon de faire fondre le chocolat lui conserve tout son parfum : l'eau ne pénètre absolument pas dans la pâte de chocolat. Il suffit donc de renverser le bol pour la retirer.

(2) La cuisson au bain-marie est indispensable pour certains entremets (crème renversée, gâteaux de riz, gâteaux de semoule, etc.), elle donne plus de moelleux au gâteau.

(3) La cuisson au bain-marie est beaucoup plus lente qu'une cuisson normale, mais elle se fait sans à-coup et sans problème. Seul le niveau de l'eau doit être régulièrement contrôlé.

- **maïzena :** farine de maïs qui sert à épaissir la crème.
- **3'** (abréviation) : 3 minutes.
- **homogène :** bien mélangée.
- **frémissante :** l'eau, en chauffant, remue doucement avant de bouillir.
- **th 6 :** thermostat à 6 (le thermostat est un appareil qui permet de régler la température pour qu'elle reste toujours la même).

❋ **CEE :** Communauté économique européenne (association d'États de l'Europe occidentale).
❋ **analyses bactériologiques :** recherche de microbes.

© Société mancelle des viandes.

- *Qu'indiquent les dates sur l'emballage ? Quelle est la durée de conservation du produit emballé ?*
- *Cette viande a-t-elle subi des contrôles ? Lesquels ? Une fois le produit décongelé, que ne faut-il pas faire ?*
- *Combien pèse chacun des steacks ? Quel est leur temps de cuisson ? Pourquoi recommande-t-on d'utiliser une spatule ?*

❋ **parage :** action d'enlever la peau, les nerfs, les graisses, les tendons de la viande.
❋ **sucs :** jus.

les KUNTZ, une famille du cirque

Les Kuntz son nés en voyage. Leur destin, c'est l'état d'artiste.
Travailler dans un cirque, c'est un métier difficile
transmis **de génération en génération** ❉
et lié à un mode de vie original : le **nomadisme** ❉.

Voici leur arbre généalogique :

- Henri et Georges sont les fils de Maria et André Kuntz.
- Henri a eu trois enfants : Thaïs, Guillaume et Richard.
- Patrick, le frère de Philippe, est le fils de Guillaume.
- Richard a deux enfants : Franck et Sophia.
- David et Matthieu sont les fils de Franck et Julia.

❉ **de génération en génération :** de parents à enfants, d'enfants à petits-enfants, etc.

À l'école du cirque

Sandrine a 16 ans. Au lycée, elle n'est pas vraiment douée pour les mathématiques et le français. Ce qui l'intéresse, c'est le sport et les disciplines artistiques : la musique, le dessin. D'ailleurs, elle est inscrite à un club d'athlétisme et a déjà un bon niveau, sans pour autant prétendre à la compétition internationale. Elle aime aussi beaucoup la danse, le théâtre et l'expression corporelle.

Elle apprend par hasard qu'il existe une école du Cirque à Paris. Poursuivre tout ce qu'elle a déjà appris en l'exprimant sur un mode artistique, c'est vraiment tout ce dont elle rêve ! Elle décide d'aller s'inscrire à cette école. Ses parents essaient de l'en empêcher, car, pour eux, le cirque, ce n'est pas très sérieux. Mais sa décision est prise et, un matin, elle se retrouve dans l'immense salle de l'école.

De hauts miroirs reflètent tout un système de cordes, de trapèzes et d'anneaux, et elle est très impressionnée. Dans un coin, un élève retenu par une corde s'exerce au saut périlleux au tapis. Un petit homme sec et vif s'avance vers elle et se présente : « Je m'appelle Alfredo et je suis désormais ton professeur de trapèze. Allez, échauffe-toi et montre-nous ce que tu sais faire aux barres parallèles. » Son sourire lumineux et son accent chantant mettent tout de suite Sandrine à l'aise et elle commence à s'échauffer.

Les jours passent et Sandrine progresse. Elle apprend la danse, l'acrobatie et le mime. Les résultats sont très encourageants et elle se montre douée pour la corde volante. Alfredo l'incite à se perfectionner. Maître et élève s'entendent bien.

Un an plus tard, elle présente son propre numéro de corde sous le chapiteau du cirque à l'ancienne. Ses parents sont venus la voir et ils comprennent qu'elle a trouvé un véritable métier. Bientôt, peut-être pourra-t-elle suivre son professeur dans leur tournée d'été et partager avec lui la vie du voyage...

En 1974, deux écoles de cirque s'ouvrent en France, l'École nationale du cirque d'Annie Fratellini et Pierre Etaix et le Conservatoire du cirque et du mime dirigé par Sylvia Montfort et Alexis Gruss Junior. Auparavant, seuls les enfants qui étaient nés dans le cirque pouvaient apprendre le métier « sur le tas » grâce à l'enseignement familial traditionnel. Maintenant, le cirque s'ouvre à l'extérieur et des jeunes de tous les milieux peuvent venir s'initier à ce métier merveilleux. Ils découvrent la complexité de cet apprentissage qui regroupe de multiples disciplines : danse, acrobatie, musique, mime, et les prépare aux métiers du spectacle. Alors, peut-être, choisiront-ils de se joindre à la vie aventureuse des gens du voyage.

D'après AGHION, LOPEZ et DEBRAY, *Les Kuntz, une famille du cirque*, Larousse.

- *Combien de générations l'arbre généalogique de la famille Kuntz comporte-t-il ?*
- *Les parents de Sandrine ont-ils changé d'idée en voyant leur fille exécuter son numéro ? Pourquoi ?*
- *Quelles sont les écoles qui pouvaient accueillir, en 1974, les enfants désirant apprendre les métiers du cirque ? Qui les a créées ? Quelles disciplines y enseigne-t-on ?*

❊ **nomadisme :** genre de vie où les gens se déplacent constamment en caravane, roulotte, etc.

JEAN-LOUIS ÉTIENNE : un aventurier des temps modernes

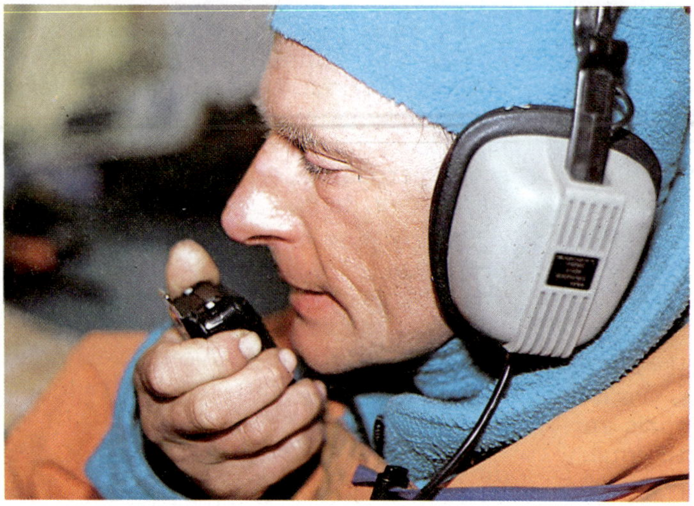

© F. Latreille.

Jean-Louis Étienne au cours de la Transantarctica.

Après la Transantarctica, une expédition polaire menée dans des conditions extrêmes, le docteur Jean-Louis Étienne nous présente son nouveau projet, Océans Polaires, qui comporte deux axes. L'un scientifique, l'autre éducatif.

Anne Franc. — Pouvez-vous nous décrire votre nouveau projet ?
J.-L. É. — Le nouveau projet s'appelle Océans Polaires, c'est une navigation polaire d'une durée de cinq ans (de 1991 à 1995) divisée en deux parties : l'Arctique et l'Antarctique, d'où le nom de ce projet. La fondation Elf en est l'unique **sponsor** ❋. De 1991 à 1992, nous allons naviguer dans l'océan Antarctique. Nous mettons en place un programme éducatif qui consiste à alimenter le « tout public » avec des images télévisées sous forme de magazines de 13 minutes. Nous avons isolé 25 sujets en rapport avec les endroits que nous allons fréquenter, c'est-à-dire : la Patagonie, la Terre de Feu et la péninsule Antarctique. Ce programme dit « éducatif » fonctionnera pendant l'année scolaire 1991-1992 (octobre à avril) et, outre l'animation télévisée, il y aura une animation par radio, **télématique** ❋, et un document de base qui est le contenu des connaissances de tout ce que nous allons traverser. Il est à destination des professeurs. Bien que notre cible soit tout public, nous allons agir sur les publics CM2, 6e, 5e, car ils sont plus faciles à cerner. Nous allons les concerner et alimenter les professeurs d'histoire-géographie et de sciences naturelles.

A. F. — Outre le programme éducatif, il y a un programme scientifique ; quel est-il ?
J.-L. É. — C'est un programme océanographique fait avec une communauté scientifique internationale. Il y aura des français, des allemands et des australiens, le tout piloté par les TAAF (Terres australes antarctiques Françaises). Le programme 1992 consiste à étudier tout ce qui est océanographique en lisière des packs de glace, c'est-à-dire à la frontière des eaux libres et de l'océan gelé : autour de l'Antarctique.

A. F. — Quels seront son déroulement mais aussi son contenu ?
J.-L. É. — Le bateau partira début juin 1991 de Brest pour aller directement en Amérique du Sud dans la péninsule Valdès, les Falklands et le détroit de Magellan pendant un mois et demi jusqu'au 15 octobre. Ensuite, nous descendrons sur la péninsule Antarctique et, du 15 novembre jusqu'à la période de Noël, nous reviendrons sur le détroit de Magellan, dans un port qui s'appelle Punta Arenas, qui va être notre plate-forme. Puis, du 10 janvier jusqu'à la fin mars, nous serons dans le secteur Géorgie du sud, les îles Sandwich du sud, qui sont des îles éloignées. Le bateau aura terminé la mission de ce programme éducatif pour ensuite être prêt à partir en Tasmanie à partir de fin avril, début mai, pour trois missions scientifiques, jusqu'en octobre 1992. Le

❋ **sponsor :** financier d'une compétition ou d'un exploit sportif.
❋ **télématique :** association de l'informatique et des communications à distance.
❋ **balise Argos :** dispositif perfectionné destiné à émettre des signaux pour pouvoir être repéré.

programme est fait sur trois périodes d'un mois et demi. Tout est organisé, car il faut en même temps fournir les images et donc passer dans les ports. C'est un parcours organisé qui n'est pas spécialement contraignant, qui a l'avantage d'être clair et nous permet de garantir l'apport d'images régulièrement, de pouvoir échanger une équipe de scientifiques par une autre et éventuellement d'équipage tous les deux mois.

A. F. — Pouvez-vous nous décrire un moment précis de votre mission ?
J.-L. É. — Au mois d'août, nous espérons arriver en Patagonie sur la côte atlantique, pour essayer une nouvelle **balise Argos** ❋ en fabrication chez Dassault-Électronique, tout spécialement conçue pour être fixée sur des baleines franches et étudier leur migration. Cette expérience a été testée par des scientifiques américains. Le plus difficile étant d'accrocher la balise sur cette énorme baleine, nous attendrons d'être au large de la péninsule Valdès : c'est là qu'elles viennent mettre bas, et nous pourrons alors nager avec elles, ce qui nous permettra d'accrocher la balise. [...]

A. F. — Emmenez-vous des jeunes pendant l'expédition ?
J.-L. É. — J'ai effectivement déjà emmené des jeunes pendant l'expédition du pôle nord magnétique, en Islande et en Patagonie. Cette fois-ci, c'est un programme éducatif, qui se déroule en période scolaire, ce n'est pas une expédition que nous faisons pour les scolaires. Nous allons peut-être lancer un concours, car des jeunes veulent venir : nous allons tenter d'en sélectionner huit vraiment passionnés.

A. F. — Est-ce l'exploit ou l'aventure humaine qui vous motive ?
J.-L. É. — Les navigations que nous allons faire sont difficiles, nous allons dans des régions encombrées, il faut de l'expérience. Pour le commun des mortels, qui n'est pas habitué, cela peut paraître un exploit : un exploit de navigation. Mais pour moi, l'exploit, c'est fini, j'ai passé l'âge.

A. F. — Et dans dix ans que ferez-vous ?
J.-L. É. — Je ne sais pas ce que je ferai dans dix ans. Pour le moment, je me suis transformé en **armateur** ❋ avec cet énorme bateau qui fait trente-six mètres de long et dix mètres de large, et je mène cette expédition sur cinq ans. Disons que, dans cinq ans, je n'aurai pas terminé ma carrière polaire. Mais j'aurai bien fait le tour de toutes ces régions. Ce qui m'excite, c'est de ne pas savoir ce que je ferai dans dix ans.

Un énorme bateau qui fait trente-six mètres de long et dix mètres de large.

© F. Latreille.

A. F. — Qui êtes-vous réellement, Jean-Louis Étienne ?
J.-L. É. — J'ai 43 ans. J'ai eu un **CAP** ❋ d'ajusteur sur métaux, avant d'arriver au bac. Ensuite, j'ai voulu faire médecine. Je l'ai fait. J'ai travaillé pendant treize ans dans ce domaine, en alternance avec les expéditions. La médecine générale est, à mon avis, la meilleure école de vie. ■

Propos recueillis par Anne Franc.

Article paru dans le *Bulletin de la MGEN*, n° 133, janvier 1991.

?

- *Qui est Jean-Louis Étienne ?*
- *Résumez le premier programme scientifique 1991-1992 d'« Océans Polaires ».*
- *Qu'apporte le programme éducatif mis en place à la même époque ? À qui est-il destiné ?*
- *Quel nouveau dispositif doit être testé ? Des jeunes pourront-ils participer à cette expédition polaire ? Pourquoi Jean-Louis Étienne parle-t-il de lancer un concours ?*

❋ **armateur :** propriétaire de navire.
❋ **CAP :** Certificat d'aptitude professionnelle, diplôme qui donne la qualité (ici, ajusteur sur métaux).

sculptures en papier

Outils

— une règle plate graduée,
— un crayon sec
(2 H ou 4 H),
— une équerre,
— un compas,
— une gomme souple,
— une paire de ciseaux
à bouts pointus
pour faciliter les entailles,
— des trombones ou petites
pinces à linge pour maintenir
les collages.

Matériaux

— carton noir,
— feuilles de papier à dessin
léger (100 g) blanc
ou teinté couleurs vives,
— colle qui ne coule pas.

Procédés de façonnage du papier

Avant de l'utiliser, observer le papier à dessin pour rechercher le sens des fibres.

Remarquer que, si on plie ou enroule la feuille dans le sens du papier (sens des fibres), le travail se fait facilement *(figure 1)*.

En revanche, si on prend le papier dans le sens perpendiculaire aux fibres, des cassures apparaissent sur la surface *(figure 2)*.

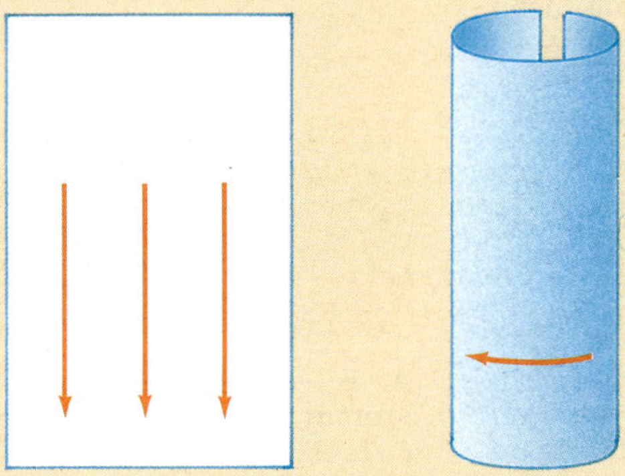

Figure 1

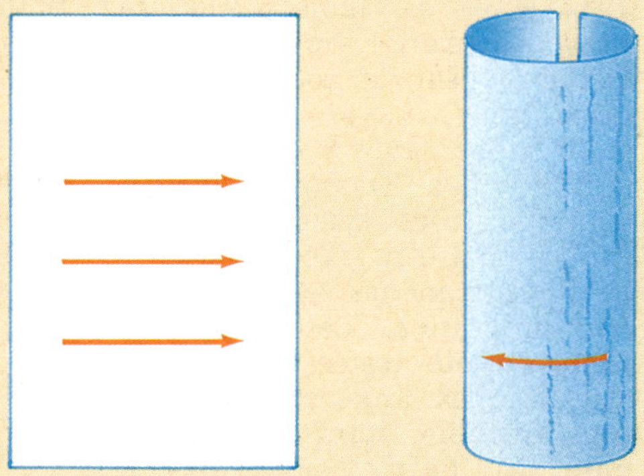

Figure 2

Transformation en relief des surfaces

• Pliage en deux d'un rectangle *(figure 3)*.

• Pliage en deux d'un triangle *(figure 4)*.

• Construction d'un cône à partir d'un cercle *(figure 5)* :
— entailler le rayon AB ;
— superposer dans le sens des flèches ;
— déposer un filet de colle sous l'entaille AB ;
— maintenir le collage avec un trombone (ou une petite pince à linge).

Figure 3

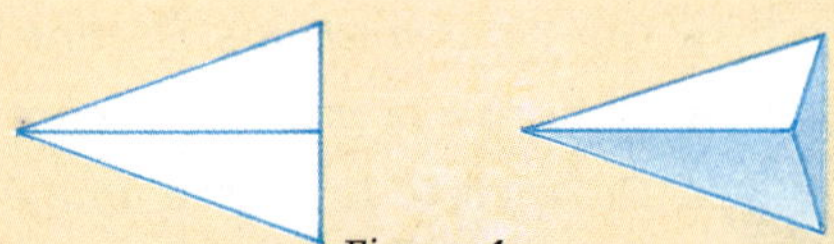

Figure 4

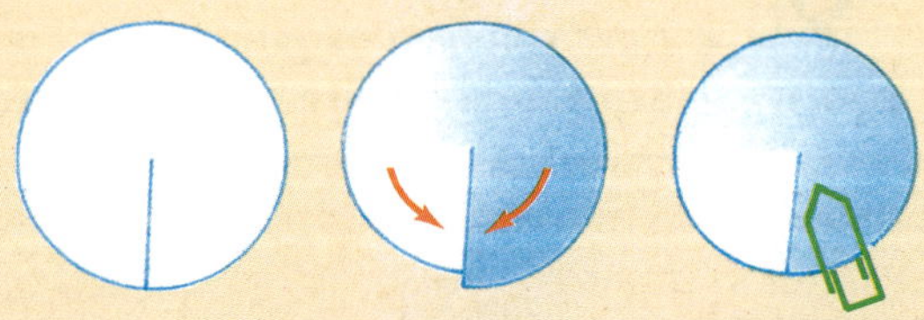

Figure 5

Décor d'un carré

Préparation

- Tracer, puis découper, dans la feuille de carton noir, un carré de 100 mm de côté qui servira de support.
- Sur les feuilles de papier à dessin, tracer, puis découper et transformer :

— quatre rectangles de 30 × 60 mm avec pliage sur la longueur ;
— quatre cercles de 50 mm de diamètre, transformés en cônes de 40 mm de base ;
— un cercle de 60 mm de diamètre, transformé en cône de 50 mm ;
— vingt triangles isocèles de 40 mm de base et 20 mm de hauteur pliés sur leur hauteur.

Réalisation

- Tracer les médianes et les diagonales sur le support.
- Coller le cône de 50 mm de base au centre du carré.
- Placer les divers reliefs sur ces axes pour créer un ensemble agréable et harmonieux.
- Coller en ayant soin :

— de ne pas trop mettre de colle ;
— d'enlever, si nécessaire, les excès de colle avec une petite éponge humide et de prévoir un carré d'étoffe blanc pour nettoyer les doigts ;
— de ne faire apparaître aucune trace sur les reliefs ou sur le support.

D'après André CHABBERT, *La Sculpture en papier*, « La géométrie », Bordas.

- *Comment plier ou enrouler le papier à dessin ? Pourquoi ?*
- *Comment obtenir un cône ?*
- *Combien de figures découperez-vous et transformerez-vous ? Nommez-les.*
- *Où colle-t-on le cône de 50 mm ? Quelles précautions faut-il prendre ?*

TIGRE

EMBRANCHEMENT : vertébrés.
CLASSE : mammifères.
ORDRE : carnivores.
FAMILLE : félidés.
CARACTÉRISTIQUES :
Long. : 2 m environ
+ 90 cm de queue.
Haut. : 0,95 à 1,10 m.
Poids : 250 à 280 kg.
Griffes : 8 à 10 cm.
Gestation : 93 à 114 jours.
1 portée tous les 3 ans :
1 à 5 petits par portée,
capables de chasser à 6 mois.

TIGRE

Wand-da, grand prince

Parce que le jeu naturel de ses rayures dessine l'**idéogramme** ❃ chinois « wand-da », qui signifie grand prince, le tigre a été **vénéré** ❃ en Chine et a compté parmi les figures mythologiques de ce pays. À l'origine, le tigre habitait le Grand Nord, puis a émigré de Sibérie en Inde, en Birmanie, en Indochine, et de là en Perse et dans les régions du Caucase où on le trouve encore actuellement.

Les plus grands tigres portent une épaisse fourrure et vivent dans les zones froides de Sibérie ; ceux qui habitent la jungle sont sensibles à la chaleur et recherchent l'eau pour se rafraîchir. Ils sont d'ailleurs d'excellents nageurs : dans le delta du Gange, ils traversent des bras de fleuve de trois à six kilomètres de large. Leur robe présente des nuances variées : du beige pâle au rouge brique, certains sont **albinos** ❃. Armés de griffes puissantes et de crocs redoutables, ils s'attaquent à l'homme et à tous les animaux, même aux grands carnivores. Les ravages qu'ils causent ont poussé les gouvernements à mettre leur tête à prix ; aussi ne reste-t-il plus que quelque six mille individus dans le monde. Les tigres se déplacent volontiers, surtout en hiver, leur période d'activité. Leur vue est peu perçante, mais ils ont l'oreille et le nez fins : c'est au bruit et à l'odeur qu'ils dépistent leurs proies (sangliers, cerfs et antilopes) ; un tigre peut avaler jusqu'à cent kilos de viande en un seul repas. Ils vivent en solitaire, chacun dans son territoire, sauf au moment du rut, où mâle et femelle s'appellent d'un territoire à l'autre : c'est l'époque de la vie en commun.

PHOTO : Gros plan d'un tigre femelle *(Panthera tigris)* et de son petit.

?

- *Pourquoi le tigre a-t-il été vénéré en Chine ?*
- *Dans quelle région trouve-t-on encore des tigres ?*
- *Quelle est la meilleure période d'activité de ces animaux ?*
- *Comment dépistent-ils leur proie ? En quoi consiste leur repas ?*

❃ **idéogramme :** tracé qui caractérise l'écriture chinoise.
❃ **vénéré :** adoré.
❃ **albinos :** blanc.

vipère aspic

EMBRANCHEMENT : vertébrés.
CLASSE : reptiles.
ORDRE : ophidiens.
FAMILLE : vipéridés.
CARACTÉRISTIQUES :
Long. : jusqu'à 75 cm.
Mue : 2 à 5 fois par an.
1 ponte par an :
4 à 18 petits (20 cm).

VIPERE ASPIC

Une attaque ultra-rapide

Parmi les cent cinquante espèces communément appelées vipères qui rampent dans le monde entier, la vipère aspic est typique des régions montagneuses du sud de l'Europe. Elle a deux ennemis principaux : l'homme et le hérisson. Ce dernier, protégé par ses piquants et en outre pratiquement **immunisé** ❋ contre le venin, en fait volontiers son repas. Mais c'est un animal nocturne alors que la vipère est diurne, aussi ne se rencontrent-ils que rarement. Quant à l'homme, c'est pour se défendre qu'il cherche à la détruire ; nous savons tous que la morsure de la vipère est dangereuse et même quelquefois mortelle chez les enfants ou les personnes fragiles. En principe, la vipère n'attaque l'homme que lorsqu'elle se sent menacée. La tête rejetée en arrière, le corps tendu comme un arc, elle siffle et frappe sa victime en un quarantième de seconde ! Les stylets venimeux de ses crochets **inoculent** ❋ alors une forte dose de venin dont l'effet est foudroyant. Arme défensive certes, mais aussi offensive ! C'est en effet la même tactique qu'elle emploie pour chasser rongeurs, oiseaux, petits mammifères. Ceux-ci, tués net, disparaissent, la tête la première, dans la gueule du serpent. La vipère préfère s'abreuver de rosée matinale plutôt que de l'eau des torrents ou des mares. Elle passe l'hiver en **léthargie** ❋, cachée dans quelque trou de rongeur. Dès que vient le printemps, les mâles s'affrontent pour la conquête amoureuse. De juin à septembre, les œufs restent **incubés** ❋ dans le corps de la femelle. Bien que le mot vipère vienne de « vivipare », ce serpent est en fait ovovivipare. On l'a crue longtemps vivipare parce que les vipéreaux rompent leur coquille au moment de la naissance.

PHOTO : Vipère aspic *(Vipera aspis)*. © Jane Burton/Bruce Coleman Ltd.

?

- *Quelle taille la vipère aspic peut-elle atteindre ? Comment frappe-t-elle sa victime ?*
- *Quel est l'animal qui n'a rien à craindre d'elle ? Pourquoi ?*
- *Pendant combien de temps la femelle incube-t-elle les œufs ? Combien peut-elle en pondre par an ?*

❋ **immunisé :** qui se défend contre...
❋ **ils inoculent :** ils injectent.
❋ **léthargie :** torpeur, engourdissement.
❋ **incubés :** couvés.

découvrons nos parcs nationaux

Refuge de nombreuses espèces animales et végétales en voie de disparition, les parcs nationaux ont été créés pour préserver une partie de notre environnement du béton et de la pollution. Leur réglementation stricte protège la faune et la flore de leur plus féroce ennemi : l'homme.

CÉVENNES

Parc national des Cévennes, château de Florac, BP 4, 48400 FLORAC. Tél. : 66.45.10.60.

Sa superficie de 84 000 ha se déploie sur les départements de la Lozère et du Gard, dans une zone de moyennes montagnes (altitude maximale : 1 700 m).

Cette région de France, peu à peu délaissée par ses habitants qui sont partis vers la ville, abrite des rapaces tels le grand duc, l'aigle royal ou le circaète Jean-Le Blanc, plus commun. D'autres espèces ont été réintroduites et se maintiennent bien, comme le castor et le grand **tétras**❉.

Parmi sa flore, très diversifiée, on peut découvrir des plantes rarissimes : le sabot de Vénus ou le troll. Mais interdiction de les cueillir : elles sont protégées !

Hibou grand duc

© Schrempp/Pitch.

Aigle royal

© J.-L. Chedal/Pitch.

Chardon bleu

© J. Prissette/Pitch.

LES ÉCRINS

Parc national des Écrins, 7 rue du Colonel-Roux, BP 142, 05004 GAP CEDEX. Tél. : 91.51.40.71.

Avec la Barre des Écrins culminant à 4 102 m, ce parc national comprend, dans ses 100 000 ha environ, le plus haut sommet de tous les parcs. Son autre particularité est de posséder près de 12 000 ha de glacier !

Il s'étend sur les départements de l'Isère et des Hautes-Alpes.

Près de 90 espèces d'oiseaux, 30 espèces de mammifères et 12 espèces de reptiles et de **batraciens** ❉ s'y reproduisent.

En se promenant le long des sentiers balisés, on peut apercevoir des lys orange, du génépi et des chardons bleus (emblème du parc).

Les amoureux de la nature pourront participer à des stages d'initiation à la découverte de la faune et de la flore. Les visiteurs y sont accueillis en toute saison.

LA VANOISE

Parc national de la Vanoise, 135 rue du Docteur-Julliand, BP 105, 73003 CHAMBÉRY. Tél. : 79.62.30.54 ou 79.62.31.47.

Longeant sur 7 km le parc national italien du Grand-Paradis, le parc de la Vanoise s'étend sur 53 000 ha en Savoie et comprend 125 sommets dépassant 3 000 m !

Les bouquetins, dont il ne reste actuellement que 600 spécimens, y vivent en paix. Ces animaux sont devenus l'emblème du parc. Chamois, marmottes et grands ducs le peuplent aussi.

La flore est d'infinie variété, et, avec un peu de chance, on peut rencontrer le fameux edelweiss qui fleurit entre 1 000 et 2 500 m, en juillet-août.

Très bien organisé, le parc offre 500 km de sentiers praticables pour randonnées de tous niveaux.

Bouquetin

© J.P. Champroux/Jacana.

❉ **tétras :** coq de bruyère.
❉ **batraciens :** animaux qui peuvent vivre dans l'air et dans l'eau (exemple : la grenouille).

Saxifrages

© J. Prissette/Pitch.
© C. Pissavini/Jacana.
© J.-F. Gonnet/Pitch.

MERCANTOUR

Parc national du Mercantour, 13 rue Maccarani, 06000 NICE. Tél. : 93.87.66.10.

Pour une superficie de 68 500 ha, le parc du Mercantour s'étend sur les départements des Alpes-Maritimes et des Alpes-de-Haute-Provence.

Il possède la plus grande exposition de gravures **rupestres** ❈ à l'air libre existant en Europe : la célèbre vallée des Merveilles et le cirque de Fontanable recèlent plus de 100 000 dessins de l'âge du bronze !

Une autre richesse appartient à ce parc : sa magnifique flore comportant près de 2 000 espèces végétales (sur les 4 800 existant en France). L'emblème du parc est d'ailleurs une plante, la saxifrage, qui pousse au milieu des pierres, seulement dans cette région.

Les nombreux sentiers balisés facilitent la découverte du parc.

PORT-CROS

Parc national de Port-Cros, 50 avenue Gambetta, 83400 HYÈRES. Tél. : 94.65.32.98.

Regroupant l'île de Port-Cros, les îlots de Bagaud, du Rascas et de la Gabinière, sa superficie totale est de 700 ha, à une dizaine de kilomètres de la côte varoise.

Une zone maritime, qui s'étend jusqu'à 600 mètres au large des îles, s'ajoute à la partie **insulaire** ❈, constituant le premier parc marin d'Europe.

De strictes mesures de protection ont permis de préserver le fond marin qui encercle l'île : dans le sentier marin de l'anse du Palu, les prairies de posidonies constituent de vastes herbiers où se faufilent poissons, pavots de mer et éponges, en toute tranquillité.

Posidonies

© D. Barrault/ Sea and See.

PYRÉNÉES

Parc national des Pyrénées-Occidentales, route de Pau, BP 300, 65013 TARBES. Tél. : 62.93.30.60.

Ce parc national s'étend sur 45 707 ha et longe sans interruption la frontière espagnole, de la vallée de l'Aspe à l'ouest, à celle de l'Aure à l'est. Son plus haut sommet, le pic de Vignemale, culmine à 3 298 m.

Les derniers ours de France, actuellement espèce protégée, y vivent en compagnie d'autres animaux qui ont subsisté grâce aux mêmes mesures de protection. Ce sont : l'isard, le vautour fauve, le grand tétras, l'aigle royal.

Le jardin botanique de Gavarnie, rassemblant les 400 espèces de plantes propres aux Pyrénées, accueille de nombreux visiteurs. Des promenades guidées, consacrées à la faune, la flore, l'histoire et l'écologie, sont organisées par l'Association des amis du parc.

Ours brun

© J.-M. Labat/Jacana.

- *Quels sont les parcs qui abritent des oiseaux protégés ?*
- *Quel parc national italien voisine avec celui de la Vanoise ?*
  Où se trouve la vallée des Merveilles ?
- *Quelles sont les plantes protégées du parc des Cévennes ?*
- *Comment s'appelle le premier parc marin d'Europe ? Qu'y a-t-on protégé ?*

❈ **rupestres :** faites directement sur la roche.
❈ **insulaire :** qui appartient à l'île.

carte des parcs nationaux et régionaux

	France	Europe	Amérique du Nord	Afrique
Nombre de parcs	6	400	360	180
Pourcentage du territoire classé en parc	0,6 %	0,60 %	1,6 %	1,2 %
Superficie du plus grand parc	100 000 ha (Les Écrins)	850 000 ha (en Suède)	4 400 000 ha (au Canada)	6 500 000 (S.O. africain)

Parcs nationaux

- En France, les parcs nationaux ont été créés par une loi de 1960. Il existe également 17 parcs naturels régionaux couvrant près de 2 millions d'ha, soit 3,4 % du territoire.

D'après *Documents & Sciences*, Biologie niveau 2, par N. Babin et al., Hachette Classiques.

?

- *Retrouvez sur la carte les six parcs nationaux.*
- *Combien d'espèces protégées sont-elles portées sur cette carte ? Citez-en quelques-unes en nommant le parc où on peut les rencontrer.*
- *Dans quelle région du monde se trouve le plus grand parc ? À votre avis, pourquoi ?*

LIMITÉ

LES TIMBRES DE FRANCE RACONTENT LA FRANCE

La France est belle. Les timbres de France sont beaux. De grands artistes, peintres ou graveurs, illustrent sur ces timbres ce qui fait de la France un pays unique : la diversité de nos paysages, la richesse de notre patrimoine, nos monuments célèbres, les grands noms et les moments les plus forts de notre Histoire, notre culture et nos arts, nos sciences et nos savants...

Beaucoup d'amateurs rêvent de se constituer une collection prestigieuse de ces chefs-d'œuvre : les timbres de France. Mais ces timbres, très demandés par de nombreux philatélistes, se révèlent parfois difficiles à trouver, surtout à des prix abordables.

Aujourd'hui, la Société des Philatélistes a réuni une petite quantité de ces collections et vous les propose à des conditions très avantageuses, par abonnement.

VOUS RECEVREZ EN CADEAU

- Votre première sélection de 35 timbres et tous les accessoires gratuits :
- des pinces de philatéliste pour manipuler vos timbres,
- des charnières gommées pour les fixer dans l'album,
- une loupe pour les examiner en détails.
- **Et vous bénéficierez d'un prix spécial pour l'album de France. Un album de plus de 100 pages illustrées avec une reliure à anneaux que vous ne paierez que 58 F au lieu de 198 F – prix réel d'un tel album.**

Renvoyez votre bon d'examen dans les 5 jours et vous recevrez en cadeau une superbe enveloppe 1er Jour d'un beau timbre de France.

DEMANDE D'ADHÉSION 289

Société des Philatélistes - 4, rue de Castellane, 75008 Paris

OUI, veuillez m'envoyer pour un examen gratuit la première sélection de Timbres de France et l'ensemble de collectionneur avec l'album-reliure et tous les accessoires.

Si, après 10 jours d'examen, je décide de ne pas poursuivre cette collection, je vous retournerai tout sans rien vous devoir.

Autrement, je conserverai la 1ère sélection de 35 timbres et tous les accessoires en cadeau et ne réglerai pour l'album-reliure que le prix spécial de 58 F (+14F de frais d'envoi) réservé aux souscripteurs de la Collection des Timbres de France de la Société des Philatélistes.

Vous pourrez alors m'adresser les sélections suivantes de timbres de France, à raison d'un envoi par mois environ. Pour chaque sélection que je conserverai, je n'aurai qu'à régler le prix spécial réservé aux Sociétaires et actuellement fixé à 58F (+6,70 F de frais d'envoi).

Je pourrai mettre fin à cet accord à tout moment par simple lettre.

Signature

Nom ______ Prénom ______

Adresse ______

Ville ou lieu-dit ______

Code postal ______ Bureau distr. ______

- *En quoi une collection des timbres de France est-elle intéressante ?*
- *Pourquoi les timbres de cette collection sont-ils chers et difficiles à trouver ? Quel est le moyen proposé par la Société des philatélistes pour se les procurer ?*
- *Combien de timbres la première sélection contient-elle ? À quelle fréquence le souscripteur recevra-t-il les suivants ? Pour quel prix ?*

patrimoine : tout ce qui est transmis par les ancêtres.
philatélistes : collectionneurs de timbres-poste.
enveloppe 1er Jour : enveloppe sur laquelle est collé un timbre tamponné le jour de sa sortie.

- Commencez par les questions dont vous connaissez les réponses. Les codes de couleur vous aideront ; de plus, vous pouvez utiliser un dictionnaire ou tout autre document.
- Confrontez vos résultats à ceux de vos camarades.

A

1. Comment s'appelait la fille de la Belle au Bois Dormant ?
2. Dans quelle ville se trouve la Petite Sirène d'Andersen ?

B

1. Comment s'appelle l'ami de Pif ?
2. C'est un célèbre canard avare. Quel est son nom ?

C

1. Quel est le nom de la mer où les anguilles pondent leurs œufs ?
2. Quel oiseau est le symbole de la Nouvelle-Zélande ?

D

1. Comment appelle-t-on la voiture légère utilisée pour les courses de trot attelé ?
2. En rugby, à combien de points un essai équivaut-il ?

E

1. Qui découvrit l'Amérique en 1492 ?
2. Qui est le compositeur de *La Marseillaise* ?

F

1. Quel mot qualifie une personne qui parle plusieurs langues ?
2. Comment s'appelle la pièce de bois qui sert à atteler un bœuf ?

G

1. Comment s'appelait Paris au temps des Romains ?
2. Qui est l'inventeur de l'imprimerie ?

H

1. Comment appelle-t-on les minuscules gouttelettes qui résultent de l'éclatement des vagues ?
2. L'œnologie est la science des ...

I

1. Quel nom donne-t-on à la balle utilisée en hockey sur glace ?
2. Quel nombre se trouve à l'opposé du cinq sur le dé ?

J

1. De qui Daisy est-elle la fiancée ?
2. Qui est l'auteur des aventures de Tintin ?

K

1. Quel autre nom donne-t-on au requin ?
2. Son duvet sert à fabriquer des couettes. C'est un oiseau voisin du canard. Qui est-ce ?

L

1. Comment s'appelait le maître du Chat Botté ?
2. Quel est le nom de la sœur de Hansel ?

RÉPONSES

Conte	• Gretel • Aurore • Copenhague • Marquis de Carabas	• Rouget de Lisle • Christophe Colomb • Lutèce • Gutenberg	Histoire
Bande dessinée	• Hercule • Picsou • Hergé • Donald	• deux • quatre • sulky • palet	Sport
Animaux	• kiwi • eider • squale • Sargasses	• embruns • polyglotte • vins • joug	Vocabulaire

des champions

- Complétez les affirmations ou répondez le plus rapidement possible aux questions posées.
- Vous pouvez vous aider d'un dictionnaire ou de tout autre document.
- Dites à quelle catégorie appartient chacune de ces douze fiches.

I

1. Comment s'appelle le compagnon de Don Quichotte ?
2. Dans *20 000 lieues sous les mers*, quel est le nom du capitaine ?

II

1. Dans quel sport se sert-on d'un fleuret ?
2. Quel est le nom de l'arrière d'un bateau ?

III

1. On dit : un « vol » de canards sauvages. Que dit-on pour les perdrix ?
2. À quel espèce le koala appartient-il ?

IV

1. Qui est le créateur des Schtroumpfs ?
2. De quel héros Jolly Jumper est-il le cheval ?

V

1. De qui Robin des Bois était-il l'allié ?
2. Complétez ce titre de conte : *Les Musiciens de la ville de ...*

VI

1. Qui a peint le tableau intitulé *Joconde* ?
2. Quel personnage célèbre vécut longtemps sur une île déserte ?

VII

1. Les moutons se déplacent en troupeaux, et les poissons en ...
2. Sous quel nom les « cochons de mer » sont-ils plus connus ?

VIII

1. Les revenus d'un avocat, d'un médecin, d'un architecte sont des ...
2. Le premier ministre français reçoit le premier ministre italien. C'est son ...

IX

1. Comment s'appelle le petit chien dans *Astérix* ?
2. Davy Crockett était un célèbre ...

X

1. Comment appelle-t-on le costume traditionnel des femmes en Inde ?
2. L'ornithologie est la science des ...

XI

1. Quel nom portait Napoléon Ier avant d'être sacré empereur ?
2. Écrivain français (1802-1885) des plus honorés et des plus connus. C'est ...

XII

1. Au golf, avec quoi frappe-t-on la balle ?
2. Quel est le score qui suit « égalité » au tennis ?

RÉPONSES

Catégories					Catégories
Conte	• Roi Richard • Sancho Pança	• Némo • Brême	• Robinson Crusoé • Victor Hugo	• Bonaparte • Léonard de Vinci	Histoire
Bande dessinée	• Idéfix • Lucky Luke	• trappeur • Peyo	• club • escrime	• avantage • poupe	Sport
Animaux	• marsouins • marsupiaux	• compagnie • bancs	• homologue • oiseaux	• sari • honoraires	Vocabulaire

histoire d'un dessin animé : LUCKY LUKE

Cet homme, c'est Lucky Luke.

Il n'est pas seul, bien sûr. Je l'accompagne, moi, sa fidèle monture, Jolly Jumper, pour vous servir. Pour nous distinguer l'un de l'autre, bien que nous soyons inséparables, c'est facile : Lucky Luke est brun. Le blond, c'est moi ; autrement il n'y a pas grande différence entre nous !

Lucky Luke voit le panneau indiquant l'existence de Daisy Town, et, aussitôt, comme d'habitude, il me consulte ; je lui donne mon accord. Pourquoi pas ? Nous n'avons jamais entendu parler de Daisy Town, mais tout ce que nous demandons d'une ville c'est une écurie, un hôtel, une bonne bière, un peu de fourrage, quelques jours de repos. Nous ne sommes pas difficiles, nous, les chevaliers errants... surtout en ce qui concerne celui qui erre à pied.

Pour ce qui est du repos, je sens tout de suite que nous avons fait une erreur. Lucky Luke a du mal à entrer dans le saloon, à cause des bagarres et des clients qui se font **éjecter** ❋. Et, comble de l'horreur, la plupart des expulsés achèvent leur course dans mon abreuvoir !... [...]

Lucky Luke aussi a du mal à s'abreuver ; la présence d'un étranger est très mal vue par la **faune** ❋ qui fait la loi dans le saloon. Mais c'est mal connaître mon cow-boy que de vouloir l'empêcher de boire une bière quand il en a envie. Lucky Luke a tôt fait de mettre tout le monde au pas. Au pas et dehors. Bien sûr, il y a quelques petits dégâts dans le saloon, mais, paraît-il, la bière est bonne et fraîche, merci. [...]

Mais, évidemment, la **racaille** ❋ n'a pas tellement apprécié l'attitude de Lucky Luke. Ces messieurs se sont réunis au coin de la rue, et écoutent avec intérêt les **rodomontades** ❋ du gros Heavy Mulligan :

— Si nous voulons avoir la paix, ce cow-boy ne doit pas rester à Daisy Town !

— En tout cas, il ne doit pas y rester vivant.

Ces derniers mots ont été proférés par le croque-mort Mathias Bones. [...] Il est vivement approuvé par tout le monde, et surtout par Jackson, le vautour, cette sale bête. [...]

❋ **éjecter :** projeter en dehors.
❋ **faune :** en principe, ensemble des animaux qui vivent dans une région ; ici, c'est l'ensemble des gens (que l'on compare à des animaux).

Aussitôt, tous ces gentlemen organisent des guets-apens. Bien inutilement d'ailleurs, car le coyote qui aura Lucky Luke dans une embuscade, si habile soit-elle, n'est pas encore né. Voyez plutôt.

Vous pensez bien que toutes ces **prouesses** ❋ ne sont pas passées inaperçues à Daisy Town, qui n'est, en somme, qu'une petite ville de province, où les commentaires vont bon train.

Et c'est ainsi que, le soir venu, un groupe de citoyens honnêtes se réunit dans les locaux du *Daisy Town Clarion*, le plus grand et le seul des quotidiens de la ville. Comme toujours, c'est Jeremiah Blunder, le maire, qui prend la parole :

— Ce cow-boy doit rester à Daisy Town. Il nous débarrassera de la racaille !

Mathias Bones, venu là par hasard avec Jackson, surenchérit de sa voix douce :

— Oui ! Avec lui en ville, il ne restera plus un bandit vivant.

❋ **racaille :** bande de gens malhonnêtes, méprisables.
❋ **rodomontades :** vantardises.
❋ **prouesses :** choses extraordinaires.

D'après Goscinny et Morris, *Histoire d'un dessin animé : Lucky Luke*, Dargaud.

- *Dans ce récit, qui parle ?*
- *Que désirent Lucky Luke et Jolly Jumper en arrivant à Daisy Town ? Pourquoi cette ville n'est-elle pas calme ?*
- *Comment la racaille veut-elle se débarrasser de Lucky Luke ? Comment ce dernier désarme-t-il Heavy Mulligan ?*
- *Que veulent les citoyens honnêtes ?*

Pochette postée le |_._._._| N° client Extra Film |_._._._._._._._|.|_|

Mme ☐ Mlle ☐ M ☐ |_______________| Prénom |_______________|

Rés. Bât. Esc. |_______________| N° |_____|

Rue |_______________|

Lieu-dit/Hameau |_______________|

Code Postal |_____| Ville |_______________|

Tél. : |_| |_._._._._|

Humidifiez, rabattez et collez s'il vous plaît.

(vous pouvez également utiliser un ruban adhésif).

En vertu des articles 1150, 1583, 1789, 1790 du Code Civil, notre responsabilité se limite, en cas de perte ou de destruction accidentelle au cours du développement, au remplacement par une quantité équivalente de film vierge, dont le traitement sera également assuré gratuitement par Extra-Film. Pour tout retard de paiement, Extra-Film facturera en sus les frais de recouvrement.
La vente ou prestation est censée réalisée aux conditions départ, port et taxes avancés pour votre compte.

- *Que peut contenir cette pochette ? Comment l'utiliser ? Faut-il timbrer l'envoi ? Pourquoi ?*
- *Quel est le cadeau de bienvenue ? Que faut-il faire pour le recevoir ?*
- *Comparez les « points forts » et les « avantages exceptionnels ». Que remarquez-vous ?*
- *Quelle est la formule publicitaire utilisée par Extra Film ? Combien de fois est-elle répétée ?*

❈ **frais de recouvrement :** frais occasionnés pour encaisser une dette.
❈ **est censée :** est supposée être.

LE PARCOURS DE LA FLAMME OLYMPIQUE !

DÉPART
14 Décembre
1991

ALBERTVILLE 92.

ARRIVÉE
8 Février 1992

PARCOURS
DE LA FLAMME
OLYMPIQUE

LA POSTE — ORGANISATEUR OFFICIEL DU PARCOURS DE LA FLAMME OLYMPIQUE

- **vestales :** jeunes filles prêtresses chargées de surveiller le feu dédié à Vesta, déesse du foyer, dans l'Antiquité.
- **rituel :** rite, cérémonie habituelle.
- **compte à rebours :** compte à l'envers pour marquer un départ.

UN RENDEZ-VOUS AVEC L'HISTOIRE...

C'est à Olympie, au cœur de la Grèce antique, que des vestales, à l'aide d'un miroir parabolique concentrant la lumière solaire, font naître le plus puissant des symboles : la Flamme des Jeux.

Cette dernière est alors acheminée, suivant un rituel précis, jusqu'au théâtre des cérémonies, avant de partir pour le pays d'accueil des Jeux.

UNE PARTICIPATION DES REGIONS DE FRANCE...

Acheminée par avion, la Flamme arrivera sur le sol de France le 14 décembre 1991.

Commencera alors un relais humain de 5 000 km, à travers les 22 régions, les 60 départements et les 2 000 communes figurant sur le tracé.

Durant 57 jours, grâce à La Poste, la France entière vivra en direct le compte à rebours des Jeux.

LA POSTE

TOUTE UNE JEUNESSE MOBILISEE...

Pour assurer le relais, 5 000 jeunes âgés de 15 à 20 ans seront sélectionnés.
Au mois d'avril 1991, un appel à candidatures sera lancé et un tirage au sort effectué dans le cadre de chaque département.
Les relayeurs seront dotés d'une tenue spécialement conçue pour cette occasion et devront effectuer un tronçon de 1 km à la vitesse de 10 km/h.

TOUTE LA POSTE IMPLIQUEE...

Afin de porter aide et assistance aux jeunes relayeurs, 1 000 postiers seront sélectionnés et entraînés.
Chaque escorteur, véritable gardien de la Flamme, accompagnera ainsi durant 5 km les porteurs de flambeaux !

POUR UN VERITABLE EXPLOIT COLLECTIF !

C'est toute la population qui suivra, chaque jour, l'avancée de la Flamme Olympique et se retrouvera, chaque soir, au cœur de la ville-étape, pour le spectacle donné en l'honneur de son arrivée.
Avec La Poste, ses 17 000 bureaux et ses 300 000 agents, la France entière va s'enflammer pour les Jeux !

?

- *Où et comment la flamme olympique est-elle allumée ?*
- *Quelle distance parcourt-elle sur le sol français ?*
- *Qui transporte la flamme ? Quel est l'organisateur de ce parcours ?*
- *En combien d'étapes s'effectue le trajet ? D'où et quand part la flamme ? Où et quand arrive-t-elle ?*
- *Dans quelle(s) ville(s) de votre département et/ou région passe-t-elle ?*

❈ **partenariat :** en association.
❈ **logistique :** ensemble des moyens nécessaires à...
❈ **compétence :** capacité très grande (très capable).

venir aux jeux  c'est facile

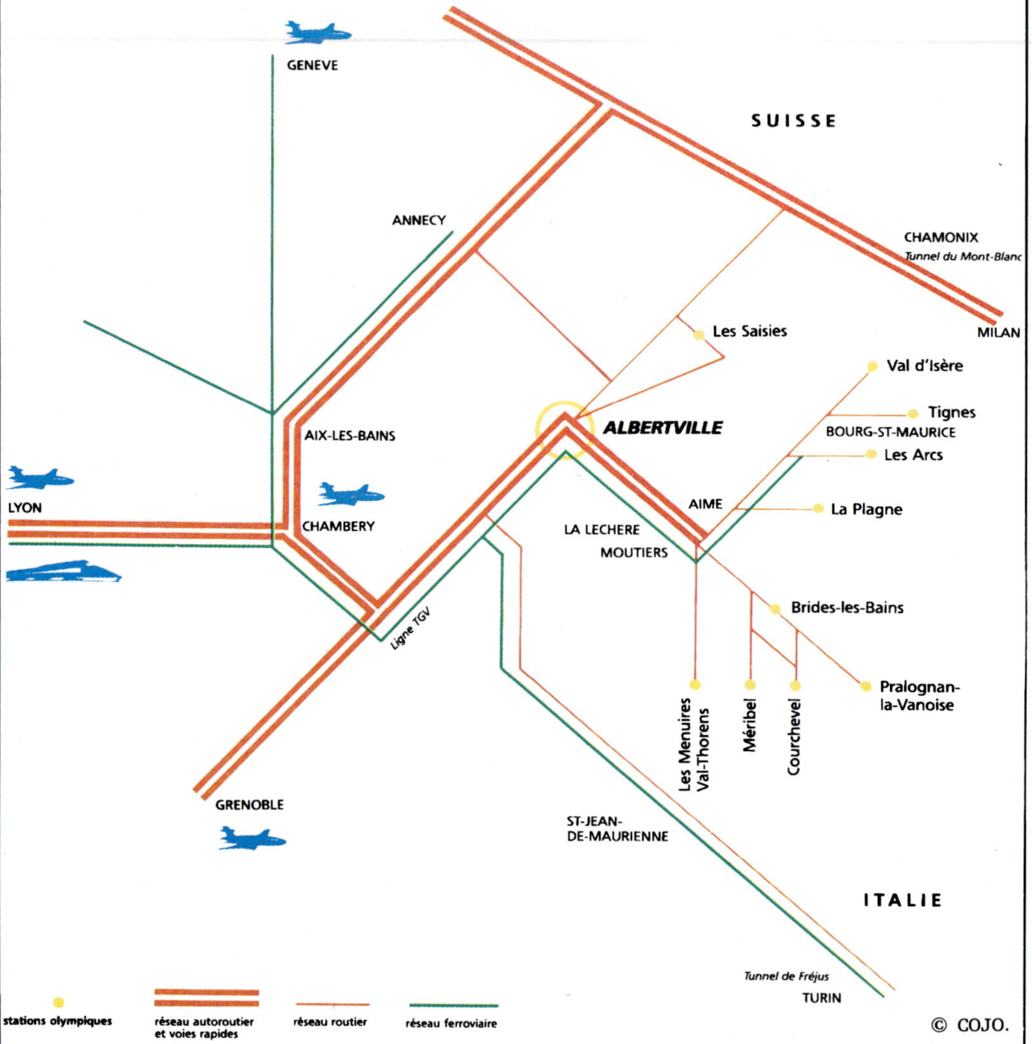

© COJO.

JANVIER 91 / FÉVRIER 92

JAN	FEV	MARS	AVRIL
M 1	V 1	V 1	L 1
M 2	S 2	S 2	M 2
J 3	D 3	D 3	M 3
V 4	L 4	L 4	J 4
S 5	M 5	M 5	V 5
D 6	M 6	M 6	S 6
L 7	J 7	J 7	D 7
M 8	V 8	V 8	L 8
M 9	S 9	S 9	M 9
J 10	D 10	D 10	M 10
V 11	L 11	L 11	J 11
S 12	M 12	M 12	V 12
D 13	M 13	M 13	S 13
L 14	J 14	J 14	D 14
M 15	V 15	V 15	L 15
M 16	S 16	S 16	M 16
J 17	D 17	D 17	M 17
V 18	L 18	L 18	J 18
S 19	M 19	M 19	V 19
D 20	M 20	M 20	S 20
L 21	J 21	J 21	D 21
M 22	V 22	V 22	L 22
M 23	S 23	S 23	M 23
J 24	D 24	D 24	M 24
V 25	L 25	L 25	J 25
S 26	M 26	M 26	V 26
D 27	M 27	M 27	S 27
L 28	J 28	J 28	D 28
M 29		V 29	L 29
M 30		S 30	M 30
J 31		D 31	

MAI	JUIN	JUIL	AOUT	SEPT
M 1	S 1	L 1	J 1	D 1
J 2	D 2	M 2	V 2	L 2
V 3	L 3	M 3	S 3	M 3
S 4	M 4	J 4	D 4	M 4
D 5	M 5	V 5	L 5	J 5
L 6	J 6	S 6	M 6	V 6
M 7	V 7	D 7	M 7	S 7
M 8	S 8	L 8	J 8	D 8
J 9	D 9	M 9	V 9	L 9
V 10	L 10	M 10	S 10	M 10
S 11	M 11	J 11	D 11	M 11
D 12	M 12	V 12	L 12	J 12
L 13	J 13	S 13	M 13	V 13
M 14	V 14	D 14	M 14	S 14
M 15	S 15	L 15	J 15	D 15
J 16	D 16	M 16	V 16	L 16
V 17	L 17	M 17	S 17	M 17
S 18	M 18	J 18	D 18	M 18
D 19	M 19	V 19	L 19	J 19
L 20	J 20	S 20	M 20	V 20
M 21	V 21	D 21	M 21	S 21
M 22	S 22	L 22	J 22	D 22
J 23	D 23	M 23	V 23	L 23
V 24	L 24	M 24	S 24	M 24
S 25	M 25	J 25	D 25	M 25
D 26	M 26	V 26	L 26	J 26
L 27	J 27	S 27	M 27	V 27
M 28	V 28	D 28	M 28	S 28
M 29	S 29	L 29	J 29	D 29
J 30	D 30	M 30	V 30	L 30
V 31		M 31	S 31	

OCT	NOV	DEC	JAN	FEV
M 1	V 1	D 1	M 1	S 1
M 2	S 2	L 2	J 2	D 2
J 3	D 3	M 3	V 3	L 3
V 4	L 4	M 4	S 4	M 4
S 5	M 5	J 5	D 5	M 5
D 6	M 6	V 6	L 6	J 6
L 7	J 7	S 7	M 7	V 7
M 8	V 8	D 8	M 8	S 8
M 9	S 9	L 9	J 9	D 9
J 10	D 10	M 10	V 10	L 10
V 11	L 11	M 11	S 11	M 11
S 12	M 12	J 12	D 12	M 12
D 13	M 13	V 13	L 13	J 13
L 14	J 14	S 14	M 14	V 14
M 15	V 15	D 15	M 15	S 15
M 16	S 16	L 16	J 16	D 16
J 17	D 17	M 17	V 17	L 17
V 18	L 18	M 18	S 18	M 18
S 19	M 19	J 19	D 19	M 19
D 20	M 20	V 20	L 20	J 20
L 21	J 21	S 21	M 21	V 21
M 22	V 22	D 22	M 22	S 22
M 23	S 23	L 23	J 23	D 23
J 24	D 24	M 24	V 24	L 24
V 25	L 25	M 25	S 25	M 25
S 26	M 26	J 26	D 26	M 26
D 27	M 27	V 27	L 27	J 27
L 28	J 28	S 28	M 28	V 28
M 29	V 29	D 29	M 29	S 29
M 30	S 30	L 30	J 30	
J 31		M 31	V 31	

JOUR J - 365
JOUR J - 250
JOUR J - 100
JOUR J - 10

Cartographie : Pierre Novat.

	8.2	9.2	10.2	11.2	12.2	13.2	14.2	15.2	16.2	17.2	18.2	19.2	20.2	21.2	22.2	23.2
Cérémonie d'ouverture ALB	■															
Ski de fond SAI		F	H			FH		FH		F	H			F	H	
Biathlon SAI				F	H		F		H			F	H			
Saut COU		●					●		●							
Combiné nordique COU				●	●					●	●					
Desc. Comb. F MER H VAL			H		F											
Slalom Comb. F MER H VAL				H		F										
Descente F MER H VAL		H						F								
Slalom F MER H MEN													F		H	
Super G F MER H VAL									H	F						
Géant F MER H VAL											H	F				
Ski artistique TIG		FH	FH		FH	FH		FH	FH							
Ski vitesse ARC											FH	FH		FH	FH	
Patinage Vitesse ALB		F	F		F	H	F	H	H	F	H		H			
Bobsleigh PLA								●	●					●	●	
Luge PLA		H	H	F	F		H									
Patinage artistique ALB						H		H				F		F	FH	
Patinage couple ALB		●		●											●	
Danse sur glace ALB							●		●	●					●	
Vitesse piste courte ALB											FH		FH		FH	
Hockey sur glace MER	●	●	●	●	●	●	●	●	●	●	●	●	●	●	●	●
Curling PRA										FH	FH	FH	FH	FH		
Cérémonie de clôture ALB																■

LES LOGOS DES ÉPREUVES

DESCENTE — BOBSLEIGH — HOCKEY sur Glace — CURLING

SKI de Fond — BIATHLON — SAUT — Comb. NORDIQUE

SLALOM — SKI Artistique — SKI de Vitesse — PATINAGE Vit.

LUGE — PATINAGE Art. — PATINAGE Cple DANSE sur Glace — SUPER GEANT GEANT

ABREVIATIONS DES SITES OLYMPIQUES :

ALB : ALBERTVILLE ARC : LES ARCS COU : COURCHEVEL PLA : LA PLAGNE PRA : PRALOGNAN LA VANOISE
MEN : LES MENUIRES MER : MERIBEL
SAI : LES SAISIES TIG : TIGNES VAL : VAL D'ISERE

- *Pour rejoindre Albertville, quels moyens de transport peut-on utiliser ?*
- *Quelle est la durée des Jeux olympiques d'hiver ?*
- *Dans quels sites ont lieu les épreuves suivantes : saut ? descente ? hockey sur glace ? Quelles épreuves ont lieu à Val-d'Isère ? à Albertville ?*
- *Citez les épreuves hommes ou femmes qui se déroulent en un jour. Quelle épreuve a lieu tous les jours ?*

manchot empereur

EMBRANCHEMENT : vertébrés.
CLASSE : oiseaux.
ORDRE : sphénisciformes.
FAMILLE : sphéniscidés.
CARACTÉRISTIQUES :
Long. : jusqu'à 1,20 m.
Poids : jusqu'à 40 kg.
Corps couvert de plumes.
Mue en décembre.
Nourriture : crevettes, calmars...

MANCHOT EMPEREUR

Boiteux, mais pas manchot

Le manchot empereur est un prodigieux nageur. Il peut atteindre en plongée une vitesse de quarante kilomètres/heure et jaillir d'un seul bond pour atteindre le sommet de la banquise. Sur le sol, au contraire, il est plutôt mal à l'aise. Il avance en se dandinant, à petits pas chancelants. Mais, dès que la surface neigeuse ou glacée est en pente, il se laisse glisser sur le ventre et « rame » à toute vitesse avec ses ailes transformées en nageoires.

Cet oiseau vit sur le continent Antarctique par colonies immenses (plusieurs dizaines de milliers d'individus). Mâle et femelle se choisissent pour la vie. Au début de l'**automne austral** ❋, en mars, les manchots gagnent leurs lieux de ponte sur le continent. Ils y jeûneront pendant plusieurs mois. La femelle pond en mai un gros œuf blanc. Épuisée, elle regagne ensuite la mer pour y reprendre des forces. Dans le froid intense de la nuit polaire, le mâle va couver l'œuf, debout pendant deux mois, sans le quitter un moment. Il est le seul, avec le manchot royal, à couver de cette manière, en tenant curieusement son œuf en équilibre sur ses pattes, recouvert par les plis de la peau de son ventre. Il suffirait que l'œuf soit exposé pendant quelques secondes au **blizzard** ❋ glacial pour que l'embryon soit détruit. Le petit naît couvert d'un duvet grisâtre. La femelle revient alors s'en occuper et le mâle, très amaigri, part se gaver de crevettes. Pendant quarante-cinq jours, le poussin reste au chaud dans les plis du ventre de sa mère. Tous les petits sont regroupés en « crèches » sous la garde des adultes, qui leur apportent leur nourriture.

PHOTO : Rassemblement de manchots empereurs *(Aptenodytes forsteri).*

?

- *À quelle espèce cet animal appartient-il ? À quels milieux de vie sait-il s'adapter ?*
- *Pendant combien de temps, comment et par qui s'effectue la couvaison ? Qui s'occupe du petit ?*
- *Quels sont la taille et le poids du manchot adulte ? De quoi se nourrit-il ?*

❋ **automne austral :** automne dans l'hémisphère sud de la Terre.
❋ **blizzard :** vent glacial, accompagné de tempêtes de neige.

SCALAIRE

EMBRANCHEMENT : vertébrés.
CLASSE : poissons.
ORDRE : perciformes.
FAMILLE : cichlidés.
CARACTÉRISTIQUES :
Long. : 15 cm environ.
Épais. : quelques mm.
Espèce la plus décorative :
le poisson-pompadour.
Nombreuses espèces.

SCALAIRE

Du vent dans les voiles...

C'est ce qui semble manquer à cet élégant poisson d'eau douce brésilien qui, bien que déployant sa somptueuse **voilure** ❋, est un fort médiocre nageur. La plupart du temps, il reste sur place et, quand il se déplace, il le fait lentement, en avant comme en arrière. Vu de face, il est si peu épais qu'on peut le confondre avec les herbes au milieu desquelles il évolue. Mais s'il se met de profil, alors apparaît son corps blanc argenté en forme de disque strié de raies noires ou gris foncé auxquelles il doit son nom (scalaire signifie escalier). Deux amples nageoires transparentes comme des voiles, l'une dorsale, l'autre ventrale, s'écartent en triangle à partir de la tête du poisson et sont prolongées par de longs filaments souples. On le trouve dans les lacs et les cours d'eau d'Amazonie, mais aussi dans ceux de Guyane et du Venezuela. Aussi délicat de mœurs que d'apparence, il ne s'accouple qu'avec la partenaire de son choix. La femelle dépose alors les œufs sur des feuilles ou des pierres plates. Puis mâle et femelle les recueillent soigneusement, les nettoyant avec leurs nageoires, et les transportent dans leur bouche jusqu'à une petite fosse creusée dans le sable où ils resteront quarante-huit heures, le temps nécessaire à l'**incubation** ❋.

Ce poisson, des plus décoratifs, est très recherché par les amateurs d'aquariums. Il s'adapte facilement à cette captivité et peut vivre jusqu'à quinze ans. Mais on a observé que, dans ce cas, ses mœurs se modifient et qu'il lui arrive souvent de consommer ses propres œufs.

PHOTO : Scalaire *(Pterophyllum scalare)*. © M. Bellieud/Pitch.

?

- *À quelles particularités ce poisson doit-il son nom ?*
- *Où le trouve-t-on à l'état naturel ?*
- *Pourquoi le scalaire est-il recherché par les aquariophiles ?*

❋ **voilure :** ensemble des nageoires qui se déploient comme des voiles.
❋ **incubation :** couvaison.

un univers en miniature : l'aquarium

Voici quelques conseils pour construire, installer, mettre en eau et entretenir un aquarium.

Pour devenir un aquariophile averti, il faut, bien sûr, s'informer sur les appareils, mais aussi sur les minéraux, les plantes aquatiques et les poissons d'ornement, sur la nourriture de ces êtres et les équilibres nécessaires, car ce n'est pas toujours très simple de faire de votre aquarium un « univers en miniature ». Mais si vous commencez, alors vous serez, comme nous, passionné par ce passe-temps fascinant.

Construire votre aquarium

Pour le réaliser, utiliser du verre de 6 mm d'épaisseur, soit 1 fois 61,2 × 32 cm pour le fond, 2 fois 60 × 32 cm pour la façade et l'arrière, et 2 fois 32 × 32 cm pour les côtés.

Tout est collé !

La colle : Rubson spéciale aquarium. C'est une colle silicone qui reste souple en séchant.

Le montage est simple, mais demande certaines précautions : encoller la tranche, assembler et presser.

Nettoyer les joints extérieurs et lisser les joints intérieurs avec un doigt humide ou de l'eau savonneuse.

Retirer les taches de colle avec de l'alcool à brûler et une lame de rasoir.

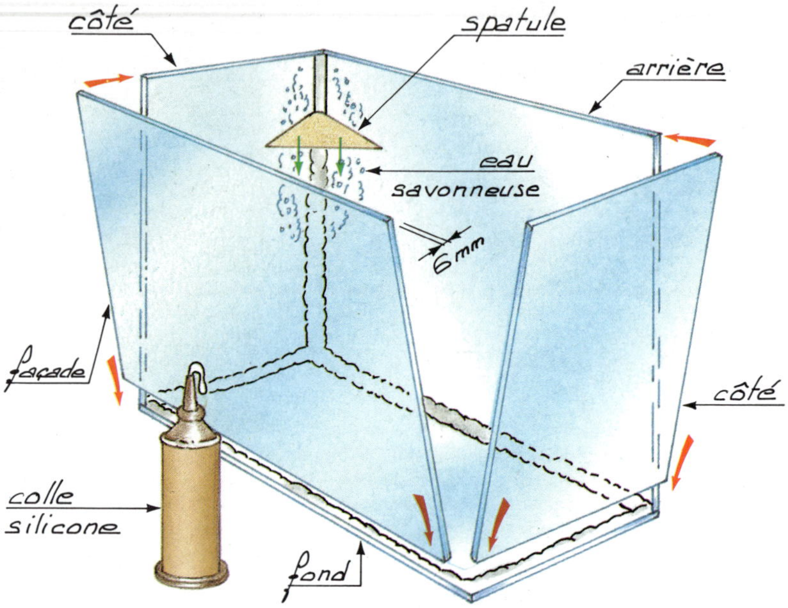

© TetraWerke.

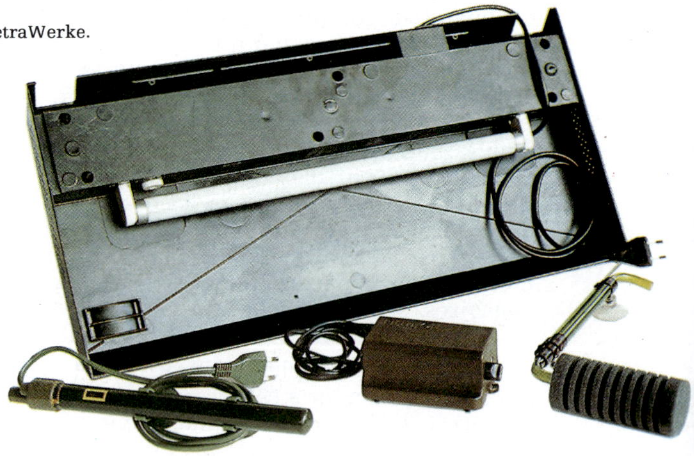

Où le placer ?

- L'endroit adéquat : proche d'une prise de courant, à l'abri d'un ensoleillement direct.
- Socle stable sur un sol bien plan (attention à la solidité !).
- Nettoyage du bac à l'eau chaude avec une éponge bien ferme (n'utilisez aucun détergent chimique !).

Le fond adéquat

- Répartir régulièrement la couche supérieure de graviers foncés (de 2 cm d'épaisseur) de l'avant vers l'arrière en montant.

© TetraWerke.

La décoration adéquate

- Remplir à demi le bac d'eau tiède (24 °C) en évitant de remuer le fond.
- Avant leur pose, nettoyer soigneusement tous les éléments de décoration.
- Ne pas abuser des objets décoratifs.
- Laisser reposer l'eau de l'aquarium pendant une journée.

Comment planter ?

- Élaguer les racines. Éliminer toutes feuilles mortes ou abîmées.
- Planter les racines en laissant visible la partie supérieure.
- Remplir l'aquarium presque à ras bord d'eau tiède (24 °C environ).

Le chauffage

- Choisir un appareil à thermostat normalisé.
- Puissance de chauffe adaptée au volume du bac (100 watts pour 100 litres).
- Dans une pièce normalement chauffée, 0,5 watts par litre d'eau suffit.
- Fixer l'appareil à la paroi du fond de l'aquarium de manière à ce que la lampe de contrôle reste parfaitement visible.
- L'appareil de chauffage doit être immergé jusqu'au clapet de fermeture.
- Avant tout nettoyage ou changement d'eau, pensez à débrancher la prise.

Le rôle et l'importance du filtre

- L'emploi de filtres intérieurs dépend de la taille de l'aquarium.
- Le filtre doit d'abord être « rodé » afin que puissent se développer les cultures bactériennes utiles à l'aquarium.
- Ne pas procéder simultanément au nettoyage du filtre (toutes les 3 à 4 semaines) et à un changement d'eau.
- Pour le nettoyage du filtre, n'utiliser aucun produit chimique (seulement de l'eau courante à 25 °C).

La pompe à air

- Fixer la pompe à air au mur (au-dessus du niveau de l'eau de l'aquarium).
- Connecter la pompe au filtre (à l'aide d'un petit tuyau à air transparent).
- Lorsqu'il y a carence d'oxygène, brancher (la nuit) un diffuseur.

Un éclairage parfait

- Les tubes fluorescents : selon la taille de l'aquarium (par exemple : un tube de 70 cm pour un bac de 80 cm de long).
- Intensité d'éclairage : selon le volume d'eau (0,5 watt par litre).
- Durée journalière d'éclairage : 12 à 14 heures environ.
- « Roder » l'aquarium en faisant fonctionner le chauffage, le filtre et l'éclairage (sans poissons).

© TetraWerke.

Tableau d'entretien de l'aquarium

Opérations	*Chaque jour*	*Toutes les semaines*	*Tous les 15 jours*	*Toutes les 3-4 semaines*	*En cas de besoin*
Contrôle de la température	X				
Contrôle de l'état de santé des poissons	X				
Contrôle du fonctionnement de l'appareillage électrique	X				
Nourrissage des poissons	X				
Contrôle de l'état de santé des plantes		X			
Élimination des feuilles mortes	X				
Changement d'eau				X	
Nettoyage des vitres intérieures					X
Nettoyage des vitres extérieures					X
Nettoyage du filtre				X	
Remplacement du volume d'eau évaporé			X		

Document extrait de *Tout pour l'aquariophile*, Tetra France.

?

- *Pourquoi la longueur du fond de l'aquarium est-elle supérieure à celle des façades ? Quelles précautions faut-il prendre au montage ?*
- *Quels accessoires peut-on mettre dans l'aquarium ? Quelle doit être la température de l'eau ?*
- *À quoi sert la pompe à air ? Qu'est-ce que « roder » l'aquarium ?*
- *Que doit-on faire toutes les trois à quatre semaines ? Pourquoi ?*

MINITEL 2

FRANCE TELECOM

Mode d'emploi

Modèle TELIC

Présentation

Votre Minitel 2 qui appartient à la nouvelle gamme des Minitel de FRANCE TELECOM est conçu pour une utilisation tant privée que professionnelle.

Simple

pour obtenir un service Télétel, composez le n° d'appel directement sur le clavier de votre Minitel 2,
un haut-parleur permet de suivre l'établissement de votre appel ; la présence d'un poste téléphonique associé n'est donc pas nécessaire.

Efficace

pour vous faciliter l'accès aux services fréquemment consultés, le répertoire télématique du Minitel 2 garde en mémoire jusqu'à 10 numéros d'appel avec les codes de service Télétel associés.

Utilisation des touches du clavier

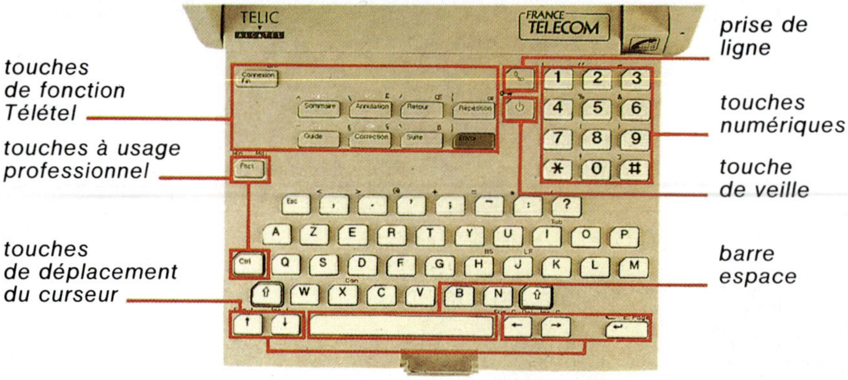

Touche veille [⏻]

– Le Minitel est en veille (lampe témoin verte) : accès direct au répertoire.
– Le Minitel n'est pas en veille (lampe témoin rouge) : mise en veille du Minitel.

Touche prise de ligne [☏]

Prise de ligne (l'appui sur cette touche allume l'écran, il n'est pas nécessaire d'appuyer sur [⏻]).
Un deuxième appui sur [☏] rend la ligne.
La touche ne rend pas la ligne si le Minitel est connecté.

Touche [Connexion Fin]

– Pour obtenir l'affichage à l'écran de la page d'accueil, appuyez sur [Connexion Fin] après avoir composé le N° d'appel.
– Si vous souhaitez entendre l'établissement de l'appel, appuyez sur [Connexion Fin] seulement à l'audition de la tonalité aiguë.
– Pour mettre fin à la consultation.

> ***Remarque :***
> *La lampe témoin passe du rouge au vert, après quelques secondes, de manière à pouvoir reprendre la consultation par un nouvel appui sur la touche [⏻] en cas de fausse manœuvre.*

> ***Remarque :***
> *Pour régler le niveau de l'écoute amplifiée, appuyez sur la touche [Fnct] et, tout en la maintenant enfoncée, appuyez sur la touche [Correction] (+ fort : ◁+), ou sur la touche [Annulation] (– fort : ◁–).*

Touches de fonction Télétel

L'utilisation des touches de fonction du Minitel 2 est précisée par le service que vous consultez. En voici les usages les plus courants :

[Envoi]	• valider la demande pour obtenir la réponse,
[Répétition]	• réafficher la page si celle-ci comporte des erreurs de transmission,
[Suite]	• passer à l'information ou à la page suivante,
[Retour]	• revenir à l'information ou à la page précédente,
[Correction]	• effacer le dernier caractère,
[Annulation]	• effacer toute la ligne
[Guide]	• accéder aux pages d'assistance,
[Sommaire]	• aller au début du service,

Touches numériques

[1] [2] [3]
[4] [5] [6]
[7] [8] [9]
[*] [0] [#]

Elles servent à la numérotation téléphonique et sont également des touches d'écriture.

Touches de déplacement du curseur

Ces touches, employées pour déplacer le curseur, sont utilisées par certains services.

[→] [←] [↑] [↓] [↵]

✻ **curseur :** ce qui permet de faire avancer lettre ou chiffre dans tous les sens.

Appeler un service télétel

Appuyez sur la touche
pour prendre la ligne :
vous entendez la tonalité,
la lettre T s'affiche en haut et
à droite de l'écran.

Composez le n° d'appel
du service sur le clavier
du Minitel ; il s'affiche sur
l'écran, par exemple : 36 14.

Appuyez sur la touche Connexion Fin
la lettre C remplace la lettre F,
la page d'accueil Télétel
s'affiche sur l'écran.

Suivez les instructions de
l'écran, toutes les informations
nécessaires à votre
consultation ont été prévues.

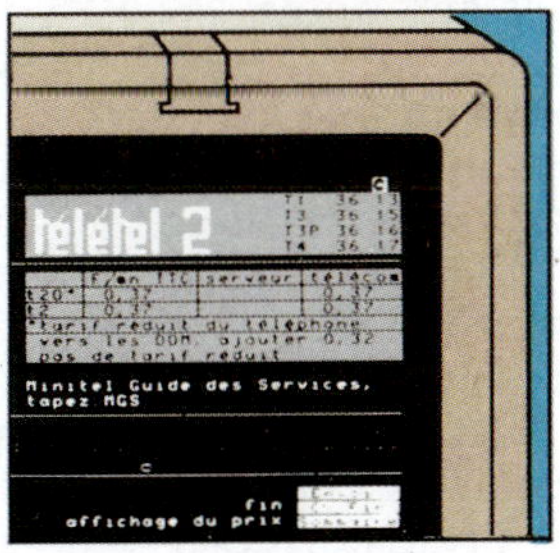

Dès l'affichage de la page d'accueil Télétel
tapez le code du service, ex. : MGS, puis Envoi

Changement de service

Si vous souhaitez obtenir un autre service Télétel accessible par le même n° d'appel,
appuyez sur la touche Connexion Fin, vous revenez à la page Télétel.
Tapez un nouveau code de service, puis Envoi

Fin de consultation

Pour mettre fin à la consultation, appuyez deux fois sur la touche Connexion Fin
puis mettez le Minitel en veille

Remarques :

- *Si la page d'accueil n'apparaît pas, appuyez sur* Connexion Fin *pour libérer la ligne, puis renouveler l'appel.*
- *Si vous souhaitez entendre l'établissement de votre appel appuyez sur* Connexion Fin *seulement à l'audition de la tonalité aiguë.*
- *Si l'écran est brouillé, appuyez sur la touche* Répétition

- *À quoi servent les touches numériques ? Que se passe-t-il si on appuie deux fois sur la touche « prise de ligne » ?*
- *Repérez les touches de fonction Télétel. Quels sont les usages les plus courants ?*
- *Quelles opérations faut-il faire pour appeler un service Télétel ?*

les annonces de l'écriture

© L. Chabot.

Tout au long de la Préhistoire, notamment dans les périodes de glaciation, il fallut suivre les traces du gibier, tantôt dans la neige, tantôt sur la vase d'un rivage. Ainsi on a pu dire que l'homme a dû savoir lire bien avant que d'écrire : le sol était sa première page.

La nature a peut-être guidé l'homme dans son premier tracé : empreintes de coquilles, squelette de poisson fossilisé, friselis des vagues...

Préhistoire, puis Protohistoire

Il n'y a pas si longtemps que l'homme sait écrire

L'écriture est tellement entrée dans nos habitudes que peu de gens se soucient de savoir quand sont nées les boucles de la **graphie** ❉ arabe, ni d'où viennent notre o tout rond et notre z en zigzag. À quelle époque les Indiens ont-ils décidé de suspendre des syllabes à une « potence », et les Chinois de concentrer des signes-à-idées dans des rectangles ? [...] Le départ de l'Histoire humaine, au sortir de la Préhistoire, est justement marqué par l'apparition des premiers systèmes d'écriture ; il y a environ cinquante-cinq siècles, c'était alors la Protohistoire. Mais comme la Préhistoire (premiers ossements et outillages humains) a débuté il y a deux millions d'années, mesurez, sur un mur, 3,60 m pour la Préhistoire, et vous verrez que l'écriture a été inventée seulement... il y a 1 cm. [...]

Lire sur sable et sur neige

Tout animal communique avec les autres membres de son espèce. C'est une question de survie. Le rossignol qui fait ses trilles, l'abeille qui bourdonne, le loup qui hurle son départ en chasse se relient chacun à leurs **réseaux** ❉ : amis-proies-ennemis. Pour nos ancêtres de la Préhistoire, il y avait deux sortes de messages observables chez les animaux : ceux qui ne durent qu'un instant, comme le toucher par antennes entre fourmis, les agitations d'oreilles, et le cri surtout, qui disparaît lorsque l'aboiement ou le chant s'achèvent ; mais il y a d'autres messages animaux qui se conserveront : telles les marques par griffures ou jet d'urine des carnassiers sur un tronc d'arbre délimitant leur territoire, et les alignements de cailloux entre nichées de pingouins. Les premiers hommes devaient, pour survivre, connaître ces signaux et ces marques des bêtes ; et tout particulièrement leurs traces. En périodes glaciaires, les tribus de chasseurs ont dû développer leur vue à l'extrême, car c'est la trace typique des sabots dans la neige qui mènera vers ce renne blessé. De même, les tribus de ramasseurs devaient lire sur le sable humide les écritures laissées derrière eux, en direction de leur trou, par les mollusques et les crabes. La **grève** ❉ et la neige étaient des « pages » où l'homme devait lire bien avant de pouvoir écrire.

❉ **graphie :** manière dont un mot est écrit.
❉ **réseaux :** ensemble des amis-proies-ennemis.
❉ **grève :** rivage plat couvert de sable (ou de gravier).

Au flanc d'un défilé saharien, des tribus nomades ont fixé un bien vieux message.

Pour que la parole laisse sa trace

L'invention du langage articulé

C'est à la suite d'une invention formidable que l'homme préhistorique a cessé de grogner pour parler : il a **fragmenté** ❊ son cri en éléments fixes, bien séparés. Chacun devenait un mot, tout comme les fragments du silex devenaient outils. Puis il a utilisé, pour constituer ces mots, un jeu très limité de sons élémentaires (une trentaine suffit). Ce sont les « phonèmes », dont les uns (voyelles) sont assez musicaux, les autres (consonnes) évoquent plutôt des bruits. Comparons les **scores** ❊ actuels du corbeau, oiseau très intelligent et bavard, et de l'homme. Le premier n'émet toujours que quatre-vingts cris-messages, sans un de plus, tandis qu'un jeune enfant prononce des centaines de mots nouveaux au fil des ans, en combinant la même trentaine de sons élémentaires. Ces « phonèmes », il les articule en des milliers de messages.

Mettre la parole en marques séparées

Le cri animal meurt aussitôt achevé. Les paroles des hommes aussi... Nos ancêtres ont alors imité le carnassier qui griffe l'écorce pour que cette marque-là dure plus longtemps que son cri fragile, aussitôt emporté par le vent : ils ont tenté, d'abord, de fixer sur une matière dure des tracés (coches par exemple), correspondant à un message global, mais sans faire le rapprochement avec la parole articulée qu'ils utilisaient. Ce n'est que bien plus tard qu'ils ont découvert le rapprochement possible entre tel signe-dessin et tel mot. Quand ils ont réalisé qu'ils pouvaient ainsi fixer les mots, l'un après l'autre, sur de la matière qui conserverait la parole humaine, ils ont inventé l'écriture.

❊ **fragmenté :** divisé, morcelé.
❊ **scores :** résultats obtenus.

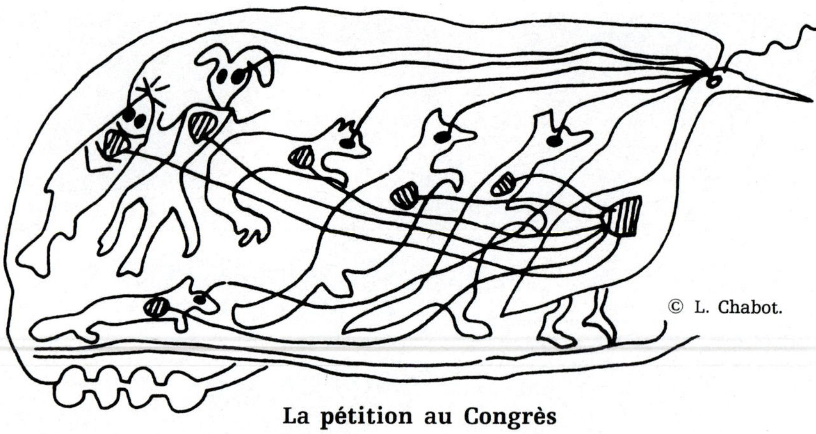

La pétition au Congrès

Un messager indien apporta, il y a un siècle, une demande écrite au Congrès de Washington : sept tribus **requéraient** ❋ le droit de pêche dans quatre lacs. Inutile de la traduire en anglais : elle parle d'elle-même !

La tribu dominante, au totem de la « grue », et ses associées, les deux tribus Castor, puis Loutre, Sorcier et Saumon, ainsi que « Petit Castor », voient les choses (traits reliant les yeux) et pensent (lignes entre les cœurs) à l'unisson. Leur désir commun (fil extérieur) est de pouvoir pêcher dans les quatre-lacs-sur-rivière (en bas à gauche). L'ondulation qui monte de la tête de la grue vers l'avant indique sa confiance... dans le Sénat des États-Unis.

Il fallut **palabrer** ❋ avec le porteur pour comprendre de quoi il s'agissait : un sénateur pressé aurait pu autoriser la « Grue » à tuer les « Castors », et à pêcher les « Saumons »..., ce qui aurait provoqué de sérieux malentendus !

© L. Chabot.

Les trois jours de l'Esquimau

Il a laissé aux siens, sur une vieille planche, ce message concernant son absence :

1 Je vous dis, 2 que j'ai pris la pagaie pour partir, 3 et j'ai dormi la première nuit (un doigt levé), 4 dans l'île aux deux cabanes, 5 et je vous dis, 6 que dans une île déserte, 7 j'ai passé la 2e nuit, 8 j'ai pris ma lance pour, 9 tuer un phoque, 10 mais je l'ai tué à l'arc, 11 et à coups de pagaie, 12 je suis rentré à l'igloo.

D'après Louis CHABOT, *Histoire de nos écritures*, Hachette, collection « En savoir plus »

?

- *Quand l'écriture est-elle apparue ?*
- *Pourquoi l'homme a-t-il dû savoir lire avant de pouvoir écrire ?*
- *De quels sons élémentaires les phonèmes sont-ils composés ?*
- *Comment nos ancêtres ont-ils inventé l'écriture ?*
- *Le message indien était-il facile à comprendre ? Pourquoi ?*

❋ **requéraient :** demandaient.
❋ **palabrer :** discuter.

CODE DES ENFANTS
POUR LES ENFANTS

Sans tabac ça va !

Il n'y a pas de tabac sans dégats !

Alcool, ras-le-bol.

Jeu de vin, jeu de vilains

Céréales, on se régale
Légumes et fruits, c'est oui !

Je mange, donc je suis!

Bronzer, c'est dépassé.

Tout ce qui brille n'est pas d'or!

Mon poids ? connais pas.

Pour vivre heureux vivons léger!

Le sport d'accord, le sport j'adore.

Le souffle, c'est la vie!

ESPACE DE PREVENTION DE VAL D'AURELLE
EPIDAURE
MONTPELLIER

réalisé par l'école des Matelles, dans le cadre du Programme

L'EUROPE CONTRE LE CANCER

MINISTÈRE DE L'ÉDUCATION NATIONALE DE LA JEUNESSE ET DES SPORTS
MINISTÈRE DE LA SOLIDARITÉ, DE LA SANTÉ ET DE LA PROTECTION SOCIALE

COMITE FRANÇAIS D'EDUCATION POUR LA SANTE 2 rue Auguste Comte 92170 Vanves
COMITES REGIONAUX ET DEPARTEMENTAUX D'EDUCATION POUR LA SANTE
CFES

COMMISSION DES COMMUNAUTÉS EUROPÉENNES

EDITIONS POLYGRAPHIC'S 45 26 40 40 - 146 A 1090

Questions à la page 221.

OBJECTIF : A.L.P.H.A.B.É.T.I.S.A.T.I.O.N.

Déclaration universelle des droits de l'homme

Préambule

Considérant que la reconnaissance de la **dignité inhérente à** ❋ tous les membres de la famille humaine et de leurs droits égaux et inaliénables constitue le fondement de la liberté, de la justice et de la paix dans le monde...

Article 26

1. Toute personne a droit à l'éducation. L'éducation doit être gratuite, au moins en ce qui concerne l'enseignement élémentaire et fondamental. L'enseignement élémentaire est obligatoire...

2. L'éducation doit viser au plein épanouissement de la personnalité humaine et au renforcement du respect des droits de l'homme et des libertés fondamentales. Elle doit favoriser la compréhension, la tolérance et l'amitié entre toutes les nations et tous les groupes raciaux ou religieux, ainsi que le développement des activités des **Nations Unies** ❋ pour le maintien de la paix...

Symbole de l'Année internationale de la paix, 1986.

Affiche de Mlle Zabelle Côté. Elle explique qu'en juchant son personnage sur des échasses-crayons, elle a voulu faire comprendre que savoir lire et écrire donne un point de vue nouveau sur le monde et la vie.

❋ **dignité inhérente à... :** respect lié à...

❋ **Nations Unies :** assemblée plus connue sous le sigle ONU (Organisation des Nations Unies), chargée de sauvegarder la paix dans le monde et de favoriser les relations sociales, économiques et culturelles entre les pays.

Qui est analphabète ?

L'**Unesco** ❋ définit un alphabète comme une « personne capable de lire et écrire, en le comprenant, un exposé simple et bref de faits en rapport avec sa vie quotidienne ». Cependant, beaucoup d'alphabètes, dans cette **acception restreinte** ❋ du terme, éprouvent de sérieuses difficultés à lire ou rédiger des textes plus compliqués. Ce sont des « analphabètes fonctionnels ». Est fonctionnellement alphabète une personne « capable d'exercer toutes les activités pour lesquelles l'alphabétisation est nécessaire dans l'intérêt du bon fonctionnement de son groupe et de sa communauté et aussi pour lui permettre de continuer à lire, écrire et calculer en vue de son propre développement et de celui de la communauté ».

Les livres comblent le **fossé des générations** ❋. Ils expriment nos espoirs et nos craintes, nos joies et nos peines. Ils parlent d'hier et de demain, de lieux proches et lointains. Ils nous apprennent à connaître les autres et surtout à nous connaître nous-mêmes. Les livres nous unissent. Ils reflètent notre **patrimoine** ❋ et inspirent notre avenir.

Un alphabète est capable de...

- lire les étiquettes des boîtes de conserves et emballages alimentaires ;
- lire l'horaire des autobus ou des trains ;
- chercher un numéro dans l'annuaire du téléphone ;
- lire un contrat, un formulaire d'assurance médicale, un acte notarié ou une clause de désistement ;
- lire une carte routière ou un plan, s'il a perdu son chemin ;
- lire des prescriptions médicales ;
- aider les enfants à faire leurs devoirs ;
- lire la carte au restaurant ;
- lire la signalisation routière ;
- occuper un emploi qui nécessite de savoir lire et écrire ;
- lire les mises en garde sur les produits toxiques ou les pesticides ;
- lire une lettre d'un parent ou d'un ami et y répondre ;
- faire ses comptes ;
- etc.

Parmi les 300 dessins provenant de 82 pays, un jury a choisi l'emblème de l'AIA. Ce logo a été dessiné par un graphiste japonais, M. Kohichi Imakita.

?

- *Qu'a voulu exprimer l'auteur de l'affiche pour l'Année internationale de l'alphabétisation (AIA) ?*
- *À quoi servent les livres ?*
- *D'après vous, qu'est-ce qui gêne le plus un analphabète dans sa vie ?*

❋ **Unesco :** organisme qui dépend de l'ONU ; son rôle est de protéger les libertés humaines et de développer la culture.
❋ **acception restreinte :** sens limité.
❋ **fossé des générations :** séparation entre grands-parents, parents, enfants...
❋ **patrimoine :** savoir et œuvres culturelles transmis par les ancêtres.

L'école pour tous les enfants : pas encore, malheureusement

D'après les projections de l'Office des statistiques de l'Unesco, l'effectif des enfants inscrits à l'école primaire continuera d'augmenter, mais à un rythme modéré ; aussi, le nombre des enfants non scolarisés ne diminuera-t-il que très progressivement. Comme l'illustre le diagramme ci-dessous, on estimait en 1985 que 134 millions d'enfants de 6 à 11 ans n'étaient pas scolarisés, dans les pays en développement. Ce chiffre devrait diminuer à raison d'environ 1 million par an, mais sera encore de 118 millions en l'an 2000, à moins que des mesures d'urgence ne soient prises pour accélérer le mouvement. Si nous n'agissons pas, les enfants non scolarisés d'aujourd'hui seront les adultes analphabètes du XXIe siècle.

Illustration de Jeanette WAHL.

Taux d'analphabétisme (en %) des adultes âgés de plus de 15 ans

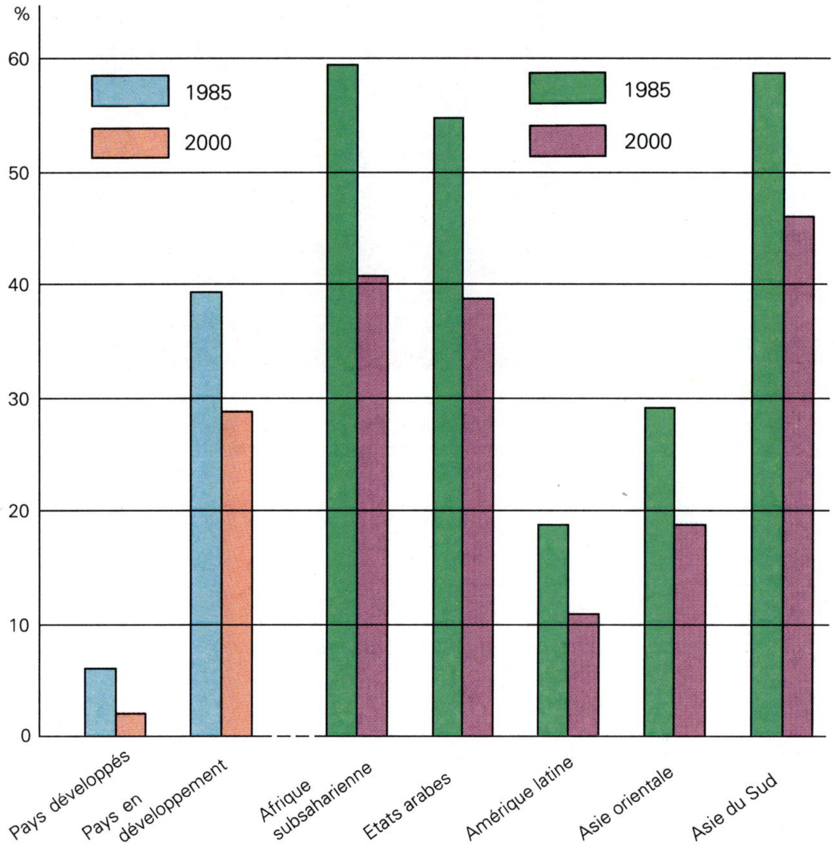

Nombre d'adultes analphabètes (en millions) âgés de plus de 15 ans, dans les régions du monde en 1985

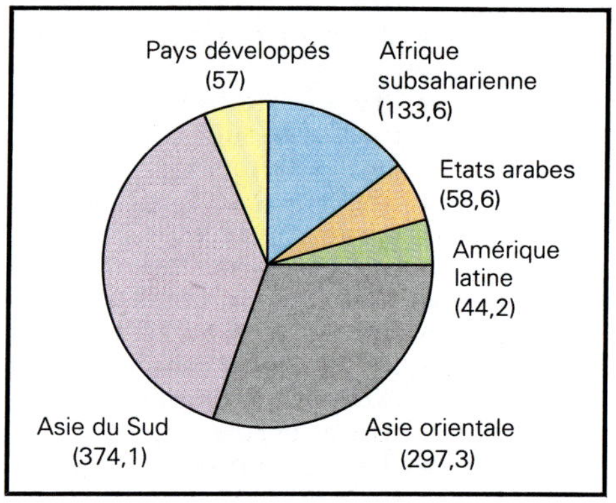

Nombre d'adultes analphabètes (en millions) âgés de plus de 15 ans, dans les régions du monde en 2000

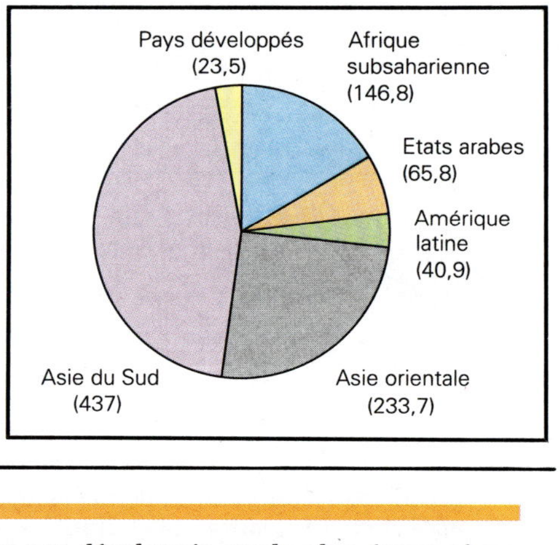

* **pays du tiers monde :** ensemble de pays peu développés sur le plan économique, qui se situent, pour la plupart, en Asie, en Afrique, en Amérique du Sud.

TROUVER DES SOLUTIONS

La lecture au bout des doigts

L'alphabétisation des aveugles constitue l'un des grands défis de l'Année internationale de l'alphabétisation. Quatre-vingts pour cent des 50 millions d'aveugles du monde vivent dans des pays en développement, où c'est le manque de ressources et non leur **cécité** ❋ qui les empêche d'accéder à l'écrit.

En 1825, un jeune Français, Louis Braille, inventait un système de points en relief permettant aux aveugles de lire. À la fin du XIXe siècle, l'écriture braille s'était propagée d'Europe jusqu'en Amérique latine et en Asie. Avec l'aide de l'Unesco, on s'emploie actuellement à adapter le braille à de nombreuses langues. Cependant, malgré les progrès rapides de la technologie de la production d'ouvrages en braille, la plupart des aveugles n'ont toujours pas la possibilité de s'alphabétiser et, ce faisant, d'accéder au savoir. Il faut agir pour changer cet état de choses.

Mission impossible

L'idée de généraliser et d'améliorer l'instruction que reçoivent les jeunes et les femmes est excellente. Mais réaliser cet objectif est souvent, dans les circonstances actuelles, une impossibilité. Des études ont montré que les femmes de nombreux **pays du tiers monde** ❋ travaillent 12 à 18 heures par jour, sept jours par semaine, pour assurer la **subsistance** ❋ et le bien-être de leur famille. Elles doivent préparer les repas et s'occuper des enfants, parcourir des kilomètres pour aller chercher du bois de feu et plusieurs kilomètres encore pour trouver de l'eau. Dans certaines régions du monde, c'est surtout la femme qui s'occupe de cultiver des fruits et des légumes, et de vendre ou de troquer de la nourriture contre d'autres objets. Sa journée commence avant l'aube et se termine longtemps après le coucher du soleil. Le pain quotidien est la priorité. Tant que la tâche des femmes sera une « mission impossible », les perspectives d'une généralisation de l'éducation et de l'alphabétisation resteront sombres.

N'oubliez pas que l'alphabétisation commence à la maison. Le concours le plus précieux dont puisse bénéficier l'alphabétisation, c'est celui que vous lui apportez dans votre propre foyer. Ce sont les familles instruites qui font les nations instruites. En 1994, lorsque le monde entier célébrera l'Année internationale de la famille, comme vient de le décider récemment l'Assemblée générale des Nations Unies, on accordera certainement une grande importance aux activités éducatives menées à la maison.

- *Au XXIe siècle, à quel nombre estime-t-on les enfants non scolarisés dans le monde ? Quel est le continent le plus touché par ce phénomène ?*
- *Pourquoi l'alphabétisation des jeunes filles et des femmes est-elle particulièrement difficile dans les pays du tiers monde ?*
- *Quel rôle la famille joue-t-elle dans l'alphabétisation ?*

❋ **subsistance :** nourriture et entretien.
❋ **cécité :** état d'une personne aveugle.

Pluie au nord, éclaircies au sud

Aujourd'hui

Région parisienne. — Les nuages resteront sombres et épais toute la journée. Pas la moindre éclaircie en vue. Les pluies seront fréquentes, surtout vers la mi-journée. Le vent de sud-ouest soufflera modérément. Les températures restent d'environ 5° au-dessus des moyennes saisonnières : 10° au lever du jour, 15° l'après-midi.

Ailleurs. — Sur toutes les régions situées au nord d'une ligne allant de Nantes à Lyon, le ciel restera très nuageux ou couvert et les épisodes de pluie se succéderont fréquemment. Le vent de sud-ouest soufflera fort près des côtes ; il dépassera les 60 km/heure en pointe.

De la Vendée et des Charentes au Morvan et aux Alpes du Sud, les passages nuageux seront plus nombreux que les éclaircies, mais il n'y aura que peu d'averses.

Sur les régions allant de l'Aquitaine et du Midi-Pyrénées au Massif central et au bord de la Méditerranée, après un début de matinée gris et localement humide, des éclaircies de plus en plus belles se développeront au fil des heures. Le soleil se montrera plus téméraire dans le Sud-Ouest. Les vents se calmeront en Méditerranée.

Les températures restent très douces pour cette dernière semaine d'hiver. Ce matin, il fait entre 9 et 11° Cet après-midi, il fera de 14 à 22° du nord au sud.

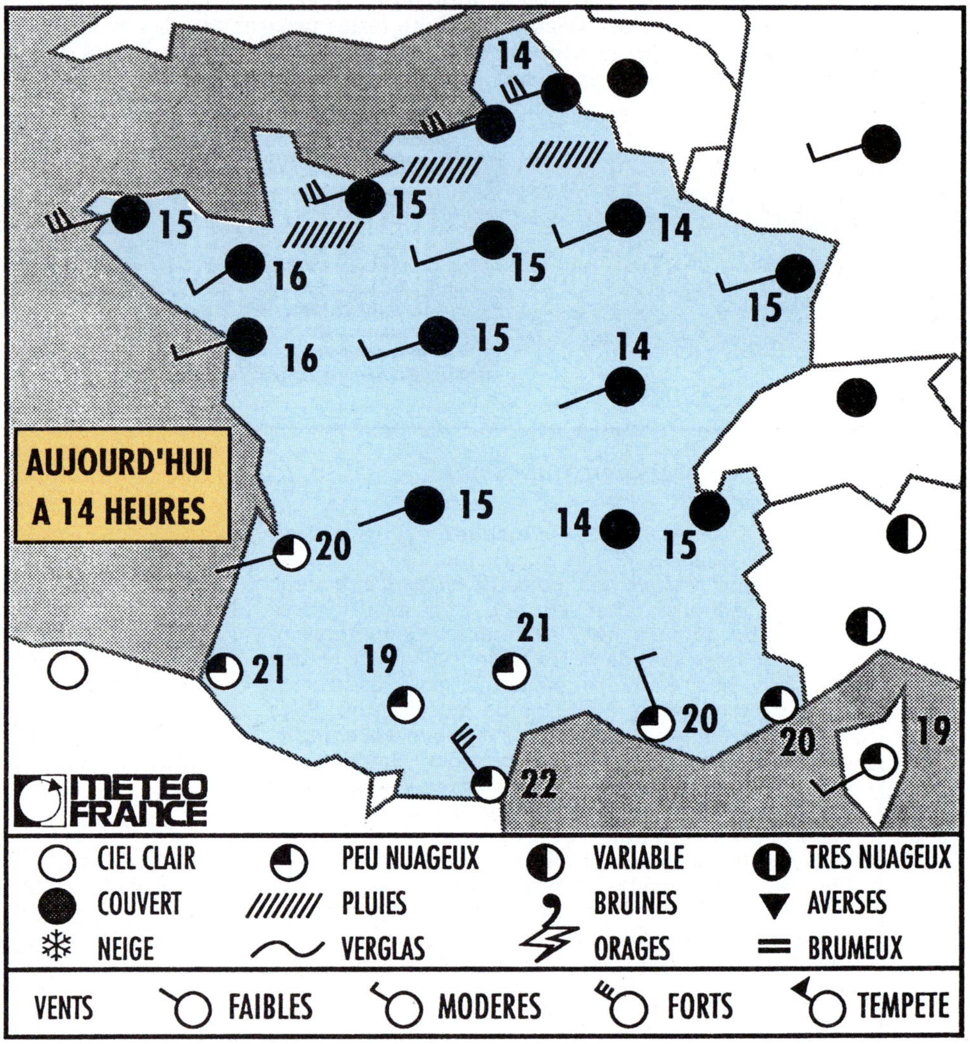

Document extrait du journal *Le Figaro* du 20 mars 1991.

soleil téméraire : soleil qui essaie de paraître malgré les nuages.
hectopascal : unité de mesure de pression atmosphérique.

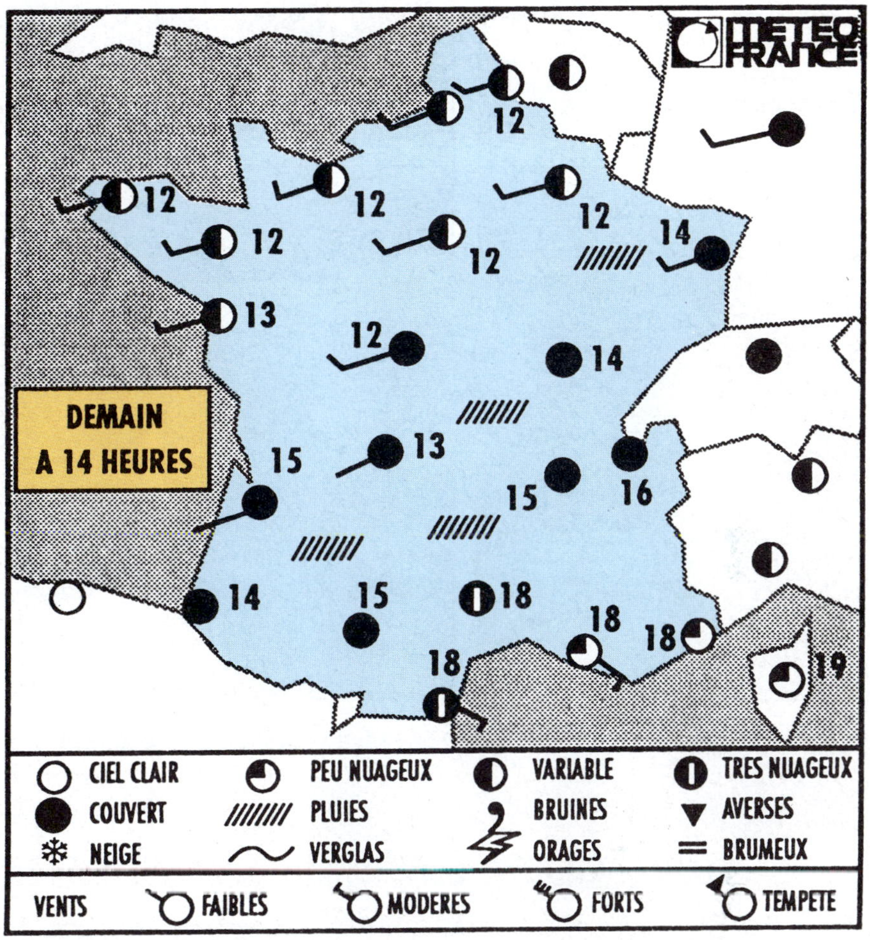

Demain

Au nord-ouest d'une ligne allant du Bordelais à la plaine d'Alsace, le temps sera très médiocre : les nuages seront abondants et il pleuvra souvent. Dans l'après-midi, quelques éclaircies se développeront entre les averses au nord de la Loire.

Sur les contrées allant de l'Aquitaine au Massif central et au Jura, il y aura aussi beaucoup de nuages mais le temps sera généralement sec.

Des Pyrénées à la Méditerranée, la journée sera plus ensoleillée, mais le vent de sud-est se renforcera, apportant des passages nuageux en bord de mer.

A peu près partout, les températures baisseront de 2 à 3°, tant le matin qu'en milieu de journée.

Pour les jours suivants

Vendredi, sur la moitié sud, le ciel sera très nuageux et donnera des pluies passagères. Il neigera entre 1 500 et 1 800 m. Sur la moitié nord, le soleil réussira de belles percées, mais les passages nuageux donneront des ondées locales. Les températures seront en baisse.

Samedi, sur la plupart des régions, de brefs passages nuageux alterneront avec de larges embellies après dissipation des brouillards. L'après-midi, le ciel se couvrira sur le Midi-Pyrénées.

Pression atmosphérique à Paris, le 13 mars à 13 heures : 764,1 millimètres de mercure, soit 1 018,7 hectopascals.

Renseignements astronomiques pour le 20 mars (exprimés en heure légale française, base d'observation Paris) :

Soleil. – Lever : 6 h 55 ; passage au méridien : 12 h 58 ; coucher : 19 h 03 ; durée du jour : 12 h 08.

Lune (5e jour). – Lever : 8 h 17 ; passage au méridien : 16 h 27.

- *Quelle est la région la plus ensoleillée, ce mercredi 20 mars ? Combien dure le jour ?*
- *Comparez les deux cartes. Quelles remarques faites-vous à propos des vents ? des températures ?*
- *Montrez, sur la carte, les zones où il pleuvra jeudi. Quand et où neigera-t-il ?*

❋ **méridien :** cercle imaginaire qui fait le tour de la Terre en passant par les pôles.

un mérou peu ordinaire

ALERTE !... RAYMOND SE FAIT ATTAQUER PAR UN MÉROU !
!
PAS PAR UN MÉROU ! ON A MAL COMPRIS !
SI SI !... LA COMMUNICATION SONAR EST CLAIRE... ÉCOUTEZ-LE HURLER DANS SON CASQUE !
CALYPSO ! CALYPSO !... C'EST UN GROS ! AU MOINS CINQUANTE KILOS !... AIE... IL ME MORD !
MAGNI-FIQUE !
VAS-TU ME LÂCHER À LA FIN ?... TIENS, PRENDS ÇA SUR LE NEZ !
RAYMOND COLL EST UN PLONGEUR EXPÉRI-MENTÉ. D'UN COUP DE POING SUR LE MUSEAU, IL BLOQUE L'ATTA-QUE DU POISSON QUI ROMPT AUSSITÔT ET FILE VERS SON TROU.
SUR LA CALYPSO, QUELQUES MINUTES PLUS TARD, COLL ENCORE TOUT ÉMU RACONTE SA MÉSA-VENTURE...
IL T'A PINCÉ FORT ! HEUREUSE-MENT, À TRAVERS TA COMBINAI-SON...
CALYPSO
JE SUIS TOMBÉ SUR UN FOU !... IL AVAIT L'AIR VRAIMENT FURIEUX QUE JE LUI REPRENNE LE GLOBE !
CETTE AFFAIRE N'EST PEUT-ÊTRE PAS SI ÉTRANGE QU'IL Y PARAIT...
LE MÉROU N'AIME PAS QU'ON EMPIÈTE SUR SON DOMAINE ! FALCO : NOUS ALLONS TESTER LE COMPORTEMENT TERRITORIAL DE L'ESPÈCE.

un mérou peu ordinaire (suite)

La Jungle du corail, l'aventure de l'équipe Cousteau en bandes dessinées, par SÉRAFINI et PACCALET, Robert Laffont.

Questions à la page 221.

petites annonces

ÉCHANGE

- Part. prop. timbres récents pays d'Europe contre similaires pays d'Afrique. Tél. 03.30.97.64.

- Club équitation offre adolescent(e) cours gratuits contre entret. régulier chevaux, poneys. Tél. aux HR 04.71.43.26.

- Rech. siège auto BB en échange pèse-bébé + transat. Tél. HB 02.92.03.61.

- Pour vac. été, part. à part. éch. T2 jardinet océan Landes contre chalet Alpes. Tél. le soir 04.41.50.19.

- Cède scooter Peugeot STL 2 rouge/noir, 0 km, contre Yamaha 125 bon état, prix en rapport. Tél. 04.48.55.32.

- Éch. table ping-pong valeur 400 F contre portique enfant bas âge. Tél. 03.29.63.11.

- Collect. éch. billets pièces monde entier émission récente contre ancienne. Tél. apr. 20 h 04.51.55.78.

- Attelage + chaînes R5 contre simil. 205. Tél. 04.87.97.47 HR.

- Matériel ski Rossignol 1 m 50 fix. Look + chaus. p. 36, échangés contre Roller skate américain p. 38. Tél. au 02.72.75.04.

- Éch. jumelles parfait état Zeiss 15 × 60, px 10 000 F, contre caméscope récent. Tél. au 04.41.18.81.

- Part. recherche vélo course homme 12 v. échange vélo randon. Mountain Bike intern. HR 04.59.42.14.

INFORMATIQUE

- Cherch. imprimante Apple Laser writer. Prix maxi. 7 000 F. HR 04.56.68.63.

- Vends Nintendo état neuf + 3 jeux vidéo, coût 1 900 F cédé 800 F. Tél. 04.65.56.72.

- Vends bataille navale élec. 150 F, TBE. Tél. 04.56.66.03.

- Amstrad CPC 6128 coul. + imprim. + access. 2 500 F. Tél. 04.96.01.80 apr. 17 h.

- Rech. écran couleur 520 ST Atari, prix raisonnable. Tél. HR 04.88.12.57.

- Vds ordinateur Mac plus 88, 1 Mo + lecteur externe + imprim. image writer + logiciels : excel, works, bien entretenu 10 000 F. Tél. 04.65.78.63.

- Éch. logiciels traitement de texte Word 4 contre tableur type excel. Tél. 04.24.55.66.

- Vds console jeux vidéo avec moniteur Vectrex + 4 jeux, px 700 F. Tél. HR 04.69.59.03.

- Vds ordinateur compatible Olivetti PCS 86, moniteur coul. + log. + souris, exc. état, 5 500 F. Tél. HB 04.89.55.76.

- Rech. imprimante Minitel maxi. 600 F. Tél. av. 8 h ou apr. 18 h au 04.33.04.31.

- Vds micro-ordin. poche Casio FX 850 P. Calculs scient. progr. basic 500 F. Tél. au 04.57.24.64.

- Recherche jeu d'échecs élect. Yeno niveau sup. 400 F maxi. Tél. 04.83.82.85.

LOCATIONS

- Locabrico, outillage et matériel pour bricoleurs et professionnels. Tél. 04.63.66.89.

- Part. cherche garage double, près centre, a/c 01/09, maxi. 400 F par mois. Tél. HR 02.69.14.58.

- URGT recherche maison campag. confort., région Normandie, vide ou meublée à l'année. Tél. 03.30.09.83 après 20 h.

- Véhicu. tourisme et camions, louez au juste prix, forfait semaine ttes distances. Tél. au 04.09.22.22.

- Studio pour étudiant(e) présenté parents, proche Fac. Sciences, oct-juin, 1 800 F cc. Tél. 04.62.63.58.

- Loue échafaudage 200 m^2, idéal pr artisan. Tél. HR 03.92.39.78 ou HB 03.89.37.40.

- Vaste salle pour banquets, réunions, fêtes, cadre agréable. Réservation : 04.65.62.72.

- Instruments de musique, location priorité élèves conservatoires. Facilités paiement. Tél. 04.35.57.20.

- Costumes, masques, cotillons pr bals, fêtes et carnaval, tailles enfants et adultes. Tél. au 04.55.24.32.

- Quinzaine ou mois, bungalow côte atlantique, meublé, 4 pers., mai-sept. Tél. HR 03.04.20.01.

- Vac. neige, loue chalet près pistes, w.-end, semaine, quinzaine et +. Tél. 02.35.07.08 et 02.35.01.29.

NAUTISME

- Vds lot pédalos à restaurer, 2 000 F pièce. Tél. 04.77.07.96 le matin jusqu'à 9 h 30.

- Rech. emplac. port. Côte d'Azur, vedette 8 m 50. Tél. 04.34.44.21 apr. 21 h.

- Cède gilets sauvetage 70 F. Tél. 04.23.12.13 HR.

- Rech. remorque Atlas bon état pour bateau pneumatique. Tél. 04.23.02.85.

- Vds planche Fanatic et gréement. Prix intéressant. Tél. HB 04.57.77.20.

- Cherche coque 5-6 m Inboard, TBE. Tél. 04.74.75.31.

- Voilier insubm. 6,60 m TBE, moteur HB 4CV, super équipé, 25 000 F. Tél. 04.05.84.07.

- Vds embarcation 16 pl., Bombard, an. 78, px à débat. Tél. 04.30.17.79 HR.

- Assoc. cherc. skipper pr séjour ado. navig. côtière, La Rochelle, juillet. Tél. 01.47.89.25.

- École voile Corse sud ch. moniteur année scol. + vac. Tél. 05.05.67.06.

- Propriétaire voilier 11 m cher. équip(re) de mai à sept. croisière Grèce. Tél. le soir au 03.59.34.74.

- JH 21 ans passionné ch. embarq. Atlantique août particip. frais. Tél. HB 03.44.27.89.

- Cher. à louer Cata. type Corneel 26 pour Oléron août-sept. Tél. 05.32.67.01.

- *Donnez le plus rapidement possible les renseignements suivants :*
  — le numéro de téléphone de la personne qui cherche à louer un voilier catamaran ;
  — la marque du micro-ordinateur ;
  — la surface couverte par l'échafaudage ;
  — l'année du canot pneumatique Bombard ;
  — la valeur du caméscope récent.
- *Vous êtes intéressé(e) par l'achat d'une imprimante. Quel numéro faites-vous pour acheter la moins chère ?*
- *Vous téléphonez au 04.87.97.47, il est 16 h. Êtes-vous sûr(e) qu'il y aura quelqu'un pour vous répondre ? Pourquoi ?*
- *Quelle économie feriez-vous si vous achetiez le jeu Nintendo ?*
- *Le studio pour étudiant est-il loué à l'année ? Quel est son loyer mensuel ?*

3 253345 879405

Réf : 587940

Mots de Tête

Une autre façon de croiser les mots

10 ans et +

1 à 4 joueurs

- Lancez le dé pour déterminer le nombre de lettres que vous devrez utiliser pour former un mot.
- Trouvez un mot ...
- Ecrivez-le sur le plateau, en le croisant avec un mot déjà inscrit.
- Faites le décompte de votre score, en fonction des chiffres inscrits sur les cases de la grille.
- Essayez d'occuper habilement les cases bonus pour augmenter votre score.
- A la fin, on efface et on recommence.

EXEMPLE

1) - Lancez le dé.
   - Si vous tirez un 6 par exemple, vous devez inscrire un mot de 6 lettres sur le plateau.
   - Choisissez n'importe quel nom commun de 6 lettres vous venant à l'esprit.
     Par exemple : MIRAGE.
   - Inscrivez-le sur le plateau en prenant soin d'éviter les cases noires.
   - Additionnez les points figurant dans les cases utilisées pour inscrire votre mot.
     Par exemple : MIRAGE vaut ici 4 + 1 + 5 + 1 + 5 + 1 = 17 points.

2) - Le joueur suivant lance le dé à son tour.
   - S'il tire un 4 par exemple, il devra se servir de 4 lettres pour :
   - Soit écrire un nouveau mot de 4 lettres venant croiser un des mots déjà inscrits sur le plateau,
   - Soit utiliser 4 lettres qui, combinées avec une ou plusieurs lettre(s) déjà présente(s) sur le plateau, formeront un nouveau mot.
   - Si vous allongez un mot déjà existant, vous le considérez comme une nouvelle création et totalisez à nouveau la somme de ses points.

Par exemple : SOIE, qui vient prendre appui sur MIRAGE.

Ou CHIEN, qui vient se croiser avec MIRAGE.

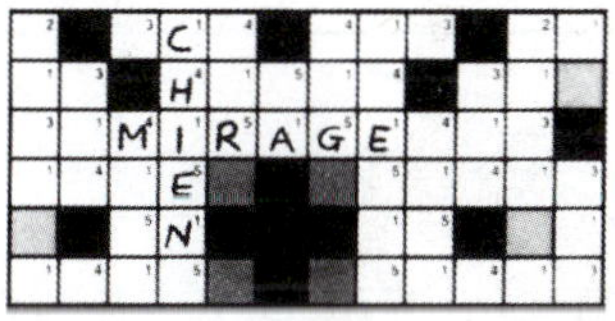

- **Ainsi, SOIE vaut : 4 + 1 + 5 + 1 = 11 points**
  + les points de MIRAGES au pluriel :
  4 + 1 + 5 + 1 + 5 + 1 + 4 = 21 points,
  donc au total 11 + 21 = 32 points,

alors que CHIEN vaut :
1 + 4 + 1 + 5 + 1 = 12 points.

CONTENU DE LA BOITE
- 1 plateau représentant une grille de type «mots croisés»
- 1 crayon effaçable
- 1 taille-crayon
- 1 dé
- 1 chiffonnette
- 1 carnet de score
- 1 règle de jeu détaillée.

- *Quel est le but de ce jeu ?*
- *Que faut-il faire pour augmenter son score ? Que faut-il éviter ?*
- *A-t-on intérêt à allonger un mot existant ? Pourquoi ?*
- *Pour quelles raisons, selon vous, a-t-on appelé ce jeu : « Mots de tête » ?*

Donner sa langue au chat

Cette formule qui marque la fin des devinettes se noie dans le brouillard des temps et des jeux enfantins. Cependant le chat, comme dévoreur de langue, qui rend les petits enfants muets, semble avoir pris à une époque relativement récente la place du chien, ordinairement plus vorace. « Ne sauriez-vous deviner ? demandait **Mme de Sévigné** ❋. *Jetez-vous votre langue aux chiens* ?... » Il semble bien que ce soit là l'ancienne formule : jeter quelque chose aux chiens, c'est en faire très peu de cas, voire un acte **infamant**❋, et ne pas être « bon à jeter aux chiens » **le comble de l'indignité** ❋.

C'est probablement parce que « langue au chat » est plus joli, moins brutal que « langue aux chiens », que s'est effectué ce changement d'animal domestique. L'expression consacrée s'éloigne ainsi de la réalité féroce dans laquelle elle a certainement vu le jour, à des époques où les **mutilations** ❋ humaines n'étaient pas de simples façons de parler. Couper les mains en guise de châtiment, couper les oreilles, le nez, la langue, à des ennemis vaincus, à des captifs, par représailles ou pour le simple plaisir, ont été — sont encore parfois ! — des pratiques odieuses mais bien réelles. Les jeux d'enfants qui miment — innocemment ? — la plus grande bestialité des peuples [...] sont souvent comme l'écho de ces coutumes barbares, et c'est sans doute dans un châtiment cruel qu'il faut voir la véritable origine du gentil renoncement de nos devinettes. Car donner sa langue à manger aux chiens, ou aux chats, c'est [...] devenir irrémédiablement muet, et donc le plus sûr moyen de ne jamais pouvoir répondre à la question posée.

Fier comme un pou

Être fier comme un pou est une expression incompréhensible au premier abord, et qui, comme beaucoup d'autres, doit son succès à son absurdité. Les poux sont des petites bêtes pleines de pattes qui se promènent parfois sur les mèches de cheveux, assez gravement sans doute, mais sans aucune fierté. Ils se sauvent dès que l'on approche le doigt, ils s'enfuient lâchement dans l'épaisseur de la chevelure comme un cafard sous un balai. Que l'on dise « moche comme un pou », cela se comprend, mais fier ?...

En réalité, le « pou » en question — ou *poul*, ou *pol* — est l'ancienne dénomination du *coq*, le mâle de la « poule » précisément, et le papa du « poulet » ! En fait, fier comme un pou veut dire « fier comme un coq ». Un petit coq même, un coquelet fringant, tout en plumes et en crête **arrogante** ❋. [...] L'expression se rattache donc légitimement à la **panoplie** ❋ du cocorico national — le mot « coq » vient d'ailleurs de « cocorico », imitation de son cri.

Quant au *coq gaulois*, l'emblème, il résulte d'un jeu de mots en latin entre *gallus*, coq, et *Gallus*, Gaulois, sans que nos ancêtres bien connus aient marqué une préférence particulière pour cet oiseau de basse-cour !

❋ **Mme de Sévigné :** écrivain du XVIIe siècle dont les « lettres » apportent un témoignage sur la vie quotidienne à cette époque.
❋ **infamant :** répugnant.
❋ **le comble de l'indignité :** la plus grande marque de mépris.

populaires...

Mettre la table

« Janyn, est nostre souper tout prest encore ?

— Oïl, mon seigneur, alez vous seoir quant vous plaira. Fait le seigneur doncques et soi regarde tout environ [regarde autour de lui] et dit :

— Que dea [diable] ! Encore est la table a mettre ! » (XIVe siècle).

Les plaisanteries d'enfants cachent parfois des vérités premières. Lorsqu'on dit à un gosse de « mettre la table » et qu'il répond : « Où je la mets ? », il joue sans le savoir sur des mots qui recouvraient autrefois une parfaite réalité. Au Moyen Âge, on la mettait véritablement, on la dressait à chaque repas, le plus souvent sur des tréteaux mobiles. Du reste le mot table, du latin *tabula*, signifie « planche » à l'origine.

Au fond, cela se passait comme de nos jours à l'occasion de certains banquets, lorsque l'on installe des tables de fortune dans un jardin ou sous un hangar, chose qui se pratique encore couramment à la campagne pour une fête de famille. La raison n'est pas que nos ancêtres étaient incapables de construire des meubles durables — de vraies « tables » existaient d'ailleurs dans le même temps, de petite taille, sous le nom de *dais* —, seulement les gens étaient toujours très nombreux à table, particulièrement dans les châteaux où cohabitaient plusieurs générations, souvent avec [...] des neveux, tantes, cousins et cousines, sans parler des hôtes de passage toujours dignement accueillis avec leur suite, en ces temps où l'hospitalité était une loi, une obligation, mais aussi une forme de divertissement.

Dans ces conditions, un meuble permanent, capable de loger trente convives ou davantage, aurait encombré inutilement en dehors des repas un espace qui, surtout dans les anciens châteaux forts, contrairement à ce que l'on imagine, était plutôt limité. Par beau temps, et si la compagnie était nombreuse, on faisait comme tout le monde : on mangeait dehors ! [...]

En somme, les grandes tables massives ne sont apparues dans les demeures seigneuriales que lorsque les étroits donjons eurent fait place aux vastes corps de logis des châteaux de plaisance. Et encore ! [...] Les vieilles habitudes n'avaient pas disparu à la fin du XVIIe siècle : « Table, se dit d'un meuble le plus souvent pliant et portatif, sur lequel on met les viandes pour prendre les repas... » D'ailleurs rien n'est jamais tout à fait perdu dans les **mœurs** ❉ : certaines familles nombreuses, logées à l'étroit — quelquefois dans des tours ! — perpétuent en ce moment même le vieux système des rallonges et des tables pliantes qui sont, littéralement, mises et ôtées deux fois par jour !

Car il fallait, bien sûr, les enlever après usage. Le cérémonial du repas était toujours le même : on commençait par se laver les mains — opération indispensable puisqu'on mangeait avec les doigts. Les valets apportaient un bassin d'eau chaude tout exprès, avec une « toille » pour s'essuyer. Le repas terminé, on retirait les nappes, on démontait les tables et on se relavait les mains avant de se mettre à boire en jouant aux échecs ou aux dés, ou, si la compagnie était belle, en écoutant quelqu'un chanter ou conter une histoire. On pouvait même se mettre à danser si on avait des musiciens sous la main.

❉ **mutilations :** actions de retrancher, de couper une partie du corps.
❉ **arrogante :** insolente et méprisante.
❉ **panoplie :** tout ce qui se rapporte à...
❉ **mœurs :** manières de vivre.

À la queue leu leu

Le mot *leu* n'est pas autre chose qu'une ancienne forme de *loup*. « Hareu, le leu ! le leu ! le leu ! » criaient les bergers picards. Il a laissé des traces dans le nom *Saint-Leu*, pour Saint-Loup, et naturellement dans la description de gens marchant l'un derrière l'autre — « queue à queue, comme les loups quand ils s'entre-suivent » : *à la queue leu leu* ! Cela bien avant que l'on parle de « file indienne ».

Pourtant, le redoublement du mot *leu* n'est qu'une erreur d'écriture, déjà très ancienne. Il constitue une mauvaise (ou amusante) interprétation de la vieille langue où « de » et « du » ne s'employaient pas toujours pour désigner l'appartenance : Château-Gaillard veut dire « le château *de* Gaillard » et Choisy-le-Roi, « Choisy *du* Roi ». Ainsi la queue du loup était simplement « la queue le loup », et en Picardie : « la queue le leu », qu'on a fini par écrire « leu leu ». [...]

Si l'expression a eu autant de vitalité, c'est qu'elle servait à désigner un « jeu de petits enfants », un jeu tout bête, et toujours amplement pratiqué dans les cours d'écoles maternelles, qui consiste à courir en rang d'oignons en tenant le tablier de celui qui précède... C'est le petit train ? Bien sûr ! Simple changement de motivation. Des centaines de générations de bambins se sont diverties de la sorte, bien avant que les trains existent. Celui qui court en tête de file, avant de faire la locomotive, faisait tout bonnement le « leu » !

Claude DUNETON, *La Puce à l'oreille*, anthologie des expressions populaires avec leur origine, Balland.

- *Au lieu de « donner sa langue au chat », que disait-on il y a trois siècles ? Pourquoi ?*
- *Que voulait dire « fier comme un pou », dans son sens premier ?*
- *Comment mettait-on la table au Moyen Âge ? Pourquoi agissait-on ainsi ?*
- *Pourquoi l'expression « à la queue leu leu » est-elle parvenue jusqu'à nos jours ?*

LE JOURNAL
DES ENFANTS
VENDREDI 18 AOUT 1989 ★ N° 242/89 PROCHAIN NUMERO: VENDREDI 25 AOUT

Chauffards de la mer

Cette année, la mode est au scooter des plages. Ce sont des sortes de motos qui vont très vite sur l'eau. Ces engins sont dangereux. Il y a eu plusieurs accidents qui ont malheureusement tué des baigneurs sur la Côte d'Azur. En plus de cela, il y a aussi des accidents de bateaux parce qu'ils circulent à une vitesse folle.

Il y a de plus en plus d'accidents avec les scooters des mers. **(Photo AFP)**

La semaine dernière, Jérôme Krafft, un vacancier de 23 ans, a été tué au large de la Baie des Anges à Nice. Jérôme conduisait un scooter de 35 CV (lire chevaux). Il a cogné un autre scooter conduit par Thierry Perrin âgé de 24 ans. Jérôme est mort dans l'ambulance.

Très souvent, les scooters vont très près des plages et blessent des baigneurs.

Il y a aussi des accidents de bateaux. Le dimanche 6 août, un Néerlandais (on dit aussi Hollandais) qui pilotait un bateau off shore (c'est comme une vodette) a foncé sur un bateau plus petit. Arlette Fonta, 43 ans, qui était sur ce petit bateau avec sa famille est morte. Le pilote néerlandais a été arrêté et mis en prison.

Autre exemple, un plongeur a été gravement blessé par une vedette qui l'a cogné au large des îles Embiez à Six-Fours (c'est dans le Var).

Tout cela n'arriverait pas si les règles de navigation étaient appliquées.

Normalement les engins motorisés (scooters, bateaux etc.) doivent rouler doucement dans une zone de 300 mètres à partir de la côte. La vitesse y est limitée à 5 nœuds (moins de 10 km/h).

Normalement, il faut aussi un permis de conduire dès qu'on utilise des engins qui ont plus de 10 CV (lire chevaux). Mais très souvent, les gens qui les pilotent n'ont pas de permis et ils filent comme des fous. La semaine dernière, la gendarmerie maritime (de la mer) a fait un contrôle au large des côtes de l'Hérault et du Gard. Il y a eu vingt procès-verbaux pour excès de vitesse.

Après les chauffards de la route, nous avons maintenant les chauffards de la mer. Comprendront-ils un jour que la vie vaut plus que n'importe quel plaisir ?

Article paru dans *Le Journal des enfants*, n° 242, 18 août 1989.

- *D'où provient ce document ? Donnez ses références.*
- *Désignez les différentes parties de l'article. Selon vous, quelle est celle qui attire le plus votre attention ? Pourquoi ? Que nous apprend le sous-titre ?*
- *De combien d'accidents mortels le texte nous fait-il part ? À quoi sont-ils dus principalement ?*
- *Qui sont les chauffards de la mer ? Que faudrait-il faire pour éviter ces drames ?*

INSTRUCTIONS NAUTIQUES

POUR UNE BONNE COHABITATION AU BORD DE MER

Panneaux propres aux sports nautiques

Autorisation	Interdiction
Navigation autorisée pour les embarcations de sport ou de plaisance	Navigation interdite pour les embarcations de sport ou de plaisance
Navigation autorisée pour les bâtiments motorisés (navires à moteur, motos de mer)	Navigation interdite pour les bâtiments motorisés (navires à moteur, motos de mer)
Navigation autorisée pour les navires à voile	Navigation interdite pour les navires à voile
Pratique de la planche à voile autorisée	Pratique de la planche à voile interdite
Pratique du ski nautique autorisée	Pratique du ski nautique interdite
Navigation autorisée pour les bâtiments qui ne sont ni motorisés, ni à voile	Navigation interdite pour les bâtiments qui ne sont ni motorisés, ni à voile
Baignade autorisée	Baignade interdite
Navigation des véhicules nautique à moteur autorisée	Navigation des véhicules nautique à moteur interdite

Se baigner

Les oursins sont protégés. Leur capture est strictement réglementée.

- Baignez-vous en zone surveillée et respectez les pavillons.

Baignade surveillée sans danger particulier — Baignade dangereuse mais surveillée — Interdiction de se baigner

- Ne vous éloignez pas si vous êtes seul.
- Ne présumez pas de vos forces en vous éloignant de la côte, pensez au retour.

Evitez :

- Une exposition prolongée au soleil.
- Un refroidissement brutal lors de l'entrée dans l'eau.
- Un repas copieux.
- Des efforts physiques intenses.

❊ **balisage :** ensemble des bouées ou signaux qui indiquent les dangers ou la route à suivre.

Circuler en mer

Pour votre sécurité :

- Avant de sortir, prenez la météo marine.
- Contractez une assurance.
- Observez les limitations de vitesse et le balisage (zone des 300 mètres = vitesse 5 nœuds maximum).
- Prévenez à terre de votre départ.
- Ayez toujours à bord le matériel de sécurité obligatoire.
- Respectez la réglementation maritime.
- Des limitations particulières ont été fixées dans des zones littorales à trafic dense. Prenez-en connaissance.

Un conseil :
Votre sécurité dépend de la qualité de l'entretien et du soin apporté à votre "bateau".

- Vérifiez l'état du moteur, des circuits électriques.
- Aérez votre moteur.

En tout lieu, restez maître de votre vitesse.

Pratiquer la planche à voile

- Vérifiez l'état de votre matériel.
- Evitez de sortir par grand vent.
- Mettez un gilet de sauvetage. Restez visible.
- Ne vous éloignez pas de la côte (1 852 m maxi).
- Prévenez un tiers de votre départ.
- Pensez que votre retour pourrait être difficile.

EN CAS DE DIFFICULTÉS : N'abusez pas de vos forces. - Ne quittez jamais votre planche. - Laissez votre voile dans l'eau, afin de ralentir votre dérive.

Prenez garde des vents portant au large

Avec l'aimable participation du Comité départemental du Tourisme du Var.

?

- *Qu'est-ce qui indique que l'on peut se baigner sans danger particulier ? Quels conseils donne-t-on aux baigneurs ?*
- *Quelles recommandations fait-on à ceux qui vont partir en mer avec un bateau à moteur ? À quelle distance de la côte la vitesse d'un bateau peut-elle être supérieure à 5 nœuds ?*
- *Pourquoi faut-il laisser dans l'eau la voile de votre planche si vous êtes en difficulté ?*

❋ **trafic dense :** circulation importante.

KL 10 TONIC 3,05 M

UN AUTRE PLAISIR DE NAVIGUER

PROGRAMME D'UTILISATION

Conçu comme ses grands frères, c'est un vrai catamaran.
Son pouvoir de séduction sur les enfants est inouï. Il peut leur donner, en toute sécurité, des sensations jusqu'alors réservées aux plus grands.
Robuste, pratique et sûr, maniable et performant, son extrême qualité de construction et sa simplicité d'accastillage sont des facteurs indéniables de sa réussite auprès des écoles de voile, toujours en recherche de sécurité et de solidité.
L'option foc permet à deux enfants de jouir pleinement de leur cata en équipe.

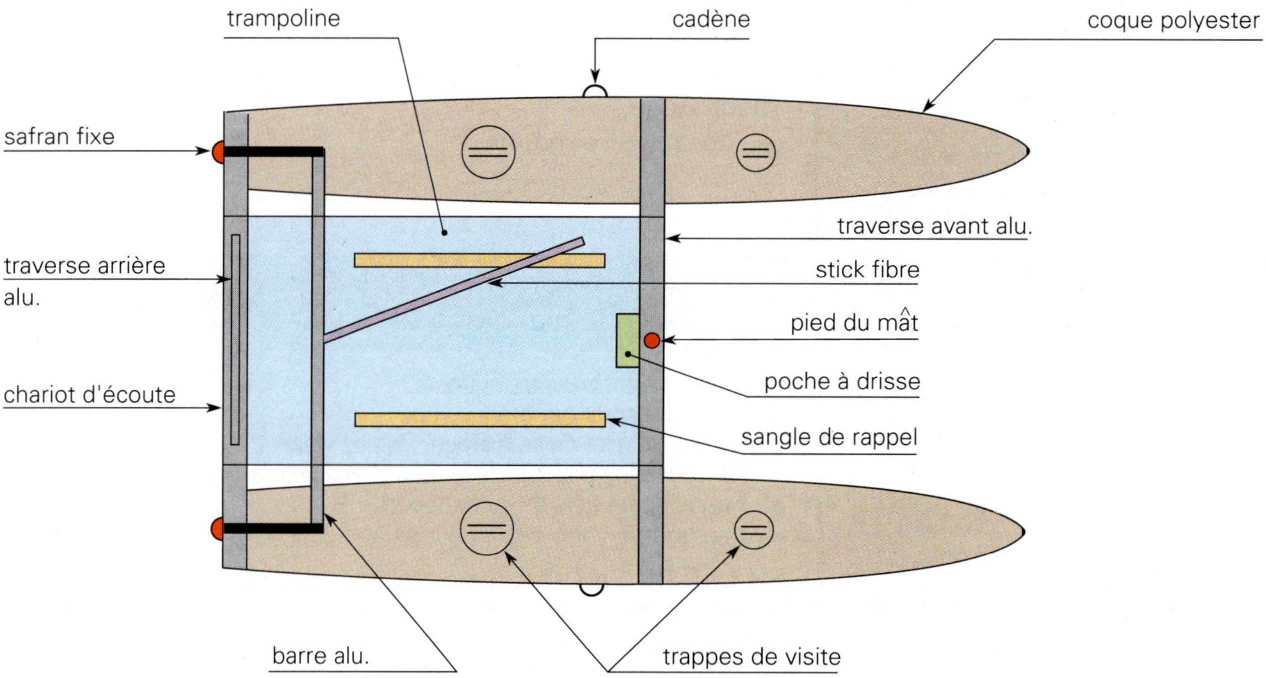

CONSTRUCTION
- Construction polyester renforcée
- Flotteurs insubmersibles, garantis 2 ans
- Antidérapant intégré dans la structure du flotteur
- Traverse avant à forte rigidité ne nécessitant pas de martingale
- Bande de protection des fonds de coques en aluminium
- 4 trappes de visite
- Montage par visserie accessible par trappe de visite pour un montage sûr
- Bandes de couleurs sur les flotteurs
- Nables de vidange
- Transportable monté sur le toit d'une voiture

ACCASTILLAGE
- Chariot d'écoute réglable
- Safrans fixes en bois, ne dépassant pas du plan de quille pour faciliter les manipulations
- Trampoline perméable, évitant l'accumulation d'eau, pourvu de sangles de rappel et équipé de poche à drisses.
- Gaine de protection des cadènes de haubans.
- Palan de grand voile : 4 brins, avec taquet coinceur
- Palan de Cuningham 2 brins
- Stick fibre

❊ **insubmersibles :** qui ne peuvent couler.
❊ **nables :** bouchons des flotteurs.

GREEMENT

- Mât étanche pivotant
- Plan de voilure équilibré, coupé selon les besoins des catamarans de sport (grand voile entièrement lattées à bordure libre — pas de bôme — sans danger pour les enfants, foc étroit à coupe verticale en option)
- Voiles multicolores renforcées, en Dacron
- Gréement dormant serti, à montage rapide et sûr

Caractéristiques techniques

- Longueur flotteur : 3,05 m
- Largeur maxi de la plate-forme : 1,58 m
- Surface G.V. + mât : 4,50 m²
- Surface foc (option) : 0,90 m²
- Longueur du mât : 4,00 m²
- Poids complet : 42 kg
- Capacité d'accueil maximale : 65 kg soit 1 à 2 enfants ou adolescents
- Nbre de personnes autorisé : 2

Options

- Foc
- Réserve de flottabilité sur têtière de G.V.
- Mise à l'eau avec roues gonflables

Possibilité de remplacer « mât et voile » du TONIC par « mat, voile et trapèze » du JUNIOR sans aucune modification spécifique.

- *Quelles sont les qualités principales de ce bateau ?*
- *Quelles sont ses dimensions ? Quel est son poids ? Comment peut-on le transporter ?*
- *Comment est le trampoline ? Pourquoi ? Où cale-t-on ses pieds sur le trampoline ?*
- *Quelle surface maximale de voilure le KL 10 Tonic peut-il porter ? Qui peut monter sur ce bateau ?*

❋ **bôme :** tube d'aluminium ou de bois perpendiculaire au mât.
❋ **drisses :** cordages pour hisser une voile.
❋ **haubans :** câbles qui tiennent le mât.

visite au MUSÉE D'ORSAY

Une classe de CM2 veut se rendre à Paris et visiter le musée d'Orsay. Cette visite leur permettra de s'informer sur Manet et de faire connaissance avec quelques-unes de ses toiles. Voici une partie du dépliant dont dispose la classe.

Informations générales

Musée d'Orsay
62, rue de Lille
75007 Paris
tél. : 40 49 48 14

répondeur informations générales : 45 49 11 11

Entrée principale : 1, rue de Bellechasse.
Entrée des Grandes expositions du M'O : place Henry-de-Montherlant (sur le quai).
Entrée du restaurant après la fermeture du Musée : 62 *bis*, rue de Lille.

Transports

- RER ligne C
  Station Musée d'Orsay.
- Bus : 84, 24, 68, 69, quai Anatole-France.
  73, rue de Solferino.
  84, 83,63. 94, boulevard Saint-Germain.
- Métro Solferino : ligne 12.
- Taxis : rue de Solferino, quai Anatole-France.
- Parcs de stationnement : Deligny, Montalembert, Concorde, Invalides.

Heures d'ouverture

- les mardi, mercredi, vendredi et samedi de 10 h 00 à 18 h 00
- le dimanche de 9 h 00 à 18 h 00
- le jeudi de 10 h 00 à 21 h 45.
- Entre le 20 juin et le 20 septembre, le Musée ouvre à 9 h 00.
- Fermé le lundi.

- Attention :
  la vente des billets se termine à 17 h 15 (le jeudi 21 h 00).
  La fermeture des salles débute à 17 h 30 (le jeudi 21 h 15).

Visites

Visites guidées du Musée
tous les jours sauf le dimanche à 11 h 00 et 13 h 00 et le jeudi à 19 h 00.
« Une œuvre à voir » :
présentation d'une œuvre tous les jours à 12 h 30.
Rendez-vous au comptoir d'accueil des groupes 15 minutes avant le départ.

Groupes

Répondeur information des groupes : 45 49 49 49.
Les groupes (30 personnes maximum) ont accès au Musée du mardi au samedi de 9 h 00 à 14 h 30,
le jeudi de 18 h 00 à 19 h 30.
Rendez-vous doit être pris en téléphonant au 45 49 45 46 le plus tôt possible avant la date souhaitée.

Jeunes et Enseignants

Activités organisées pour les jeunes de 5 à 15 ans : Espace des jeunes visiteurs, tél. : 40 49 48 69 ou 40 49 49 76.
Accueil des enseignants, étudiants, lycéens, sur rendez-vous, en téléphonant au 40 49 49 46 ou 40 49 49 49 ou 40 49 48 73.
Visites de groupes scolaires :
voir rubrique ci-dessus.
Des dépliants d'information sont à votre disposition aux comptoirs d'information.

Ressources documentaires

- Dans la salle de consultation au-dessus du café des Hauteurs : vidéothèque, banque d'images, catalogues.
- Aux « points clés », fiches muséographiques.
- Sur le parcours, présentations audiovisuelles.

Manifestations

Concerts, cinéma, conférences-débats et cours d'histoire culturelle dans l'auditorium du Musée et pour certains concerts, dans la Salle des Fêtes.
Demandez les « Nouvelles du M'O » aux comptoirs d'accueil.

Restaurant

au niveau médian, ouvert midi et soir, fermé dimanche soir et lundi.

Café des Hauteurs

au niveau supérieur : heures d'ouverture du Musée.

Adhésion

Le Musée d'Orsay propose la « Carte Blanche » qui permet de bénéficier d'avantages financiers et de services importants :
- entrée directe
- accès libre à tous les espaces du Musée, aux expositions permanentes et temporaires, aux conférences et cours d'histoire culturelle
- gratuité pour les concerts de midi et de la Salle des Fêtes
- tarif réduit pour les concerts du soir et le cinéma
- les adhérents reçoivent à domicile les « Nouvelles du Musée d'Orsay », journal bimestriel.

Information au comptoir d'accueil ou par téléphone au 40 49 48 48.

rez-de-chaussée
première
partie de la visite

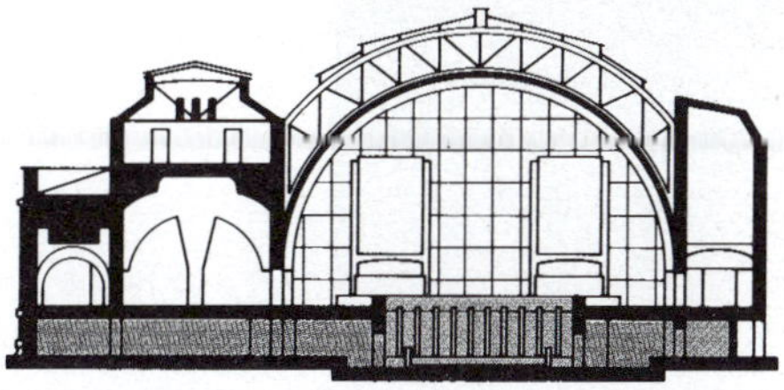

Sculpture 1850-1870

Peinture

- A Ingres et l'Ingrisme, Delacroix, Chassériau, Peinture d'Histoire et portrait 1850-1880
- B Daumier, Collection Chauchard, Millet, Rousseau, Corot, Réalisme, Courbet
- C Puvis de Chavannes, Gustave Moreau, Degas avant 1870
- D Manet, Monet, Bazille et Renoir avant 1870, Fantin-Latour, Whistler, Paysage de plein air, Collection Moreau-Nélaton, Collection Eduardo Mollard, Réalisme, Orientalisme

Arts Décoratifs 1850-1880

Architecture

- E Salle de l'Opéra
- F Pavillon amont : architecture 1850-1900 Viollet-le-Duc, Pugin, Morris, Webb, Mackmurdo, Jeckyll, Godwin, Sullivan,

Expositions temporaires

- G Dossier 1
- H Dossier 2
- I Photographie et Arts graphiques 1
- J Photographie et Arts graphiques 2

montée directe vers le niveau supérieur Impressionnisme et Post-impressionnisme

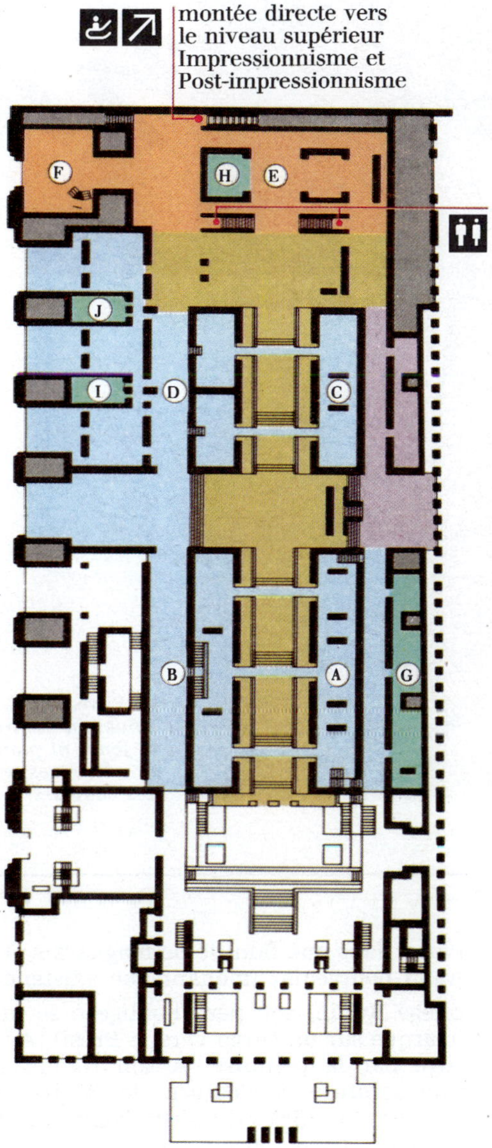

– Il est demandé aux visiteurs du Musée, pour la sécurité des œuvres et le confort du public de : déposer au vestiaire sacs, bagages et parapluies, ne pas fumer dans le Musée, ne pas manger en dehors du restaurant, ne pas toucher aux œuvres.

– Il est permis de : prendre des photos sans flashes (pas de photos dans les expositions temporaires, car les œuvres sont prêtées), d'accéder au Musée avec des poussettes-cannes (pas de landaus ni de sacs à dos).

– Un livre est à la disposition du public pour recueillir vos suggestions (au comptoir d'accueil).

– Le billet d'entrée reste valable toute la journée.

→ Entrée générale du Musée

- *Quel numéro de téléphone faut-il composer pour prendre rendez-vous ?*
- *Les élèves désirent un guide pour qu'il leur présente une œuvre de Manet. Que doivent-ils faire ?*
- *Quelles interdictions sont mentionnées sur ce dépliant ?*

Le Fifre, *1866. Musée d'Orsay, Paris.*
Le dessin est très simple, l'espace restreint. Il n'y a ni fond, ni plan, et pourtant le jeune musicien, vif et solide, ressort admirablement dans les contrastes des couleurs.

Biographie

Né le 23 janvier 1832 à Paris, dans une famille de magistrats et de diplomates, Manet garda, toute sa vie, cette allure de «grand bourgeois» (menant une existence très confortable).

Après ses études au collège Rollin, son père l'oblige à se présenter à une école d'officiers de marine. Il échoue et s'embarque sur un cargo vers le Brésil. Au cours de ce long voyage, Manet se sent de plus en plus attiré par la peinture. À son retour, sa famille accepte qu'il entre en apprentissage à l'atelier de peinture de Couture; le maître et l'élève ne s'entendirent jamais, pourtant Manet y resta six ans. En 1856, il quitte l'atelier et voyage en Europe (Espagne, Italie, Allemagne, Hollande). Toutefois, la meilleure école de Manet fut le Louvre où il copiait les œuvres de peintres célèbres (Titien, Velázquez, Murillo).

En 1861, il participe enfin au Salon (exposition officielle) et fait la connaissance de grands peintres, journalistes, écrivains, poètes de cette époque. Mais Manet est vivement critiqué. Lui, le «grand bourgeois», on le traite comme un bohème grossier, un barbouilleur de couleurs, un ignare... Cependant, impassible, il continue son travail, soutenu par l'amitié de quelques grands esprits (Mallarmé, Zola, Baudelaire). Ses tableaux soulèvent les critiques les plus vives : absence de perspective, personnages plats non expressifs...

Après la guerre de 1870, Manet reprend ses pinceaux et, enfin, connaît le succès avec *Le Bon Bock*, toile exposée au Salon en 1873. Son art a évolué; ses sujets sont empruntés aux loisirs populaires.

La Serveuse de bocks, *1879. Musée d'Orsay, Paris. Les cabarets, avec leur public de musiciens, d'acteurs et d'artistes, inspirèrent à Manet de nombreux tableaux qui brossent avec éclat la vie quotidienne au* XIX*e siècle. Le cadre est ici celui de la brasserie-café-concert « Au Cabaret de Reischoffen ».*

Le Balcon, *1868-1869. Musée d'Orsay, Paris. Dans ce tableau, Manet refuse la profondeur ; les personnages sont presque aplatis sur un plan unique sans aucune perspective. On reconnaît, au milieu, Berthe Morisot, jeune peintre de talent qui fut son modèle préféré, et, dans la pénombre, au fond, son fils.*

En 1874, le groupe de ceux qu'on appellera les « impressionnistes », avec Monet, organise leur première exposition à laquelle Manet ne participe pas. Il se sent bien seul. Pourtant, durant le même été, il se rendra souvent à Argenteuil chez Monet ; là, ils peindront ensemble sur les bords de la Seine.

C'est à partir de 1876 qu'il obtient enfin un succès considérable. Son atelier devient un lieu très fréquenté par des femmes qui deviendront ses « modèles », par les artistes, par ses amis. Mais ces honneurs arrivent trop tard pour « réparer vingt ans d'insuccès »... Atteint d'une maladie, Manet doit être amputé d'une jambe. Il meurt à Paris, le 30 avril 1883.

?

- *Situez, sur le plan de la page 207, l'endroit où les jeunes visiteurs pourront voir les œuvres de Manet.*
- *Vont-ils retrouver, à ce niveau, les trois tableaux représentés ici ? Dites pourquoi.*
- *Quelle fut, pour Manet, la meilleure école de peinture ? Qu'y faisait-il ?*
- *Quand Manet connut-il le succès ? À quel âge est-il mort ?*

CHARLOT,

© Cinémonde.

« Charlie » pour les Américains, « Charlot » pour les Français, Charles Chaplin naît en Angleterre le 16 avril 1889, dans les faubourgs de Londres. Son père Charles est « baryton », chanteur d'actualités. Sa mère Hannah est comédienne, imitatrice et danseuse.

Sa petite enfance n'a pas été heureuse. Ses parents s'entendaient mal et finirent par se séparer en 1892. Quand Hannah tombe malade, une longue période de misère commence. Sidney, le frère aîné de Charlie, témoigne :

« Nous vivions dans une misérable chambre. Le plus souvent, nous n'avions rien à manger. Ni Charlie ni moi n'avions de souliers. Je me rappelle encore comment notre mère enlevait les siens pour les donner à l'un de nous qui courait alors à une soupe populaire pour en rapporter notre unique repas de la journée. »

Charles CHAPLIN, *Histoire de ma vie*, Robert Laffont.

À 10 ans, Charlie doit absolument travailler pour gagner sa vie. Il entre dans une troupe d'enfants spécialisée dans les pantomimes et les claquettes. Il s'initie à l'acrobatie et à la jonglerie, apprend la danse et la musique au contact des autres.

De 1908 à 1912, il joue la comédie, et c'est le théâtre qui le conduira, en tournée, jusqu'en Amérique. Là, il découvrira le cinéma.

Charlie Chaplin vécut à Los Angeles jusqu'en 1952. Il quitte alors définitivement les États-Unis pour s'établir en Suisse.

En mars 1975, vers la fin de sa longue vie, il eut la joie de recevoir la plus haute récompense honorifique offerte à un citoyen anglais : Charlot fut anobli par la reine et devint « Sir Charles Chaplin ».

Mais c'est en Suisse qu'il prit congé de tous, le jour de Noël, en 1977.

© Jean-Claude Forest.

❋ **agrémenter :** rendre plus agréable.
❋ **improvisaient :** jouaient leur rôle sans aucune répétition préalable.

Sir Charles Chaplin

En 1914, Charlot fait ses débuts au cinéma, dans les studios de Los Angeles (États-Unis). À l'occasion d'un tournage, il va créer son personnage.

« Ma tenue de reporter ne me plaisait pas. Sur le chemin du vestiaire, je me dis que j'allais mettre un pantalon trop large, de grandes chaussures, et **agrémenter** ❋ le tout d'une canne et d'un melon. Je voulais que tout fût en contradiction : le pantalon exagérément large, l'habit étroit, le chapeau trop petit et les chaussures énormes. Je me demandais si je devais avoir l'air jeune ou vieux, mais, me souvenant que Sennett m'avait cru plus âgé, je m'ajoutai une moustache qui, me semblait-il, me donnerait quelques années de plus sans dissimuler mon expression. Je n'avais aucune idée du personnage que j'allais jouer. » *(op.cit.)*

Charlot se révèle alors un personnage comique et émouvant, à la fois vagabond, poète, rêveur, aventurier.

À cette époque du « muet », la mise en scène était inexistante. Les acteurs **improvisaient** ❋ des gags, des cascades, dont le but était d'amuser les spectateurs. Charlot précise :

« Aucun membre de ma troupe ne fut jamais blessé dans aucun de nos films. On répétait soigneusement les scènes violentes comme s'il s'agissait de **chorégraphie** ❋. Une gifle était toujours truquée. Même en pleine bagarre, chacun savait ce qu'il faisait, tout était chronométré. Il était inexcusable d'être blessé : car au cinéma tous les effets — scènes de violence, tremblements de terre, naufrages et catastrophes — peuvent être truqués. » *(op.cit.)*

Un film se tournait alors en quelques heures.

Deux ans plus tard, quand Charlie passe derrière la caméra, il ralentit cette cadence et ne produit pas plus d'un film par mois.

À 27 ans, il est déjà célèbre.

Charlie Chaplin et Jackie Coogan dans Le Kid (« Le Gosse »).

❋ **chorégraphie** : composition et préparation minutieuses d'un ballet.

Charlot dans Une vie de chien.

Filmographie

Charlie Chaplin tenait un triple rôle dans la plupart de ses films : comédien, scénariste, réalisateur.

Il en a tourné près de quatre-vingts, des courts et longs métrages dont voici les plus connus et les plus appréciés du public français :

- *La Ruée vers l'or*, 1925, réédité en 1942 avec une bande sonore (durée = 72 minutes).
- *Les Lumières de la ville*, 1931 (87 minutes).
- *Les Temps modernes*, 1936 (85 minutes).
- *Le Dictateur*, 1940 (126 minutes).
- *La Comtesse de Hong-kong*, 1966, film en couleurs (120 minutes).

Bien que son premier but soit de distraire, de faire rire, chaque film est porteur d'un message.

Dans *Les Temps modernes*, Charlot devient un homme robotisé par le travail à la chaîne. C'est une **satire** ❉ de la société industrialisée dans laquelle l'homme doit se méfier de ses inventions...

Le Dictateur veut tourner en ridicule le personnage d'Hitler ; c'est sa façon de s'opposer à la plus grande force brutale de son époque.

Par sa **portée symbolique** ❉, ce film est un chef-d'œuvre.

❉ **satire :** manière de tourner en ridicule un personnage ou un événement par un dessin, un écrit, un film...

© Keystone.

Charlot par Charlie Chaplin

Charlot dans Les Temps modernes.

Être comédien

« Ce qui est essentiel pour un grand acteur, c'est qu'il s'aime quand il joue. Je n'ai jamais étudié le métier de comédien, mais quand j'étais jeune, j'ai eu la bonne fortune de vivre à une époque de grands acteurs, et j'ai acquis une sorte de prolongement de leur expérience et de leurs connaissances. J'avais beau être doué, j'étais surpris aux répétitions de découvrir combien j'avais à apprendre sur le plan de la technique. Il faut l'enseigner même au débutant de talent, car, si grands que soient ses dons, il lui faut le talent pour les rendre efficaces. » *(op. cit.)*

Faire rire

« J'aime mille fois mieux obtenir le rire par un acte intelligent que par des brutalités ou des banalités. Il n'y a pas de mystère pour faire rire le public. Tout mon secret est d'avoir gardé les yeux ouverts et l'esprit en éveil sur tous les incidents capables d'être utilisés dans mes films. » *(op. cit.)*

La vie vaut-elle la peine d'être vécue ?

« Parfois... Par exemple, je suis étendu sur le dos, au bord de la mer, et je contemple le ciel, m'arrêtant de penser dans une sorte de **béatitude mentale**❈. Puis mon estomac m'avertit qu'il est temps de manger, et je mange. Puis je m'étends de nouveau sur le sable. Et la vie vaut d'être vécue... » *(op. cit.)*

Dessin de Charles Chaplin
© Collection particulière de Jacques Lorcey.

D'après Jacques LORCEY, *Charlot, Sir Charles Chaplin*, PAC, collection « Têtes d'affiche ».

?

- *Comment et où l'enfance de Charlie Chaplin s'est elle déroulée ?*
- *À quel âge devint-il acteur de cinéma ?*
- *À quelle occasion créa-t-il le personnage de Charlot ? Selon lui, qu'est-ce qui est essentiel pour être comédien ?*
- *Combien de films Charles Chaplin a-t-il tourné ? Citez-en quelques grands. Lesquels avez-vous déjà vus ?*

❈ **portée symbolique :** message qui représente une idée, une valeur profonde.
❈ **béatitude mentale :** bonheur parfait.

La mémoire sous

Le plus performant du monde

Etudié, conçu et réalisé par Ifremer et le Centre d'Etudes et de recherches techniques sous-marines (D.C.A.N. Toulon) le « Nautile » a été admis au service actif à la fin 1986. Le submersible a procédé jusqu'en 1985 à des essais en Méditerranée. Depuis il n'a cessé de s'associer à de grandes campagnes scientifiques conduites au profit de l'Ifremer, des universités françaises, du C.N.R.S. En 1987, il a mené une campagne retentissante sur l'épave du « Titanic ».

Le « Nautile » qui à ce jour a réalisé 500 plongées sort d'un grand carénage à La Seyne qui s'est traduit par le démontage et le remontage de tous les éléments du sous-marin et sur l'examen radiologique de la sphère.

Le « Nautile » qui, lors de sa dernière mission, est resté 1.550 heures sous l'eau, connaît véritablement la faveur de la communauté scientifique mondiale.

Par jour de travail, il en coûte de 150.000 à 200.000 F, soit dix fois moins que pour le bathyscaphe « Archimède ». Un seul sous-marin scientifique étranger est aujourd'hui capable d'approcher ses performances. Il s'agit d'un bâtiment américain, l'« Alvin », mais il est loin d'avoir sa souplesse d'emploi. Les sous-marins soviétiques sont sous-équipés et les Japonais lourds et difficiles à manœuvrer.

La mise en œuvre du « Nautile » repose sur un délicat travail d'équipe. Le sous-marin peut embarquer un pilote, un copilote et un scientifique.

Lors de sa dernière campagne, il a été amené à opérer dans les eaux de la Martinique, des Galapagos, des îles Tonga et du Japon.

A partir d'aujourd'hui, le sous-marin scientifique seynois « Nautile » va étudier la partie superficielle des entrailles de la Terre

A partir d'aujourd'hui et jusqu'au 10 février le sous-marin scientifique français « Nautile » va effectuer une dizaine de plongées au large du Pérou et de l'Equateur, où les plaques tectoniques constituant la croûte océanique du Pacifique-Sud glissent le plus rapidement l'une par rapport à l'autre et où, théoriquement, elles sont les plus minces.

C'EST dire que les géologues, français, américains et canadiens, qui participeront à la campagne, pourront étudier pratiquement à livre ouvert, depuis le « Nautile », la partie superficielle des entrailles de la Terre.

Ils pourront comprendre mieux les phénomènes de formation de la croûte océanique, l'activité volcanique éventuelle qui s'y manifeste, les processus magmatiques dans le manteau supérieur, leur incidence sur le volcanisme local et la minéralisation de la croûte océanique.

Cette nouvelle campagne du « Nautile » aura lieu sur la faille transformante Garrett. Celle-ci est une des fissures quasiment perpendiculaires à la grande faille sous-marine prolongeant, en mer, celle de San Andreas, qui tend à décrocher du continent américain une partie de la Californie.

La faille Garrett, jamais encore explorée par l'œil de géologue, est large de 30 km, longue de 130 km et plonge jusqu'à 5.200 mètres dans sa partie la plus profonde. Elle met au jour une partie de la croûte terrestre créée il y a 800.000 ans. Là, le tapis roulant de lave qui constitue la matière première de la croûte océanique se déroule plus vite qu'ailleurs, entre 16 et 17 cm par an, contre 5 à 8 cm ailleurs, dans l'Atlantique par exemple.

De surcroît, cette région, explorée depuis la surface par le département d'océanographie de l'Université de Rhode Island (Etats-Unis), et par l'Institut français de recherche pour l'exploitation de la mer (IFREMER) il y a une dizaine d'années, est l'un des rares endroits au niveau de la dorsale du Pacifique où la zone de transition entre la croûte et le manteau terrestre affleure.

Les plongées du « Nautile » auront lieu autour d'un point situé par 13,25 degrés de latitude sud et 112 degrés de longitude ouest et en fonction des phénomènes intéressants repérés la nuit par SCAMPI, système de caméras ponctuel intéractif de 700 kilos, remorqué au-dessus de la zone par le « Nadir », navire support du « Nautile ».

Le navire et ses deux engins doivent quitter Talara, au Pérou, aujourd'hui et regagneront le port de Guayaquil (Equateur) le 10 février, après quinze jours sur la zone et 130 heures de plongées du « Nautile ».

Comme presque toutes les campagnes à la mer du « Nautile », Garrett a été mise au point et aura lieu dans le cadre d'une coopération internationale, cette fois-ci avec l'Institut de physique du globe et l'Université de Brest côté français, l'Université de Rhode Island (Etats-Unis) et l'Université Laval (Canada). Des géophysiciens, des pétrologues, des géologues et des structuralistes, ayant tous une expérience de cinq à vingt ans d'études des fonds marins et de la plongée profonde, y prendront part.

plaques tectoniques : plaques de l'écorce terrestre.
processus magmatiques : façons dont se mélangent les roches dans un lieu à très haute température.

Var Matin

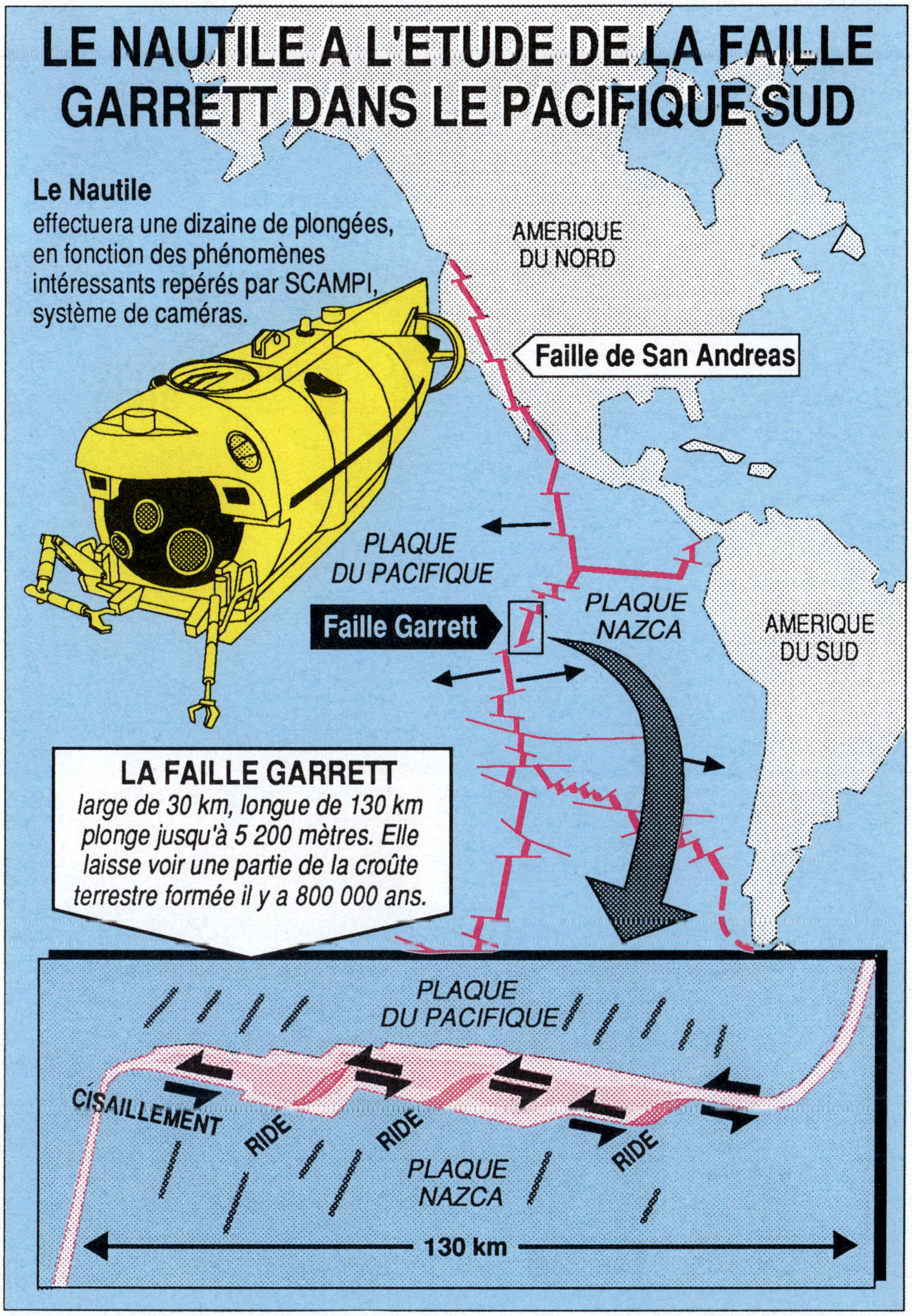

Article paru dans le journal *Var Matin* du 5 janvier 1991.

- *Quand commence la mission du « Nautile » ? Quelle est sa durée ? Où a-t-elle lieu ?*
- *En quoi consiste cette mission ? Justifiez le titre de l'article.*
- *Quelles indications nous donnent la carte et le croquis ?*
- *Que signifie IFREMER ? Pourquoi dit-on que cette opération a lieu « dans le cadre d'une coopération internationale » ?*

❊ **minéralisation :** transformation d'un métal en minerai.
❊ **dorsale :** puissante chaîne de montagnes sous-marines.
❊ **affleure :** est au niveau de...

randonnée pédestre

En vacances à Larche, la famille Binguèche part pour la journée au lac du Lauzanier. Elle emprunte le sentier de grande randonnée GR5. Suivez la description de leur itinéraire en vous repérant sur la carte.

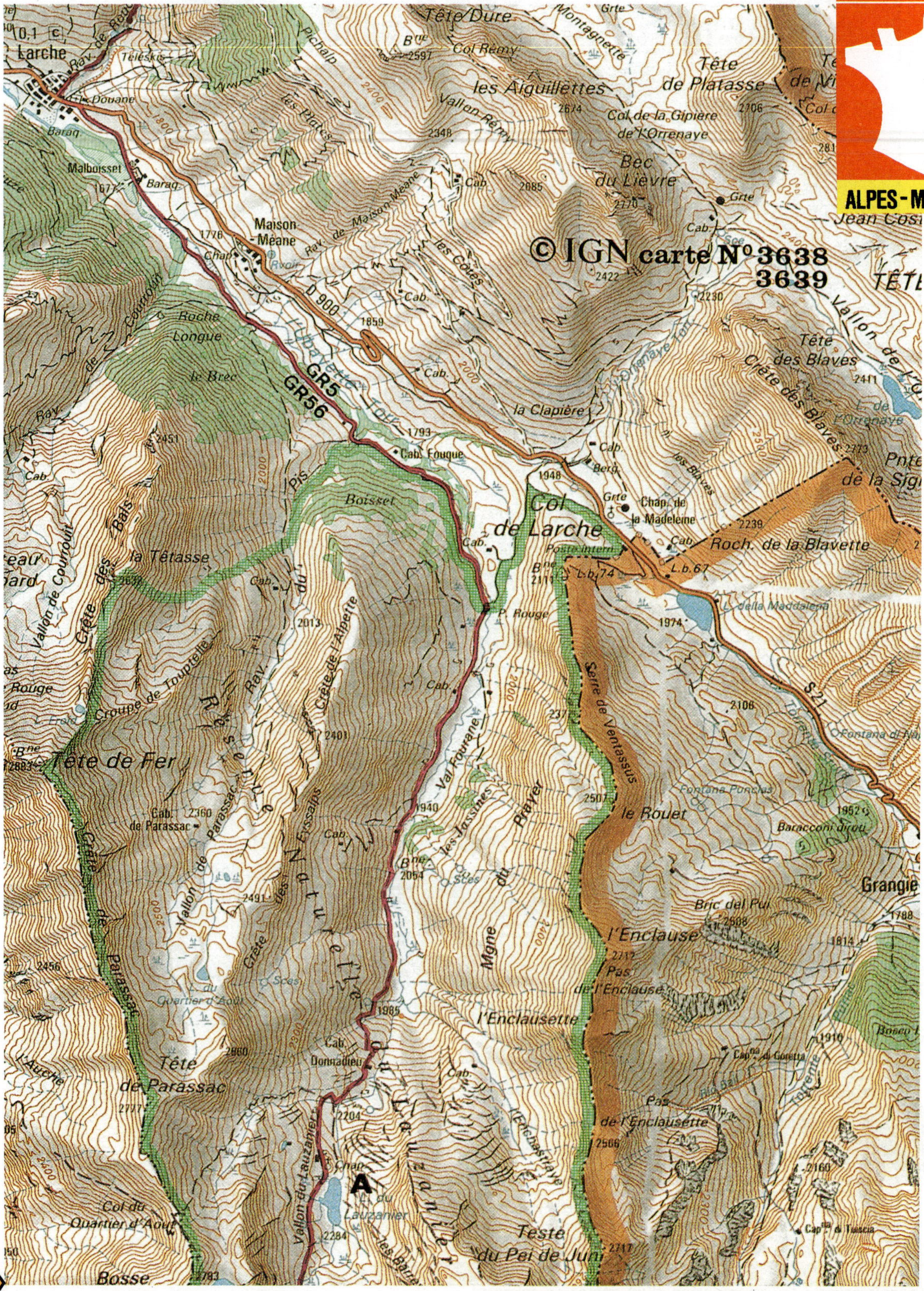

* **asphaltée** : goudronnée.

GR 5
de Larche à Nice

Larche (1675 m)

Beau village reconstruit après sa destruction par l'occupant en août 1944, situé au confluent du torrent de Rouchouze et de l'Ubayette et traversé par la N 100 qui conduit en Italie. Voir l'église moderne.

Hôtels, restaurants, tout ravitaillement, gîte d'étape.

Pour accéder à Larche descendre à la gare SNCF de Gap, puis par des cars rejoindre Barcelonnette ; là, il existe (pas tous les jours) une correspondance de cars qui conduisent à Larche.

Quitter Larche par le sud-est du village en suivant la petite route asphaltée qui longe la rive droite de l'Ubayette. Après le hameau de Malbois, la route passe sur la rive gauche de l'Ubayette, franchit le torrent du Pis (1787 m), laisse sur la gauche la cabane Fouque en pierres sèches et atteint les abords du

1 h 20 - Pont Rouge (1907 m)

Pont en bois sur l'Ubayette.

Le pont est à l'entrée du très beau vallon du Lauzanier que l'on va suivre, il forme avec celui de Parassac, à l'ouest, dont il n'est séparé que par la crête des Eyssalps, une réserve naturelle de 3 000 hectares créée en 1935 et où la flore et la faune sont protégées.

La route toujours carrossable mais seulement empierrée s'infléchit vers le sud en continuant de suivre la rive gauche de l'Ubayette et en remontant le vallon du Lauzanier. Vers la cote 1923 m, à droite, la cabane Tardieu (en pierres avec un toit en tôle) ; à gauche, une mare et une autre cabane. Vers la cote 1950 m, à droite, la cabane des Eyssalps, en pierres sèches et toit de tôle. Laisser bientôt à gauche une passerelle en bois sur l'Ubayette, puis couper le ravin de la Lauze avant d'arriver à la

1 h 10 - Cabane Donadieu (2149 m)

Bergerie en pierres au toit de tôle, habitée l'été.

Le GR coupe le ravin du Pradon (2230 m environ), laissant des ruines sur la droite. Il atteint vers la cote 2275 m une cabane neuve en ciment et tôle, *mi-bergerie, mi-refuge (bat-flanc, table, poêle)* et la chapelle du Lauzanier (2300 m). On est à proximité du

25 mn - Lac du Lauzanier (2284 m)

Très beau site, nombreux emplacements de camp, eau à la source.

Longer la rive ouest du lac du Lauzanier et continuer de s'élever en laissant à gauche une barre rocheuse ; on franchit un torrent ; c'est par la rive est que l'on atteint le lac

Document extrait du topo-guide du GR 5-52 *Tinée-Vésubie*, édité par la Fédération française de la randonnée pédestre.

- *Quelle est la durée prévue pour une telle randonnée ?*
- *Quel est, sur cet itinéraire :*
  — *l'endroit le plus proche de la frontière italienne ?*
  — *le point le plus élevé ? situez-le sur la carte ;*
  — *le nombre de cabanes qui servent de repères ? situez-les.*

Les randonneurs décident de faire un pique-nique alors qu'ils se trouvent à environ 1 950 m d'altitude.

- *Près de quelle cabane se trouvent-ils ? situez ce point sur la carte. Ont-ils alors parcouru la moitié du trajet ? Justifiez votre réponse.*

❊ **s'infléchit :** s'oriente.

CONDOR

A VOTRE SERVICE

POUR DECOUVRIR

JERSEY

GUERNESEY

SERCQ (SARK)

WEYMOUTH

© M.Clauzier.

CATAMARAN GEANT "WAVEPIERCER"

Construit par ALUMINIUM SHIPBUILDERS LTD à Portsmouth, suivant un brevet australien, c'est le premier navire de ce type à opérer dans les eaux britanniques et le plus grand catamaran à passagers dans le monde. Il transporte 450 personnes dans deux salons confortables avec air conditionné. Un bar et une boutique vous proposent rafraîchissements, souvenirs et les habituels produits hors taxes.

Comme son nom l'indique, le "WAVEPIERCER" fend la vague. La coque centrale à l'avant du navire entre en contact avec les vagues les plus grosses, donnant ainsi davantage de stabilité et permettant de maintenir la vitesse de croisière à 35 noeuds. Dans des conditions de mer difficile, il peut naviguer plus facilement que les navires rapides actuels.

LES HYDROGLISSEURS

Ces excellents navires, construits par les Chantiers RODRIGUEZ, ressemblent à des monocoques conventionnels lorsqu'ils sont à l'arrêt ou naviguent à petite vitesse. A vive allure, ils se soulèvent hors de l'eau sur des skis. Ce système leur permet de naviguer à une grande vitesse de croisière.

CATAMARAN HYDROJET

En 1988, CONDOR a mis en service un catamaran hydro-jet construit à SINGAPOUR par FAIREY MARINTEKNIK. Propulsé par turbines à eau au lieu des hélices conventionnelles, c'était le plus grand catamaran à passagers (36m 50) opérant dans les eaux des ILES ANGLO NORMANDES avant le "WAVEPIERCER".

Navire	Capacité Passagers	Vitesse de croisière	Services
CONDOR 5	180	34 noeuds	St Malo/Jersey/Guernesey
CONDOR 8	300	36 noeuds	St Malo/Jersey/Sercq/Guernesey
CONDOR 9	450	35 noeuds	St Malo/Jersey/Guernesey Weymouth

1991

CONDOR

HYDROGLISSEURS

CONDOR
A VOTRE SERVICE

DECOUVREZ JERSEY A VOTRE RYTHME

JERSEY

L'OASIS DU CHARME

Ah, Jersey! Le plus bel exemple d'entente cordiale que l'on puisse trouver. Entre le sauvage et l'apprivoisé, entre la mer et la campagne, entre le vivifiant et le reposant, entre le dépaysant et le familier, Jersey vous fera découvrir ses routes fleuries, ses manoirs, ses pubs, ses hôtels et tant d'autres choses encore.

Située à 1 heure de St Malo, Jersey est la plus grande des îles anglo-normandes. Le centre piétonnier de sa capitale St. Hélier est un haut lieu de shopping hors taxes. Sortis de la ville vous découvrirez 22 criques, des plages de sable fin à l'Ouest et au Sud, des falaises escarpées couvertes de bruyères au nord surplombant d'adorables petits ports de pêche et une campagne valonnée et merveilleusement fleurie.
Pour vous aider à découvrir cette île, la compagnie CONDOR se propose de vous réserver une ou plusieurs des options suivantes:

PASSEZ LA JOURNÉE A JERSEY

LIBERTE TOTALE

Vous choisissez vos horaires de départ et retour à votre convenance et vous nous demandez de n'assurer que la traversée.

SPECIAL MINI JOURNÉE

Du 18 mars au 28 septembre. Si vous partez à 11 heures de ST MALO et 18h55 de JERSEY, vous bénéficierez de notre tarif spécial mini journée.

EXCURSION COMPLETE

Prix: 160F à ajouter à la traversée

Après un transfert par car du bateau au centre de la ville, vous avez le reste de la matinée libre pour votre "shopping". Puis déjeuner (inclus) et tour de l'île commenté en autocar avec arrêt aux endroits les plus pittoresques.

EN ROUE LIBRE

Location d'une voiture

L'île de Jersey, longue de 18km et large de 10km, possède 800km de réseau routier, avec conduite à gauche bien sur. Les tarifs de location de voiture sont kilométrage illimité, et incluent l'assurance tous risques sans franchise. Il reste seulement à régler l'essence.
(âge minimum 20 ans, '1 an de permis de conduire).

TARIF

Prix par jour de location (24h)	11/03-24/03	25/03-28/06 28/09-07/01/92	29/06-27/09
Categorie A Renault 5 ou sim.	134F	155F	166F
Categorie B Ford Escort 4 ou sim.	150F	177F	188F

Supplément pour 1 seul jour de location: 55F
N'oubliez pas votre permis de conduire.

SEJOURNEZ A JERSEY

FORFAITS HOTELS

Pour vos séjours sur l'île de Jersey, nous avons sélectionné des hôtels dans toutes les catégories, situés soit dans la ville de St Helier, soit sur les côtes, soit encore à l'intérieur du pays. Cette gamme permet de répondre à la majorité des aspirations. Nous vous proposons donc sur une brochure spéciale des forfaits hôtels comprenant la traversée, les transferts à l'arrivée et au départ, l'hébergement à l'hôtel, une assurance annulation rapatriement, et l'assistance de notre bureau relais sur place pour toutes les excursions ou renseignements que vous désireriez.

- *Qu'appelle-t-on « îles Anglo-Normandes » ? Localisez-les sur une carte.*
- *Selon ce document, combien de bateaux assurent les traversées ? Nommez-les.*
- *Pourquoi l'hydroglisseur peut-il naviguer à une grande vitesse de croisière ?*
- *Quelles sont les options proposées pour passer une journée à Jersey ?*

Le 6 juin, une classe de 25 élèves se rend de Saint-Malo à Jersey pour y faire le tour de l'île dans la journée. Cette classe prend le premier transport de la journée et revient avec l'avant-dernier.

- *Quels sont les horaires de départ et d'arrivée, à l'aller et au retour ?*
- *Combien paiera-t-on pour chaque enfant ?*
- *Pourquoi les horaires donnés par le tableau ne correspondent-ils pas aux durées des traversées ?*

HORAIRES

ST. MALO – JERSEY – ST. MALO

	St. Malo départ	Jersey arrivée	Jersey départ	St. Malo arrivée
11 Mars au 17 Mars				
Tous les jours	0815	0825	1750	2000
18 Mars au 19 Avril				
Tous les jours	0815	0825	0830	1040
" " "	1100	1110	1750	2000
" " "	2020	2030	1855	2105
20 Avril au 31 Aôut				
Tous les jours	0815	0825	0830	1040
" " "	1100	1110	1030	1240
" " "	1640	1650	1750	2000
" " "	2020	2030	1855	2105
1 Sept au 14 Sept				
Tous les jours	0815	0825	0830	1040
" " "	1100	1110	1030	1240
" " "	1615	1625	1750	2000
" " "	2020	2030	1855	2105
15 Sept au 28 Sept				
Tous les jours	0815	0825	0830	1040
" " "	1100	1110	0935	1145
" " "	1735	1745	1750	2000
" " "	2020	2030	1855	2105
29 Sept au 26 Oct				
Tous les jours	0830	0940	0920	1030
" " "	1530	1640	1720	1830
27 Oct au 3 Nov				
Tous les jours	0900	0910	0830	1040
" " "	1640	1650	1620	1830
4 Nov au 7 Jan 1992 *Sous réserve de reconfirmation a/c 13 Nov 91.*				
Tous les jours	(!) 0900	0910	1505	1715

Note: (!) Pas de service 24,25,26 Dec et 1 Jan.

Horaires indiqués en heure locale.

Certains départs pourront être modifiés en raison de la marée ils seront signalés lors de la réservation.

EMBARQUEMENT
Gare Maritime de la Bourse

CONVOCATION
30 minutes avant le départ.

TARIFS ST. MALO - JERSEY

INDIVIDUELS

	Adultes	Enfants
Aller-Retour journée	264F	158F
Aller-Retour 72H	403F	242F
Aller-Retour saison	424F	254F
Aller simple	238F	143F
Aller simple Jersey/St Malo	246F	148F

Autres tarif, nous consulter.

REDUCTIONS ENFANTS: de 3 à 14 ans révolus.
BEBES:(moins de 3 ans) n'occupant pas un siège distinct: gratuit.

SPECIAL MINI JOURNEE
Du 18 mars au 28 septembre
Départ 11h00 - Retour 18h55
Adultes 214F Enfants 128F

GROUPES

ADULTES	20—34	35-59	60—119	+120
Aller-Retour journée	251F	238F	224F	211F
*Mini journée	214F	214F	214F	211F
Aller-Retour 72 heures	383F	363F	343F	323F
Aller-Retour saison	403F	382F	360F	339F

**Uniquement départ Saint Malo 11h et retour départ Jersey 18h55*

3ème AGE- JUNIORS	20—34	+35
Aller-Retour journée	224F	211F
*Mini Journée	214F	214F
Aller-Retour 72 heures	343F	323F
Aller-Retour saison	360F	339F

**Uniquement départ Saint Malo 11h et retour départ Jersey 18h55*

SCOLAIRES (à partir de 20 scolaires)

Aller-Retour Journée	154F	*(Sf samedi, dimanche jours fériés)
Aller-Retour saison	222F	

EXCURSIONS COMPLETES

Tour de l'île et déjeuner	160F
Tour de l'île seulement (reservé aux groupes)	92F
Groupes Scolaires	
Tour de l'île	66F
Tour de l'île et déjeuner	118F

140

- *Nommez et montrez les personnages de cette bande dessinée.*
- *Les deux héros savent-ils où ils sont ? Comment sont-ils parvenus jusqu'ici ?*
- *Quelles remarques faites-vous concernant l'écriture dans les bulles de la troisième page ? Que traduit-elle ?*
- *Quelle est la préoccupation essentielle d'Obélix ? Pourquoi s'éloigne-t-il d'Astérix ? Qu'arrive-t-il à ce dernier ?*

146

- *Quels ingrédients entrent dans la composition du moelleux ?*
- *Pourquoi recouvrir le chocolat d'eau bouillante ? À quoi sert le robot ?*
- *Qu'est-ce que cuire au « bain-marie » ? Dans quel cas ce mode de cuisson est-il indispensable ? Que faut-il surveiller ?*
- *Combien de temps dure la préparation ? Rappelez, dans l'ordre, ses différentes étapes.*

185

- *Quels sont les thèmes (sujets) illustrés par les enfants ? Combien de slogans cette affiche comporte-t-elle ?*
- *Que peuvent signifier : le torrent ? le papillon ?*
- *Quel programme ce code des enfants concerne-t-il ? Ce programme touche-t-il uniquement la France ? Quelles informations le prouvent ? Que signifie « CFES » ?*

192

- *Pourquoi le mérou attaque-t-il Raymond Coll ?*
- *Que veut tester le commandant Cousteau ?*
- *Quel effet le miroir produit-il sur le mérou ?*

TABLE DES MATIÈRES

ILLUSTRATIONS

Martine BOURRE : pp. 18 à 20, 47 à 49, 50, 52, 85, 87, 97-98, 118-119. Chantal CAZIN : pp. 21, 23, 41 à 43, 71-72, 88 à 90, 112 à 115, 117. Jacqueline DUHÊME : pp. 10 à 12, 26 à 28, 109 à 111, 123 à 138. Chantal GRÉVERIE : pp. 13-14, 16-17, 29-30, 44 à 46, 60, 63, 67 à 69, 92, 96, 150-151, 198 à 200. Doris LAUER : pp. 4 à 6, 35, 37, 39-40, 56 à 58, 79 à 81, 106 à 108. Catherine MONDOLONI : pp. 7, 9, 24-25, 53 à 55, 73 à 75, 82 à 84, 100, 102 à 105, 120 à 122. Rémi PICARD : pp. 66, 154, 176, 188, 204.

Maquette intérieure (conception et réalisation) : Sylvain ROBIN.
Maquette de couverture : Sylvain ROBIN.
Illustration de couverture : Jacqueline DUHÊME.

Imprimé en France par I.M.E. - 25110 Baume-les-Dames
Dépôt légal n° 09437-02/2001
Collection n° 31 - Édition n° 10
11/5555/5